协和医学院系列规划教材
医院领导力及管理系列教材

U0965735

医患关系与医患沟通

（供卫生管理、医疗管理专业使用）

主　编　王　岳
副主编　雎素利　尹　梅　肖明朝　杨　震
编　者　（以姓氏笔画为序）
王　岳（北京大学医学人文学院）
王卫东（中国医学科学院阜外医院）
王丽莎（北京中医药大学人文学院）
尹　梅（哈尔滨医科大学人文社科学院）
邓　虹（昆明医科大学法医学院）
朱永斌（浙江大学医学院附属第二医院）
刘兰秋（首都医科大学医学人文学院）
刘梅洁（安徽医科大学人文医学学院）
李若男（北京大学第三医院）
杨　震（复旦大学附属中山医院）
肖明朝（重庆医科大学附属第一医院）
陈　伟（北京积水潭医院）
岳远雷（湖北中医药大学人文学院）
郑秋实（北京大学肿瘤医院）
官锐园（北京大学医学人文学院）
赵忻怡（北京大学医学人文学院）
姚　靓（北京大学医学人文学院）
雎素利（北京协和医学院人文和社会科学学院）
樊　荣（北京清华长庚医院）
黎润红（北京大学医学人文学院）
霍　婷（北京大学第六医院）

中国协和医科大学出版社
北　京

内容简介

本教材为“医院领导力及管理系列教材”之一，全书逻辑清晰，详略得当，语言简练，从医学人文的内涵、医患关系的现状、医患关系与医疗纠纷的相关性、医患沟通技巧在临床实践中的应用等诸多方面进行介绍，多角度探讨了医患关系与医患沟通，全面、系统地讲述了当前复杂的医患关系及医务人员的应对策略，为维持融洽的医患关系打下基础。本教材主要供卫生管理、医疗管理专业教学使用，也可供临床及相关专业人员参考使用。

图书在版编目（CIP）数据

医患关系与医患沟通 / 王岳主编. — 北京：中国协和医科大学出版社，2022.7（2024.12重印）.
（医院领导力及管理系列教材）
ISBN 978-7-5679-1932-7

Ⅰ.①医… Ⅱ.①王… Ⅲ.①医患关系－教材 Ⅳ.①R197.323.4

中国版本图书馆CIP数据核字（2022）第112542号

医院领导力及管理系列教材
医患关系与医患沟通

主　　编：王　岳
责任编辑：魏亚萌
封面设计：许晓晨
责任校对：张　麓
责任印制：黄艳霞

出版发行：中国协和医科大学出版社
（北京市东城区东单三条9号　邮编100730　电话010-65260431）
网　　址：www.pumcp.com
经　　销：新华书店总店北京发行所
印　　刷：小森印刷（北京）有限公司

开　　本：787mm×1092mm　1/16
印　　张：17.25
字　　数：320千字
版　　次：2022年7月第1版
印　　次：2024年12月第2次印刷
定　　价：75.00元

ISBN 978-7-5679-1932-7

医院领导力及管理系列教材

建设指导委员会

Introduction

出版说明

随着我国医药卫生体制改革的深入，卫生事业对医院的要求在不断提高。医疗管理工作是医院建立正常医疗秩序、提高医疗服务质量的重要保证。医院的管理系统非常复杂，发展极其迅速，且面临不断深化的改革要求，这对医疗管理人才提出了更高的要求。目前，我国医院的管理干部，大部分为医务人员转型而来，虽具有精深的专业知识，但仍缺乏系统、全面的管理知识。随着公立医院整体进入转型发展期，我国亟须培养高素质的职业化卫生管理及医疗管理人才队伍。

教材作为承载知识的重要载体，对于培养高素质人才发挥着重要作用。党的十八大以来，党中央高度重视和关心教材建设。在我国高等教育体系中，教材建设是提高高校教学水平、丰富教学内容以及促进教学方法改革的基础性工作；是发展高等教育，培养综合型人才、创新型人才的基础。

为适应卫生管理及医疗管理的新要求，培养适应新时代卫生管理及医疗管理的相关人才，中国协和医科大学出版社深入贯彻《关于推动公立医院高质量发展的意见》《关于建立现代医院管理制度的指导意见》及《关于加强公立医院运营管理的指导意见》等文件精神，在中国医学科学院北京协和医学院的支持下，开创性地组织了本套医院领导力及管理系列教材的编写工作。编委会集结了二百余名业内知名专家、学者、教授及一线教学老师，在鲜可借鉴同专业方向教材编写经验的情况下，对医疗管理理论、方法、人才培养机制等进行探索研究，悉心编撰。

本套教材涵盖卫生管理、医疗管理专业课程共计17门，定位清晰、特色鲜明，具有如下特点：

一、建设成体系的卫生管理、医疗管理专业教材，引领学科发展步伐

本套教材作为成体系的卫生管理、医疗管理专业教材，充分研究论证相关专业方向人才素质要求、学科体系构成、课程体系设计和教材体系规划，代表了卫生管理、医疗管理学科的发展方向。

二、引入国际最新理念和方法，与时俱进

教材紧密结合卫生管理及医疗管理专业培养目标、高等医学教育教学改革的需要和卫生管理及医疗管理专业人才的需求，引入国际最新医院管理理念及方法，内容与时俱进、开拓创新。

三、融入经典管理案例，突出实践性教学

教材内容对接医疗管理职业标准和岗位要求，将国际最新案例融入其中，重视培养学生理论联系实际、实践操作和独立思考的能力。

四、纸数融合，使学习更便捷更轻松

教材采用纸数融合形式出版，即在纸质教材内容之上，配套数字化资源，通过图片、动画、视频、课件等多种媒体形式将内容进行呈现，以优化教学内容，丰富教学资源。读者可以直接扫描书中二维码，阅读与教材内容相关联的课程资源，从而丰富学习体验，使学习更加便捷。

希望本套教材的出版，能够推进高质量卫生管理及医疗管理专业人才的培养，促进我国卫生管理、医疗管理学科或领域的教材建设与教育发展，为引领我国医疗卫生机构管理走向科学化、规范化、标准化与现代化作出积极贡献。

Preface
前 言

改革开放40多年以来，中国经济与文化得以飞速发展，各行各业都取得了长足进步，这一点不仅能从数据与人们的感受上得到验证，也在国际上得到了广泛认可。但是，我们同时也要关注、思考那些快速发展中出现的新问题。长久以来，医生以“视病如亲”的心态悬壶济世，而患者也常以“华佗再世”“仁心仁术”的感恩心情回报，医患关系极为融洽。然而，随着我国市场经济的发展，令人称道的医患关系已经日趋淡薄，医患双方反目成仇、对簿公堂的案例层出不穷、屡见不鲜。

医患关系紧张的一个主要原因是医疗卫生体制改革滞后于社会的发展，医院盲目追求收益所产生的，更为重要的是我们的医疗服务模式并没有顺应社会需求，从生物医学模式向“生物–心理–社会”的全人医学模式转变。

本教材希望学生可以通过多学科视角不仅仅要关注“病”，更要关注“人”“病人”“病人的需求”，更深层次地去理解人的生命、健康和疾病。

全教材共分为3个篇章，分别从医学人文、医疗纠纷和具体实践方法的角度探讨了医患关系与医患沟通。

第一篇（第一章至第六章）概述了医学人文的内涵、医患关系的现状。要求未来医务工作者清晰地洞察这一点，并感悟医乃“仁术”，更是“人术”。从医学史、医学哲学、医学伦理学、医事法学等多个视角下剖析医患关系，并分析了未来医患关系面临的挑战与机遇。

第二篇（第七章至第十六章）探讨了医患关系与医疗纠纷。

作为一名符合现代社会要求的医务管理人员，必须在济世救人与法律责任之间寻求一个平衡点，必须对医疗法律关系中的诸多基本概念重新认识。本章从介绍基础的患者及医师的权利与义务，扩展到知情同意与医疗违法阻却事由的分析，再延伸到病历质量管理、患者安全、医疗纠纷技术鉴定、医疗纠纷的法律责任与救济途径等具体法律问题的剖析。帮助读者树立以患者权利为中心的理念。

第三篇（第十七章至第二十三章）介绍了如何在医疗行业中完成沟通互动。开篇讨论了良好的医患沟通为何会使患者、医生和社会受益，然后就在临床工作中常见的医患沟通技巧、有效沟通的原则进行介绍，并延伸出共情与非语言沟通的内容。接着在以下各章探讨了如何与患者谈论坏消息，如何与患者家属沟通，如何与团队中的医务人员沟通，如何面对医疗过错与解决投诉问题等话题，通过结合系统化和社会化因素，帮助读者实现跨专业、跨等级沟通。

本教材以“基于问题的学习”为主要教学方法，在部分章节的最后选择一两个焦点问题进行研讨，并在章节中安排“课堂互动”“知识拓展”“案例讨论”等环节。希望教师和学生们通过基于问题的自学、讨论等主动学习的方式，将学习与临床实践、社会热点相结合，加强对于各章内容的学习、复习和思考。

上述各章节作者均为医科院校的医学人文教育者、教学医院的一线工作者，感谢大家在很短时间内的辛苦付出。欢迎各位读者对本书提出反馈意见和建议。无论你为患者提供何种医疗服务，请和我们一起关注医患关系与医患沟通，以便更好地服务患者、同事和所属机构，做更好的自己。本教材的出版确实时间仓促，难免有疏漏或不周之处，还望大家多多指正。

编　者

2022年5月

Contents

目 录

第二篇 医患关系与医疗纠纷

第一篇

医学人文与医患关系

Part 1

第一章 医学人文与医患关系概述

学习目标

1. 掌握 医学人文的定义；医患关系的现状。
2. 熟悉 医学人文的内涵与外延。
3. 了解 医患关系面临的挑战与机遇。

第一节 医学人文概述

医学人文（medical humanities）是20世纪兴起的以反思医学目的、维护医学尊严、坚守医学良知为内容的学术思潮和社会文化运动，也是应用人文社会科学的理论与方法对医学的本质与价值、卫生保健的目的与意义、医疗保障的公平与公正等问题进行审视、理解和探究的实践。医学人文能激发医务人员对人性、对苦难、对生命的敏感性和洞悉力，能确立医学研究、临床治疗、预防保健以及卫生政策制定过程中自主、尊重、宽容、公正的价值观。医学人文并不仅仅是医学教育中的一类学科建制，还是一场社会运动，一种后现代思潮，是对当代医学和保健文化的哲学反思。医学人文的研究对象包括医疗卫生和健康领域中的价值理念、时代精神、行为方式及其规范、人文关怀实践，以及医学发展过程存在的伦理、法律和社会等方面的现象、问题及规律。

一、人文精神的渊源

在谈人文精神之前，首先应该对人文的概念有一个较为清晰的理解。在西方，人文的概念起源于古希腊人对人的认识，常常包含有人道的（humane）、人文主义（humanism）、人性（humanity）和人文学科（humanities）等。在中国，人文一词最早出现在《易经·贲卦·象辞》“观乎天文，以察时变；关于人文，以化成天下”中，在此，人文与天文相对，天文是指天道自然，人文是指社会人伦，强调的是人类社会运行所形成的秩序和伦理规范。人文通常是与科学相对应，从人文与科学作为学科知识及其文化形态的存在中，我们可以将他们各自的精神提升为“人文精神”与“科学精神”两种精神。人文精神和科学精神可以说是贯穿于两种文化、学科中的灵魂，是人们常常虽然不能自觉意识到但又无时无处不体现的东西。在这个意义上，可以把人文精神与科学精神看作是存在于科学探索和人文研究过程中的精神实质，是展现人文与科学认识活动内在意义的东西。

人文精神是一种普遍的人类自我关怀，表现为对人的尊严、价值、命运的维护、追求和关切，对人类遗留下来的各种精神文化现象的高度珍视。人文精神在中国传统文化中是“以人为本”的哲学思考，重视人在事物发展中的重要性，在事物的推进过程中坚持以“人”为中心，并以人的道德需求、情感需求、利益需求等为出发点，对事物的处理方法和原则所进行的综合评价与考量。

医学以社会中的人为其研究的对象。人既具有自然性（生物性）又具有社会性的特点，决定了医学具有不可分割的两面性：既是自然科学又是社会科学。医学的发展不仅仅是单纯的医学技术的进步，还包含着医学人文思想的形成。人文思想是医学不可分割的一部分，是医学区别于其他学科的显著标志也是医学精神人性化的体现。自从医学技术获得快速的发展，医学走向生物模式以后，高等医学教育相应地走向了生物医学模式，并且在很大限度上为驱除人类疾病、实现人类健康做出了巨大的贡献，但科学技术是一把双刃剑，在科技发展给人类健康带来巨大利益的同时，也对人类自身提出了很严峻的挑战。科技的进步在一定程度上以压制人文精神的发展为代价，使得医学的发展并不一定很健全。20世纪初，以美国为首的一些发达国家率先在医学教育领域开展医院与大学的合并，实施“生物–心理–社会”医学教育模式加强医学教育中的人文精神，即在科学技术的发展中贯穿人文意识，以最有效地促进人类健康为目的，取得了一定的成绩。中国现代高等医学教育自从改革开放以来，逐渐摆脱了纯生物模式的教育，并向新医学模式靠拢，尤其是高校合并很大限度上体现了加强医学教育中人文精神的意图。但是在具体实施过程中存在对人文精神的不同理解，基于这点有必要澄清人文精神、医学人文精神的相关内涵，以便为医学教育中人文精神培育的有效实施指明合理的发展方向。

医学人文精神是对生命终极关怀的精神，是源于对生命的敬畏，对患者生命健康和人格尊严的关怀与尊重，对患者自身权益的支持与维护，体现了医患之间互动的人性化。医乃仁术，医学是一门以心灵温暖心灵的科学。医学人文精神是坚持以患者为中心，将患者利益放在首位，对医学人道主义精神以及医学伦理的再提炼和再概括。可以说人文精神是医学人文精神的基础，医学人文精神则是人文精神的细化与提升。

对医务人员来说，如果仅仅将疾病作为治疗的对象，而忽略对患者的关注，就往往易陷入医学人文缺失的尴尬境地，使得医学人文精神的传承与弘扬无从谈起，更无助于医疗卫生事业的健康发展。

二、医学人文的内涵与外延

医学人文的观念可追溯至古希腊希波克拉底的人文理念，不过医学人文的概念是20世纪初才出现。1913年，法国人文医师学会（Society of Humanist Doctors）成立，旨在推动医学界的古典研究，尤其是加强医学预科教育中逐渐被忽视的人文学科的教育。1919年美国医学家威廉·奥斯勒（William Osler）在英国古典学会发表“旧人文学和新科学”的演讲中，倡导科学教育和人文学科应相互了解，他首次提出了医学人文学者（medical humanists）的概念。

医学人文具有多重含义，是一个复合的概念。一是指“医学人文精神”，即人类的终极关怀与人性的提升，如批评人类企图控制自然的骄傲自大，承认“医学的限度”，强调尊重人、敬畏生命；二是指“医学人文关怀”，强调的是对待他人的善行，如医学研究、临床治疗中的伦理价值，良好的医患沟通能力；三是指“医学人文学科”，即研究与探询医学本质与价值的人文学科，如医学史、医学哲学、医学伦理学、医学法学、医学心理、医学社会学、叙事医学、医学美学等。医学人文精神与医学人文关怀处于观念层面和实践层面，而医学人文学科则介于二者之间，是从观念到实践，从知识到行动的桥梁。

医学人文是一个多学科与跨学科的研究领域，它从人文学科和社会科学的角度探讨健康、疾病、生命、死亡、疼痛、快乐之于人类社会的意义，考察医学和卫生保健对人类社会的价值，研究与关注这些学科如何应用于医学教育和改进医疗实践。随着医学模式的转变，医学人文已经成为医学教育的重要内容。医学人文为人们理解医学和卫生保健提供理论基础，为分析医学研究、临床活动以及国家卫生政策的意义与价值提供方法。医学院校和医院开展医学人文教育，提高医学生和医务人员的人文素质，以更好地承担治病救人、关爱患者的责任。医学人文的主要任务，包括阐明医学理论和实践的价值；理解医学经验的主观性和对他者主观性的理解；提高医学生和医务人员的道德素质、心理素质、法律意识等；培养个人的反思和创造能力。医学人文精神的基本内涵是对人的生命神圣、生命质量、生命价值和人类健康与幸福的关注，医学人文精神的核心就是关爱生命。随着人类社会的发展和人类对健康需求的提升，一些人们的价值和作用必将日益彰显，其观念也将融入医学的各个领域。

第二节 医患关系概述

一、医患关系面临的挑战与机遇

医患关系是一个集多方面因素于一体的复杂的社会关系。近年来，我国医患关系紧张对正常的医疗秩序造成了影响，不利于构建和谐社会。医患关系一直是医疗体制改革中重点关注的课题。随着互联网发展以及社会背景变化，创新性的科学技术以及突发公共事件为医患关系改变提供了不同的发展机遇，也带来了一些新的挑战。

课堂互动

请查询自然科学与社会科学的内涵与外延，并思考医学属于自然科学还是社会科学。

（一）医学模式带来的挑战

医学模式与医患关系有着密切的关系。医学模式实际上就是怎样认识医学、健康和疾病的一种观念。随着工业、农业的发展，科学技术水平的提高，以及人类对健康和疾病的思考，医学模式在人类历史上有着几次重要的演变：

首先，古代生产力发展水平低，科学知识贫乏，人们要祛除疾病，只有依靠祈祷和巫术，这是古代的神灵主义医学模式。随着医学经验的积累，医师们开始将疾病与自然界的各种变化联系起来，通过思辨推理，提出季节、气候的变化可影响人体，形成了自然哲学的医学模式。

16~17世纪，欧洲文艺复兴运动带来了工业革命，推动了科学进步，也影响了医学观。当时把人比作机器，用机械观来解释一切人体现象，人们认为疾病就是机器某部分的机械失灵，医师的任务就是“修补机器”，头痛医头，脚痛医脚，但这一医学模式忽视了人的生物性、社会性以及复杂的内部矛盾。因此，这是以治疗为主的机械论医学模式。

18~19世纪，工业革命转向高潮，随着自然科学和医学的高度发展，生物学家、医学家提出了进化论、细胞学说，发现了微生物等致病因子，这些科学事实使人们对健康与疾病有了较为正确的理解，因此形成了生物医学模式。

到20世纪50年代以后，各种慢性病成为人类健康最大的威胁。虽然对于慢性病的防治目前尚未取得突破性进展，但人类对这类疾病有了较深入的认识，明确了慢性病的发生和发展是多因素综合影响的结果。除了生物学因素外，还与人的生活习惯、行为方式、环境污染等有密切关系，因此有人提出人类已进入慢性病、生活方式病或现代文明病时代。为了适应这种变化，1977年，恩格尔在《科学》杂志上发表文章，提出了医学模式需要从生物医学模式向“生物–心理–社会”医学模式转变，可以说这是卫生保健的第二次革命。其实早在19世纪，病理学家魏尔啸就在其《科学方法和治疗观点》中说过：“医学本质上是社会科学。”医史学家西格里斯特也曾说：“当我说‘与其说医学是一门自然科学，不如说它是一门社会科学’的时候，我曾经不止一次地使医学听众感到震惊。医学的目的是社会的。它的目的不仅是治疗疾病，使某个机体康复。它的目的还要使人能调整以适应他的环境，成为一个有用的社会成员。为了做到这一点，医学经常要应用自然科学的方法，但是最终目的仍然是社会的。”伴随着“生物–心理–社会”医学模式的推出，人们开始认识到患者是权利的集合体，医师要尊重患者的权利，医师不能再用传统的“父权”临床决策思维进行服务。患者权利保护开始成为世界各国医学界和社会关注的焦点。随之，政府开始颁布《患者权利法案》。

（二）新媒体环境下的医患关系

新媒体是通过数字、网络、移动技术等新的技术支撑体系下出现的媒体形态，向用户提供信息和娱乐服务的传播形态。相较于报纸、广播、电视等传统媒体，微博、朋友圈、公众号等新媒体的传播更加方便快捷，已经渗透到社会生活的方方面面。

新媒体具有以下特征：①交互性。新媒体将传统媒体的单向传播方式转变为双向或多方位的信息交流，用户可以在各种新媒体平台上发表个人意见看法，与其他用户进行互动交流。②即时性。公众利用各种服务终端，可以随时随地在新媒体平台上发表看法或者获取想要的信息，不受时间限制，传播相对快速。③多元化。在新媒体时代中，信息发布主体是多元化的，信息传播者不再仅局限于专业媒体人，每个人都是信息的表达者和传播者。④复合性。新媒体传播形式更加多样化，有文字、图像、音频、动画等，真正实现了图文声集合一体化的信息传播。

作为一种文化因素，新媒体的传播作用对于构建和谐医患关系发挥着重要作用。首先，改善了医患之间信息不对称。健康科普媒体平台为患者提供了多角度的医疗信息，大大降低了患者获取信息的成本，降低了医患之间的信息壁垒。其次，改变了医患之间交流方式。微信公众号、微博等自媒体平台为医患之间交流建立了网络虚拟环境，打破了时间和空间的限制，使医生和患者都拥有了公平话语权。医方可以主动地分享医学知识，发挥意见领袖的作用；患者也可以发表就医感受与康复经验。除此之外，新媒体也是一个第三方监督平台。医生和患者均能各抒已见，加上传播的即时性，便于医疗纠纷问题公开化，有利于纠纷处理的合理和公正。

新媒体也是一把双刃剑，为医患关系带来了很大挑战。新媒体信息具有碎片化和快生产的特点，存在为了抢夺时效性，而忽略了事件真实性的问题，加上信息传播的快速化，当政府或市场采取补救措施时，舆论导向已经形成，虽然谣言会最终破除，但迟到真相的力量远远低于最初的谣言，容易导致医患形象标签化。

知识拓展

反智主义（anti-intellectualism）由美国历史学家理查德·霍夫斯塔特（Richard Hofstadter）于1962年出版的《美国生活中的反智主义》一书提出，该书描述了反智主义是如何贯穿于整个历史和“实用性的”美国文化，深入剖析了美国反智主义的历史渊源，说明教育、政治和商业等不同领域中知识分子与大众的矛盾。

（三）医学人文下的医患关系

在现代“生物–心理–社会”的医疗体系中，医学所面对的是具有主观能动性的“人”，而并非仅仅是疾病，医学人文是现代医学发展的必要途径。2002年，《医学与哲学》杂志与部分医学院学者共同起草了“关于加强高等医学院校人文社会医学教育与学科建设的建议”，医学院的人文教育逐渐开始受到重视，众多学校开启了人文精神学科建设，从而适应现代医学的转型，推动相互理解、彼此尊重的医患关系的形成。医学人文视角下的医患关系建设，不仅是对于医生职业精神的培养，还有对患者的医学教育，使得双方以“关怀–感恩”互动机制，共同构建和谐医患关系。

新时代发展中，医学、技术、公民观念都在发生变化，医患关系也在不断承受着旧因素的影响，接受着新理论的冲击。医患关系的改变并非在一朝一夕，需要政府、医疗机构和患者之间长久的共同努力。

（四）互联网医疗带来了新契机

2018年4月28日，国务院办公厅印发《关于促进“互联网+医疗健康”发展的意见》，促进医疗健康与互联网的深度融合，鼓励“互联网+”医疗服务体系。新型冠状病毒肺炎疫情推动了互联网医疗的发展。据国家卫生健康委员会数据，国家卫生健康委员会的委属委管医院互联网诊疗量与去年同期相比提高了17倍，当前我国互联网医院超1600家，初步形成了线上、线下一体化医疗服务模式。互联网医疗摆脱了时间和空间的限制，医患双方即使不在同一场地，也能进行面对面诊疗，甚至可以借助于邮件、留言等信息手段在非同步时间段内进行交流。

互联网医疗给医患关系带来了新变化。首先，改善了医患资源分配不均，推进分级诊疗的进程。根据2018年国家卫生健康委员会数据，仅占总数19%的三级医院却承载了全国49.8%的医疗需求。互联网在线医疗能够向患者提供更多医疗选择，减轻了线下就医难的问题，患者通过向医疗资源丰富地区的医院和知名专家咨询，平衡医疗资源利用率。其次，促进了诊疗方式的变革。远程医疗、可穿戴医疗设备等先进手段成了互联网诊疗的重要方式。互联网医疗方式开启了在线问诊、慢病管理、医生辅助和医院流程优化的新时代。患者依靠互联网形式开展居家诊疗，远程反馈治疗效果等；医生通过各类影像数据，检查报告以及患者自身描述等来对病情进行诊断。这有利于医患之间的快速交互，提高服务效率。此外，互联网医疗也便于电子健康档案的建立和规范化推进。全社会范围内推行电子健康档案，有利于加强对慢性病的在线管理，提高诊疗的效率，更加全面地了解患者病情。

互联网医疗技术环境的复杂性对于医患关系具有一定的隐患。当前网络监察体系还不完备，医疗信息混杂，各类医药广告混杂其中，难以确保真实性。线上的诊疗模式虽然极大地简化了线下的繁复手续，但对医疗技术提出了更高要求：如何在网络上高效地沟通？如何在线上全面了解患者病情？如何获取清晰的影像数据以及可信的医疗检查结果？患者如何准确地表达主诉？等。此外，互联网虚拟的就医环境一定程度上降低了医患双方的道德约束，不能面对面地交流，反而会降低医患之间的信任感。

二、国际视野下的医患关系现状

医患关系是在医方和患方互动中所产生一种独特的人际关系，一种特殊的社会交往。整个医疗卫生行业发展中，医患关系占据着重要地位，它既是警钟，也是动力。纵观中外，不同经济、文化、社会风气和法规孕育着不同的医患关系，有比较才更好辨别，以国际视野研究医患关系，为中国医患关系的未来建设提供了参考。

（一）欧美发达国家的医患关系

总体来说，欧美发达国家的医患关系比较稳定。发达的社会经济、现代文明，以及完善健全的法律法规，为医患双方都设置了必要的约束，构建了相对稳定的医患关系。

就英国来说，其医患关系建立在长久的市场经济、完备的医疗制度和医学科技加持下。英国的医患关系与市场经济相互适应，医方将医疗关系强化为服务关系，将患者看作顾客，向其提供终身制和会员制的医疗服务。20世纪后期，英国建立了国民健康保险制度（National Health System，NHS），宣布对所有居民免费提供卫生服务，费用由政府财政负担，患者转变为纳税人，弱化了“患者”概念，强化了“顾客”概念。英国公民可以享有“从摇篮到坟墓”的医疗服务，减轻了患者的医疗费用负担，这一体制也被世界卫生组织认为是欧洲最大的公费医疗机构和世界最好的医疗服务体系之一。

英国建立了严格的分级诊疗制度，形成了“社区医生”与“本区患者”的新型医患关系。医患双方的选择是双向的，患者可以自由地决定在哪位社区医生处进行注册，而医生将对应稳定的服务对象，提供全面的诊疗意见。严格分级诊疗制度确立了多级保健体系，由全科医生和社区诊所构成的基础医疗机构为患者提供便利的初级医疗服务，避免了“小病大治”的过度医疗现状。此外，医生的全额工资是由国家负责的，其个人收入按照诊疗人头支付，与向患者的诊疗服务量无直接关系，故社区医生服务质量和态度直接决定了医生个人收入高低，这样社区医生为提高个人收入，便会更加注重患者就医满意度，构建长期医患关系。

强大的信息系统也有利于维持稳定的医患关系。社区医生为相应患者建立完备的电子病历资料，当患者被转诊到医院等二级诊疗机构后，专科医生可直接查看患者全部的病历资料。大范围的医疗信息共享系统不仅提高了医患交流的效率，也增加了诊疗的准确性。

美国的医患关系从美国宣布独立到1840年前后，一直都比较和谐，医生和患者之间的关系相对较好，即使产生矛盾也容易得到化解。1840年以后，美国城市不断兴起，医疗体制从之前的乡村医师体制逐渐转变为城市医师体制，医患之间开始出现不适应，从而导致了关系的不和谐，1850年开始，美国出现了医疗过失诉讼。这与当时美国人的观念改变有很大的关系，首先与当时宿命论者数量的锐减以及至善论者数量的激增有关系，他们不再像以前那样愿意按照所谓神的旨意接受身体上的痛苦。其次美国政府开展了全国性身体健康运动，并且进行了食品改革。美国人逐步接受了身体的健康和舒适程度是可以被控制甚至改善的。经过一场旨在提高医疗期望值的改革，特别是见识了种种激动人心和眼花缭乱的医疗广告后，人们的这种观念得到了加强，经过治疗后，如果身体状况未能得到改善甚至恶化，那么患者可能就认为那是医师的过失。医疗过失诉讼增多的一个重要前提是医师的职业化。1840年，美国专业主义市场化兴起，各州将各个职业发展的限制放开，让他们各自凭借能力去吸引有需求的公民，因此美国成了一个各种职业者自我寻求发展的地方。医生们也在其中寻找生存机会，而当时的职业体系质量控制措施还未健全，再加上律师希望在快速发展的职业化市场中开拓新的业务，从而使医疗过失诉讼的数量激增。医疗过失诉讼数量的激增造成了医患关系的紧张。

19世纪50年代以后，美国的医患关系长期稳定在一个较为和谐的水平上，这与美国患者对医疗风险存在的普遍认知有关。治愈疾病是医学的终极目标，但是很多时候要实现这个目标是很难的，医生更多的时候可能是给患者提供医学上的帮助和心理上的安慰。20世纪70年代，美国医师恩格尔提出新的“生物–心理–社会”医学模式，该医学模式的提出使得医患关系从之前的“主动–被动”型变成了“主动–合作”型，医患沟通增多，患者的满意度也增加。

医患关系毕竟是“人”之间的关系，除了经济、制度和技术等外部因素的影响外，医生专业知识和职业精神建设对医患关系的影响更加重要。从美国职业医生培养体系来看，美国医生培养采取精英教育，从医学院教育、住院医培训到专科培训，均具有严格且规范化的安排。因此，美国医生群体在专业上相对优质和均衡，无论去哪里就医，医生对常见病、多发病和具有较为明确诊疗方式的疾病的处理往往大同小异。不仅如此，美国医生的职业精神建设较为先进，从1995年起，几乎所有美国医学院校都开设了人文课程，全面学习诊疗中的“人文素养”。当前美国已成功建成了完善的医学生及医师职业精神教育和评价体系。

（二）中国医患关系成为各界关注问题

中华人民共和国成立以来，医疗卫生事业建设取得了长足进步，中国医患关系以和谐作为主旋律。根据国家统计局数据，截止到2020年，中国医疗卫生机构数已达到102.3万个，医疗卫生机构床位数达到911.3万张，卫生人员总数达到1346.7万人。中国卫生医疗建设逐年增大，医疗资源数量不断增加，医疗卫生服务质量不断提升，人均期望寿命也逐年提高。

目前医患关系紧张的原因包括以下3个方面，一是医方因素，二是患方因素，三是社会因素。从医方来看，现代医疗模式不再是传统生物医学模式，而是转向了“生物–心理–社会”医学模式，但部分医务工作者不能适应现代医疗模式的转变，仍以疾病为中心，忽视了患者的生理、心理感受，技术主义至上而忽视了医患之间沟通和交流，加重了医患矛盾。从患方来看，患者对医疗期待过高导致医患矛盾升级。随着互联网发展及现代医疗技术的飞速进步，患者对现代医学的期望值不断提高，以为“包治百病”是医学的常态。然而，目前国内外一致承认的疾病确诊率仅为70%，已定义的疾病中，至今约半数治疗还无证可循。“有时去治疗，常常去帮助，总是去安慰”才是医学的真相。从社会层面看，我国当前的医疗行业受着政府和市场双重制约，医疗体制存在一定问题。根据国家医疗保障局数据，2020年全国基本医疗保险的参保率稳定在95%以上，但个人医疗支付占比仍然逐年增加。此外，医疗服务相对单一，初级医疗服务水平参差不齐，导致高层次医院超负荷运转，医疗资源配置严重失衡，加剧了医患关系的紧张局面。除此之外，中国当前医疗纠纷处理程序还不完善，没有给予医患双方公平对话的平台，导致医患之间信任感降低。

著名医史学家西格里斯特曾评论：“每一个医学行动始终涉及两类当事人：医师和患者，或者更广泛地说，医学团体和社会，医学无非是这两群人之间多方面的关系。”医患关系不仅反映了医患双方是否进行了有效合理的沟通，也侧面体现了国家的社会经济状况和医疗体制的建设方向。新时代的现代化建设中，构建一个良好医患关系对于推动健康中国以及和谐社会具有重要意义。因此，社会各界需要以包容和发展的眼光积极地看待现有医患关系的发展，将医患关系的建设融合到政治、经济和文化建设中去。

本章小结

医学人文是20世纪兴起的以反思医学目的、维护医学尊严、坚守医学良知为内容的学术思潮和社会文化运动，也是应用人文社会科学的理论与方法对医学的本质与价值、卫生保健的目的与意义、医疗保障的公平与公正等问题进行审视、理解和探究的实践。医学人文是一个多学科与跨学科的研究领域，它从人文学科和社会科学的角度探讨健康、疾病、生命、死亡、疼痛、快乐之于人类社会的意义，考察医学和卫生保健对人类社会的价值，研究与关注这些学科如何应用于医学教育和改进医疗实践。医学人文的主要任务包括阐明医学理论和实践的价值，理解医学经验的主观性和对他者主观性的理解，提高医学生和医务人员的道德素质、心理素质、法律意识等，培养个人的反思和创造能力。

新时代发展中，医学、技术、公民观念都在发生变化，医患关系也在不断承受着旧因素影响，接受着新理论的冲击。而在现代“生物-心理-社会”医学模式中，医学所面对的是具有主观能动性的“人”，而并非仅仅是疾病，医学人文是现代医学发展与医患关系重塑的必要途径。医患关系的改变并非在一朝一夕，需要政府、医疗机构和患者长久的共同努力。

（黎润红　王　岳）

第二章　医学史学视角下的医患关系

学习目标

1. 掌握　中国现代医患关系特点。

2. 熟悉　近代医患关系的深刻变化；中国共产党与近代医患关系。

3. 了解　中国古代医患关系模式；1937年全国医师联合会《医师信条》。

第一节　中国古代医患关系

一、概述

中国古代不同历史时期的医药卫生发展情况有着很大不同。史学家陈邦贤先生将不同朝代的医药发展概括为“周时有阴阳风雨晦明之说，汉时有阴阳五行之说，晋时道家之说混入，唐时佛教之说混入，宋时受性理影响，清时注重考古之学以及科学医的输入”。

夏商周时期，由于生产力极度落后，人们崇尚听命于天与神，在相当长的时间里，巫、医相混。春秋战国时期，社会发生巨大变革，产生了先秦诸子各以其道谋治天下的局面。巫、医分流，出现了专业的行医者，《黄帝内经》在战国时已经形成。秦汉时期，神仙方士的医疗活动非常频繁，形成求神仙不老之药的文化。东汉张仲景没有沉溺于世俗迷信，不懈研究，撰成了《伤寒杂病论》。魏晋南北朝时期，诊断学和针灸学在总结前代成就的基础上有重大发展。在这个时期，道徒陶弘景搜集了西汉以来《神农本草经》的多种传本，重新整理并订补成在药学史上具有里程碑意义的《本草经集注》。隋唐时期，医学整体水平有较大的提高，出现古代第一部病因症候学著作《诸病源候论》、第一部临床百科全书《千金要方》、世界第一部国家药典《新修本草》。宋朝时期，皇家对于医学事业比较重视，不仅广集历代医方，还设专门的校正医书局整理、校刊有价值的医学古籍。南宋著名学者朱熹集理学之大成，性理之说受到很大推崇，医学的发展由此浸透着深刻的义理哲辨思想。金元时期，产生了“古方不能治今病”的思想，医学流派由此兴起，正所谓“儒之门户分于宋，医之门户分于金元”。明清时期，医学水平也有了明显提高。明代李时珍《本草纲目》达到了古代本草的巅峰。《本草纲目》之后，明末、清代的本草发展倾向于临床药学。

中国古代传统意义上的“医院”与现代的医院概念完全不一样。公元510年，出现了由政府管辖的“医院”。在古代中国，医院一直是宫廷的产物，传统的医事制度基本上是围绕王权的需要而设置的。古代医疗机构为平民医治的程度和规模相当有限。

古代对于平民百姓的医疗服务，基本都是私人性质。在相当长的历史时期中，医生以个体为单位独立而分散执业，坐堂开店或应请上门施诊；而另一部分从事行医的游方郎中则走乡串户，治百家病，吃百家饭。在古代，家庭是原始的医疗单位和护理空间，对患者的诊治、开方以及患者家属照方抓药、护理患者等过程都在家中完成；患者自由选择医生，医生被动地提供医疗服务；患者家属一般都要参与医疗活动，并握有最终决定权，医生对患者的诊治过程也是在患者家属或朋友的监控下完成的。

二、中国古代医德思想

在漫长的古代医疗发展历程中，形成中国传统的医患和谐医德思想。

第一，强调医者要有对患者生命的尊重和珍爱。《黄帝内经》指出：“天覆地载，万物悉备，莫贵于人。”唐代医学家孙思邈在《备急千金要方·大医精诚》中指出：“人命至重，有贵千金，一方济之，德逾于此。”宋朝林逋在《省心灵·论医》中指出：“无恒德者，不可以为医，医生乃人命生死之所系。”

第二，强调医者要有仁爱之心。晋朝杨泉指出：“夫医者，非仁爱不可托也。”明代医家龚廷贤在《医家十要》中将“存仁心”置于医家“十要”之首。清代喻昌在《医门法律》中指出：“医，仁术也。仁人君子必笃于情，笃于情，则视人犹己，问其所苦，自无不到之处。”

第三，强调医者要精于专业技术。明代徐春甫在《古今医统·庸医速报》指出：“医学贵精，不精则害人匪细。”清代医家吴鞠通在《温病条辨》自序中指出：“生民何辜，不死于病而死于医，是有医不若无医也。学医不精，不若不学医也。”

第四，强调医者要举止得体。唐代孙思邈在《大医精诚》中指出：“夫大医之体，欲得澄神内视，望之俨然，宽裕汪汪，不皎不昧。”南宋《医工论》中指出，“凡为医者，性存温雅，志必谦恭，动须礼节，举乃和柔，无自妄尊，不可矫饰。”

第五，强调医生要重义轻利。唐代孙思邈在《大医精诚》中指出：“若有疾厄来求救者，不得问其贵贱贫富，长幼妍蚩，怨亲善友，华夷愚智，普同一等，皆如至亲之想”。清《吴鞠通行医记》中指出：“良医处世，不矜名，不计利，此为立德”。清代费伯雄在《医方论》中指出：“为救人而学医则可，为谋利而学医则不可。”

第六，古代传统医患和谐思想亦对患方提出了要求。要求病家信任医生。《素问·五藏别论》中指出，如若病家是“拘于鬼神者”或“病不许治者”，讳疾忌医、拒绝配合，则“病必不治，治之无功矣”。《史记·扁鹊仓公列传》记载了扁鹊对六类治疗难以取效患者的描述，也就是后世所说的“六不治”：“骄恣不论于理，一不治也；轻身重财，二不治也；衣食不能适，三不治也；阴阳并，脏气不定，四不治也；形羸不能服药，五不治也；信巫不信医，六不治也。有此一者，则重难治也。”

三、中国古代医疗从业者的管理制度

在中国古代，官方设立了一定的法律制度对医疗从业者进行管理。

《周礼》记述了战国时期对从医者进行年终考核的规定，根据考核结果确定其收入多少，考核分为五等：“岁终则稽其医事，以制其食，十全为上，十失一次之，十失二次之，十失三次之，十失四为下。”医疗失误超过40%的被确定为最末一等，收入将受到严重影响。

唐朝《唐律疏议·职制》对制作御药中出现错误规定处以极刑：“诸合和御药，误不如本方及封题误者，医绞。”要完全按照处方配制，如果因故意或过失没有遵照处方所规定的药剂品类和数量配制，即被认为是错误，按照大不敬的惩罚力度来处以绞刑。对于民间的医事纠纷，《唐律疏议》规定：“诸医违方诈疗病而取财物者，以盗论。”医生故意违背药方，任意配药或加减药量，赚取患者的钱财，“以盗论”。《唐律疏议》还规定：“诸医为人合药及题疏、针刺，误不如本方，杀人者，徒二年半。”在配药过程中，要按照医方，把握药物比例、数量，如果违背药方，出现医疗事故，以故意杀人罪处理。

在明代，为解决医患纠纷个案的判定而规定了鉴定机制，《大明律》规定，出现医患纠纷后应“责令别医辨验”。清代也规定了医疗纠纷的应明确责任问题，《大清律例》规定：“庸医杀人必其病本不致死，而死由误治显明确凿者，方可坐罪。”

四、中国古代医患关系模式

有学者根据患者的社会地位以及所患疾病对医疗服务的需求程度、医生的社会地位及医术状况等，把中国古代的医患关系模式分为主从型、权威型、平等型。

1. 主从型　在古代封建等级制下的伦理关系中，医生的地位不高，尤其是在封建皇家贵族面前，医生是处于“仆人”的地位。“君饮药臣先尝之”，诊治效果好，可得到赏赐；而一旦出现不良后果，医生则要被严厉处罚，这种医患模式属于主从型。主从型的医患关系中医疗决策权在患者一方，医生则处于被动地位，由患者判断、决定是否接受治疗的方案。

2. 权威型 古代医疗资源缺乏。医生是医疗资源的施予者，名医与非贵族的患者之间的关系，多属于权威型。患者是医嘱的被动接受者，依赖医生的判断与决策。权威型模式下医患之间的沟通、交往、相互作用十分有限。

3. 平等型 是指古代的医家与患者之间，在医疗过程中相互信任、积极配合、平等交往，医生尊重并平等的对待患者。对患者一视同仁，不因患者的经济条件、社会地位等非医疗因素对患者分类对待。这种情况，在封建社会现实生活中比较少见。

在封建王朝时代，由于医疗资源短缺和分配的不均衡性，求医行为表现出了极大的等级差别，不同的社会阶层享受的医疗资源有极大差别。专业的医疗救治手段只能基本满足上层社会的需求。例如，唐朝为了满足皇室成员的医疗保健需求，设有御用的尚药局与药藏局，官方的太医署也能较好地保障重臣、军队将领等国家政治中坚力量的求医需求。而普通民众在面对疾病时，常常因无法支付私人行医者高昂的医药费，或因身处穷乡僻壤之地而无医可寻、无药可抓，只能寻求宗教和巫术的庇佑，或是听天由命。

第二节　中国近代医患关系

一、概述

在中国古代，尽管在医学知识与医疗技术上不断进步，但医疗体制没有太大变化。古代的医疗空间是由私人运作的，绝大部分医生各自为营。19世纪初，伴随西方军事和政治的扩张，西医作为“宗教的侍女”开始登陆中国。鸦片战争以后，医学传教在中国的影响日益扩大，西方医学对近代中国社会医疗卫生事业的发展产生了巨大影响。1835年11月，美国公理会传教士伯驾在广州开办博济医院，这是近代中国第一所教会医院，之后教会医院逐渐开始在中国快速发展。

教会医院是中国近代史上特殊的社会产物，也是我国近代医院的雏形。近代医院包括候诊室、门诊室、治疗室、检验室、手术室、药房、住院部等。教会医院带来了西方的医疗技术和西方医院的管理办法。例如，新患者个人基本信息、疾病症状都被记录并交给患者，由患者保管直至出院，这是如今“挂号制度”的最初形式。同时医院推行使用专门的病历记录，详细记录患者的情况，逐渐形成了正规的病案体系。医院制度的引入，改变了一医多能、坐堂就诊的习俗，促使医生的专业化水平大为提高。除了传统的内外科之分，还出现了更多的如产科等非常细化的专业分工。

与古代医生相比，近代医生具有职业化特征，更加强调服务理念和职业伦理，并且开始享有专业自治，形成了有组织有制度的专业团体。在近代中国，医生获得的收入、权力和威望已经远超传统医生；同时，执政当局以执照发放的形式认可合法的医疗活动，医生职业的保障大幅提升。

二、近代医患关系的深刻变化

与古代传统医患关系相比，近代医患关系发生了深刻变化。第一，在近代由于医疗活动中开始大量采用运用物理、化学原理的诊疗设备，经验医学治疗方法受到极大冲击。医生对仪器设备越来越依赖。相对于传统医疗，医患双方相互交流的机会大为减少，医患之间插入了医疗器械设备的媒介，医患关系从“人-人”变成“人-物-人”。第二，在近代，医学的分科越来越细，医生逐渐只对某一专科、某一种疾病负责，以往传统医患之间一对一的关系逐渐消失，开始出现一医对多患或一患对多医的关系。相对于传统医疗，近代医患双方的情感联系相对减弱了。第三，医患关系出现技术化倾向。近代医学的科学研究方式，极为看重疾病的生物因素，忽视了社会、心理因素；开始把医疗实践片面地理解为单纯的技术活动，把医疗服务片面地理解为药物、手术等手段的实施；淡化了对人的理解、关怀和尊重，把医患之间的人际关系等同于人与机器的关系和技术关系。第四，医患诉讼案件激增。近代社会，相对于封建王朝，由于政治经济、思想观念、科学技术等诸多领域发生巨变，医疗诊疗方式变化巨大且不成熟，社会媒体等舆论方式的影响力激增，法律体系亦发生重大变化，引起医事纠纷的因素增加，医事纠纷诉诸法律的情况激增。1934年由于医患纠纷诉讼案例众多，甚至被公认为“医事纠纷年”。

知识拓展

为了应对历史挑战，减少医患冲突，寻求行业自我保护，1937年1月1日，全国医师联合会公布《医师信条》，以规范医生的行医行为、避免医患关系恶化。《医师信条》共有10条：①不为夸大广告，不营非义之财。②不无故拒绝应诊，不歧视贫苦阶级。③不非法堕胎，不滥施手术，不使用秘方。④不徇私情发给不正确之医事证书。⑤不作非道义之竞争，不毁谤同道。⑥应保守病家秘密。⑦应加入开业所在地之医师公会，遇有纠纷，应报告公会处理。⑧应辅助贫苦患者。⑨应协助卫生机关，报告传染病之流行及指导民众以消毒隔离诸法。⑩应参加非常时期之救护工作。这些行业规定，对于缓和医患关系，起到一定作用。尤其是其中“不歧视贫苦阶级”“应辅助贫苦患者”的表述，具有进步意义。同时，在近代，中国部分西医医院开始尝试医院服务社会工作，1921年北京协和医院就成立了社会服务部，对部分困难群体进行帮助。医院社会服务工作在一定程度上也能发挥缓和医患关系的作用。但是，即便医疗界自身作出一定努力，纵观整个半封建半殖民地的近代史，由于列强入侵、军阀混战、“三座大山”的剥削压迫，反动政权统治下的大部分平民百姓尤其是农村地区的贫苦民众，完全得不到有效的医疗服务，基本生存都成为问题。

三、中国共产党与近代医患关系

中国共产党成立后，从苏区时期到抗日战争时期再到解放战争时期，在艰苦卓绝的奋斗历程中，一直都在不懈推进红色革命根据地与解放区医疗卫生事业的发展，努力满足战场救护和军民医疗卫生保健的需求。

红军时期，军民一心，创建了红军部队和苏维埃政府的各级卫生组织，创办前后方医院和地方医院，初步建成了红军卫勤体系与地方卫生体系；动员根据地的社会力量、开展了有效的战伤救护和卫生防病工作。到长征前夕，中央苏区已建成10个后方医院、10个预备医院、6个兵站医院、2个残废医院，以及1个疗养院，形成了从前方到后方的红军医院网络。红军总卫生部成立之后，特别加强了对医院的政治领导，1934年1月总卫生部向全军卫生部门提出“一切为了伤病员”的口号，成为卫生部门政治思想工作的重要原则。1934年7月10日，红军总政治部还印发《关于医院政治工作的训令》，要求医院的政治工作必须以医疗为中心，医务人员必须加紧提高医务技术。红军时期，医疗卫生工作取得了显著成就。

抗日战争时期，在党的领导下，抗日根据地创办各种类型卫生培训班，创建并发展医学院校，培养医务卫生干部和医疗卫生技术人才，壮大医疗机构，较好地完成了军民的救护任务。各个边区政府还投入大量资金用于群众医疗卫生事业。疫病流行时，边区政府就组织医疗队下乡，免费看病送药。在克服病灾的实践中，边区创造性地形成了富有特色的医疗机构——医药合作社。以晋察冀边区龙华县张明远医药合作社为例。1941年大“扫荡”过后，估计第二年可能发生严重的病灾，边区政府投资1800元，由张明远负责，又召集民股2000元成立了医疗所。通过组织医药研究会，互相学习，研究技术，培养医生；发动群众刨土药，用土药通过敌占区医生换取川广药，制造了20多种丸药，降低了医疗成本。医疗所从1941年的3个医生，发展到1945年的35人。每当流行病发生，他们就分成小组，不分昼夜，赴村治病。平日里逢请必到，不用接送，不讲吃喝。张明远成了晋察冀边区有名的模范医生，受到了广大人民群众的爱戴。

解放战争由于大规模运动作战的特点，解放区的军队医疗卫生工作形势严峻。这一时期，医疗卫生工作从各解放区实际情况出发，从广大军民群众的利益出发，始终坚持"预防为主，防治结合"的工作方针，中西医学并重，取得了相对良好的效果。医疗卫生的各项工作往专业化方向发展，不仅救治了部队伤病员、保障军民健康；并且进一步完善了人民军队医疗卫生工作制度和组织体系，为中华人民共和国成立后的卫生制度建设奠定了重要基础。1947年10月颁布的《后方总医院医疗工作规则及职责条例》规定，医护人员职责包括了解伤病员心理状况，给予精神上的安慰；了解患者的痛苦，给予患者无限温暖，使他们视入医院如入家庭的怀抱，对患者态度亲切。解放战争历时三年多，医护人员共抢救、医治伤病员128万多人。东北军区培养、训练与争取了大批医疗技术人员，组织了各部队卫生机关，配备了90多个医院的卫生干部与人员。

中国共产党领导的近代革命斗争过程中，形成了对中国医疗卫生事业发展产生巨大推动作用的精神力量。白求恩精神就是在这一时期提出并逐渐形成和发展起来的。诺尔曼·白求恩是加拿大共产党党员，著名医生。他于1938年初来中国，支援中国人民的抗日战争。他在晋察冀边区辛勤工作了一年多，因为伤员施行急救手术时受感染，于1939年11月12日逝世。1939年12月21日，毛泽东写下著名的《纪念白求恩》一文，文中将白求恩精神定义为："一个外国人，毫无利己的动机，把中国人民的解放事业当作自己的事业，这是什么精神？这是国际主义的精神，这是共产主义的精神，每一个中国共产党员都要学习这种精神。"白求恩精神的内涵最核心就是国际共产主义精神。白求恩是一名医生，因救死扶伤而牺牲，所以，毫无疑问，白求恩精神中，包含着巨大的医德感染力与医学人文光芒。时至今日，白求恩精神都是维护中国医患和谐的重要精神力量。

第三节　中国现代医患关系

一、概述

1949年中华人民共和国成立以来，在中国共产党的领导下，中国的医疗卫生事业取得了令世人瞩目的成就。中华人民共和国成立后，医疗卫生事业发展经历了多个阶段。

中华人民共和国成立初期，中央政府提出了我国卫生工作的四大方针：面向工农兵、预防为主、中西医结合、卫生工作与群众运动相结合。中央政府高度重视公共卫生体系的建设，建立起包括国家、省、市、县各级卫生防疫站、妇幼保健站、卫生宣教机构；同时，针对传染病、地方病建立专门的防治体系。

计划经济时代的医疗保障体系存在城乡差异。在城镇，医疗保障体系分为两种方式：公费医疗和劳保医疗。公费医疗建立于1952年，面向国家机关和全民所有制事业单位工作人员、高等学校在校学生和二等乙级以上革命残废军人。劳保医疗建立于1951年，面向国有企业的职工和退休人员，县以上集体企业参照执行。在农村，医疗保障主要由合作医疗承担。在20世纪50年代中期，许多地方在农业合作化的启发下建立了以集体经济和农民自发筹资为基础，具有医疗保险性质的合作医疗制度。20世纪60年代后期，合作医疗被广泛推行。到1975年，合作医疗在全国覆盖率达到84.6%。

1965年毛泽东发表“六二六”指示，号召“把医疗卫生工作的重点放到农村去”之后，医疗资源进一步倾向农村。那个时期，培养了大量的半农半医的初级卫生保健人员，称为“赤脚医生”。赤脚医生对缓解农村缺医少药的情况、保障农民的医疗可及性发挥了重要的作用。赤脚医生的工作并不仅限于治疗常见病，也包括宣传卫生知识、推广计划免疫、改善农村卫生环境、开展新法接生等多方面工作，对于农村卫生保健水平的提高起到了很大作用。

改革开放初期，城乡医疗资源分配政策发生了一些变化。在城市，医疗卫生机构的所有制结构从单一公有制变为多种所有制并存；公立医疗机构的经营管理自主权发生了很大变化，医疗卫生机构之间的关系从分工协作走向全面竞争，服务目标从追求公益目标为主转变为全面追求经济目标；政府也正式放开医疗资源领域，引入市场的力量来发挥医疗资源的调配。在农村地区，由于农民公社的消失，农村三级医疗卫生预防保健网被削弱，合作医疗制度一度衰落。1986年第39届世界卫生大会上，中国政府作出了“2000年人人享有卫生保健”承诺。越来越多的人清醒地认识到，市场化的自费式医疗模式不仅不适合中国农村的实际情况，还可能产生严重的因病致贫问题，必须恢复并重振合作医疗制度。

20世纪90年代初，国家确立了建立社会主义市场经济体制的改革目标，掀起了新一轮的改革浪潮。同时，国家开始制定医疗卫生资源分配的改革政策，改变依赖市场对于医疗资源的基础调节作用，引入政府调控作为医疗卫生资源的分配机制。进入21世纪后，党和政府加快医疗保障制度的改革，不断加大投入，建成覆盖城乡、功能齐全的医疗保障制度体系，使社会成员都能享受到医疗服务。

二、中国现代医患关系特点

医疗卫生事业发展是一项复杂艰巨的巨大工程，具体的发展过程中，会遇到各类困难。近20年，中国医患关系面临巨大挑战，甚至一度出现严重暴力伤医的严峻局面。伴随医疗卫生事业发展的不同阶段，中国现代医患关系也呈现出多种特点。

第一，影响医患关系的经济因素。受医疗资源分配因素影响巨大。中华人民共和国成立初期，我国医疗卫生资源匮乏的现实情况，使得政府在制定医疗资源分配政策中更多地考量如何建设全国性的基础医疗保障体系，解决公民的基本医疗需求，让所有人尽可能接近正常的医疗保健服务和确定合理的资源限度；同时着力进行资源的二次分配，以保障广大的社会底层人员的基本需要和群体利益。因此，当时医患关系整体呈现出较为和谐的状态。1978年后，众多国有企业经历体制及其他方面改革的阵痛期，以国有企业为依托的传统劳保医疗制度和公费医疗制度面临着瓦解的局面。当时推行医疗资源的经济效益最大化和市场自由调节资源，虽促进了中高端医疗技术的发展，但相当部分的城乡居民没有享受到基本的医疗保障，滋长了对就医体验的不满情绪，导致医患关系开始恶化。党的十八大以来，随着医疗资源分配体系和医疗保障体系等方面医疗体制改革的不断深化，城乡居民在医疗保障方面的获得感越来越强，极大推进了国内医患关系的和谐发展。

第二，影响医患关系的医院管理因素。现代社会医患关系的形成，不仅是医务人员个体的责任义务，很大限度上，与医疗机构的管理模式密切相关。如果医疗机构引导医务人员长期超负荷工作，巨大的工作量将导致医务人员的疲惫和心理问题，必然给医患关系带来负面影响。医疗安全和医疗质量是维护医患关系的根本，医疗服务环境和服务态度也对医患关系产生重要影响。因此，良好的医院管理是建立和谐医患关系的重要基础。随着时代发展，医疗技术也在不断发展，医疗机构和医务人员都有着研究推进医疗技术创新应用的动力。适宜的新型诊疗技术能够给患者带来更好的疗效和就医体验。但如果盲目开展不成熟的新技术，则会适得其反，将给患者造成不同程度的伤害。另外，患者接受新技术的理念，需要有了解和适应的过程，这一过程中需要医方进行耐心解释与科普。

第三，影响医患关系的社会交往因素。社会转型时期，多种社会交往方式影响着医患关系。当代中国依然存在着浓厚的“熟人社会”的现象。尤其是社会观念相对保守的广大农村基层。“熟人好办事”的思想根深蒂固，影响着人们生活的方方面面、各个领域，医疗服务也不例外。很多时候，求医看病还是要“托熟人”。“熟人社会”给医患关系带来多方面的影响。熟人关系能够在一定程度上拉近医患之间的沟通，但也能够对医疗原则、医疗正常秩序带来负面影响。随着互联网社交和医疗平台的兴起，医患沟通与交往方式也发生了很多变化。目前的互联网沟通平台依然属于初级阶段，形式与技术更新迭代较快，对医患关系的影响存在诸多不确定性。

第四，影响医患关系的舆论因素。自媒体等信息技术的发展导致社会舆论环境发生较大变化。传统媒体主要是由国家电视台等机构组成，对国家的时政、社会热点与民生政策进行客观地宣传，传播具有正能量的价值观。互联网取得迅猛发展，一些新媒体、自媒体等也迅速发展起来，自媒体主要包括微博、微信等，人们在上面评论国家时政与热点话题，对公共管理与公共政策进行讨论。互联网将各种思想文化内容聚集到一起，采用放大镜的方式放大社会舆论，形成了新的舆论格局。自媒体网络舆情具有波及面广、传播速度快、储存量大的特点，能够将普通医患事件传播扩大为严重的舆情事件与恶性伤害事件等，由于其具备较快的传播速度与较广的波及范围，使得医院的管理受到了较大的挑战。同时，医护人员与医院都将在互联网信息传播中和社会公众关注中过度暴露。

第五，影响医患关系的法律因素。处理医患纠纷的方式在不断发展。我国现有医患纠纷解决的法律机制包括协商解决机制、行政调解机制、第三方调解机制、仲裁机制和诉讼机制。改革开放以来，民主化、法制化进程逐渐加快，各种法律法规相继建立并不断完善。1987年，国务院颁布了《医疗事故处理办法》；1988年卫生部又颁布了《关于医疗事故处理办法若干问题的说明》；2002年颁布了《医疗事故处理条例》和“举证责任倒置”的规定；2009年底通过了《中华人民共和国侵权责任法》，并被纳入了2020年的《中华人民共和国民法典》。近10年，在处理医患纠纷方面，比较大的进展是推行第三方调解机制，以及实施医疗责任险，对进一步缓解医患纠纷发挥和很大作用。

第六，影响医患关系的特殊公共卫生事件。重大公共卫生事件的影响显著。进入新世纪以来，中国经历了多次重大公共卫生事件，例如，2003年“非典”疫情、2008年汶川大地震、2020年新型冠状病毒肺炎疫情（简称“新冠疫情”）。每一次重大公共卫生事件中，我国的医务工作者都在党和政府的指挥下，发挥了先锋模范的作用。2020年的新冠疫情中，广大医务人员更是发挥了“生命至上，举国同心，舍生忘死，尊重科学，命运与共”的伟大抗疫精神，成为夺取抗击疫情阶段性胜利的主力军。每一次重大公共卫生事件，都能让广大人民群众被医护人员舍小家、顾大家的高尚品格深深感染。在特殊事件背景下，人们能够更加理解医护人员职业的辛苦、危险、压力和奉献精神，可以促进人们更好地换位思考，设身处地在对方角度重新思考医患关系，为建立和谐医患关系奠定良好的基础。

伴随着国家加大医改力度，医疗卫生领域会进入新的发展时期，医患关系也会随之有明显改观。

本章小结

本章从中国古代、近代和现代3个历史时期介绍了中国医患关系的情况与特点。中国古代不同历史时期的医药卫生发展情况有着很大不同。在漫长的古代医疗发展历程中，形成中国传统的医患和谐的医德思想。在中国古代，官方设立了一定的法律制度对医疗从业者进行管理。更有学者把中国古代的医患关系模式分为主从型、权威型、平等型。教会医院是中国近代史上特殊的社会产物，也是我国近代医院的雏形。与古代医生相比，近代医生具有职业化特征，更加强调服务理念和职业伦理。与古代传统医患关系相比，近代医患关系发生了深刻变化。中国共产党领导的近代革命斗争过程中，形成了对中国医疗卫生事业发展产生巨大推动作用的精神力量。白求恩精神就是在这一时期提出并逐渐形成和发展起来的。1949年中华人民共和国成立以来，在中国共产党的领导下，中国的医疗卫生事业取得了令世人瞩目的成就。中华人民共和国成立后，医疗卫生事业发展经历了多个阶段。近20年，中国医患关系面临巨大挑战，甚至一度出现严重暴力伤医的严峻局面。伴随医疗卫生事业发展的不同阶段，中国现代医患关系也呈现出多种特点。

（杨　震）

第三章　医学哲学视角下的医患关系

学习目标

1. 掌握　医学异化、医学的不确定性对医患关系的影响；如何从现象学角度理解医患矛盾。

2. 熟悉　医学异化、医学的不确定性和现象学的概念和内容。

3. 了解　医患关系是一种技术关系、权力关系，具备历史性和深刻的哲学根源。

第一节　医患关系的哲学内涵

和谐医患关系的构建不仅是一个沟通交往问题、一个心理认知问题，也是一个重要的哲学问题。医者和患者是一对矛盾统一体，他们相互依存，在相辅相成的发展中维系了这一特殊的社会现象。与普通的社会关系不同，医患关系首先是一种技术关系。医生需要依靠医学仪器和设备、医学专业知识对患者进行问诊、数据采集和诊断。同时，医患关系还是一种权力关系。由于医学的专业性和医疗信息的不对称，患者在医生面前常常处于被动和弱势地位。最后，随着人类社会的发展和科技、医学的不断革新，医患关系也是不断变化的，带有鲜明的历史性和时代特征。

在科技高度发达的现代社会，掌握技术的医生对于患者的身体拥有越来越多的权力。在医患关系中，医生的主体地位越来越凸显。但是，这同时打破了人和技术、医生和患者之间的平衡，造成了医患关系的紧张。本章将从哲学的角度出发，从医学异化、医学的不确定性、现象学3个方面分析和讨论现代医学中医患关系问题的哲学根源。

第二节　医学异化与医患关系

科学技术的异化（alienation）主要指人类利用科学技术更好地改造自然，使其为人类服务，并取得了辉煌的成就，但是科技在造福人类的同时，却又成为一种异己的、敌对的和统治的力量，反过来抑制、损害、威胁了人类社会的发展。生态危机、核战争威胁就是科技异化的例证。同时智能机器人、基因编辑工程等技术如果应用不当，也可能将人类引向灾难。医学作为科学技术的一个重要组成部分，也愈来愈显现出异化的趋势。美国一位名叫特鲁多的医生把医学的目的和功能阐释为“有时去治愈、常常去帮助、总是去安慰”。哈佛大学科学史系著名的医学史教授查尔斯·罗森伯格（Charles Rosenberg）在《来自陌生人的照顾》（*The Care of Strangers*）一书中首先提出了现代医学逐渐出现了医学花费成倍增加，但人所感受到的温暖却越来越少的医学异化的趋势。他在《当代医学的困境》中写到，现代医学正在逐渐背离医学的目的和初衷。在不考虑医疗体制、经济社会因素的条件下，存在一种矛盾现象，那就是医生越是技术高超，离患者越远，患者对医生充满不信任；医生越是技术能力强，越是失去自主性；患者对技术充满信任，却对医疗现状越来越不满意。目前，虽然学界对医学异化的概念还没有一个统一的确切定义，但是一般而言，医学异化指的是，随着高新技术的发展，医学技术在促进人的健康和全面发展的同时，使医生屈从于技术本身，禁锢了医生的创造性和人文精神。

知识拓展

“异化”一词的英语表达为“alienation”，源自拉丁文“alienatio”，意思是疏离、疏远、分离、差异等。在哲学中，黑格尔等人首先把“异化”一词提升到哲学高度，主要指主体转为对立面，为对立面的力量所支配。继黑格尔之后，费尔巴哈、赫斯、马克思等哲学家对“异化”进行了进一步解读，把它用在了宗教、社会、科技等层面，丰富了“异化”的哲学概念和内涵。例如，马克思用“劳动异化”的概念来揭示资本主义制度下的社会关系的本质。他认为，在资本主义社会中，工人创造了财富，而财富却被资本家所占有，并用来支配和奴役工人。劳动所生产的对象，即劳动产品，成了一种异己的存在物，不依赖生产者的力量，同劳动相对立。马克思、恩格斯谈到推广机器和分工对劳动者的影响时说:“工人变成了机器的单纯的附属品，要求他做的只是极其简单、极其单调和极容易学会的操作……不仅如此，机器越推广，分工越细致，劳动量就越增加，这或者是由于工作时间的延长，或者是由于在一定时间内所要求的劳动的增加，机器运转的加速，等等。”(引自《共产党宣言》)

一、医学异化的表现和成因

医学作为与人类密切相关的科学，从诞生以来，便沿着向外探索认识世界、向内寻求认识自身这两条哲学路径不断演进。医学异化作为一种概念，是随着现代哲学发展而衍生的，是对医学的人文哲学层面的反省和思考。医学异化的最直接指向是医学目的的异化。自古以来，不管是我国传统医学强调的医乃仁术，还是西方医学强调的人道主义、救死扶伤和人文主义关怀，这些一直是医学不变的宗旨。然而，随着现代医学技术的发展，医学从解救患者的躯体和精神疾苦，变为单纯的疾病治疗和器官的修复与更换。医学所关怀的对象——一个个鲜活的患者——从诊疗关系中逐渐淡出，甚至消失。在异化的医学中，受到多种因素的制约和影响，一部分医生变得冷漠，缺乏情感和与患者共情的意识。虽然很多时候，他们在技术层面治好了患者身体上的疾病，但患者的心理却没有得到治愈，让本应该有温度的医学变得冰冷。

与医学目的异化直接关联的是医学技术的主体化或者是医学技术主义。医学技术原本是人类创造的、为人类健康服务的一种手段。但是，在技术主义的影响下，医学技术成了一种凌驾于所有诊疗手段之上的绝对标准，成为一种独立的力量，形成了自我运行和发展的程序，成了控制者。作为主体的人却在医学中失去了主体性。这种异化导致了医学发展方向的迷失，医学理性服从技术需求，技术至上，不断开发新技术，对人体过度干预。例如，2018年发生的基因编辑婴儿事件，就是技术主义影响下的医学异化的一个表现。虽然对于这个事件的大量评论集中在科研伦理层面，但是显然这个事件中所表现出的科研工作者对医学技术的狂热和缺乏批判深深地受到了技术主义思维的影响。

在资本和消费主义的影响下，医药的价值也发生了异化。一方面，随着医药技术发展，药品成本降低，药品安全性提高，患者可以通过网络大数据问诊，购买药物自我疗愈，与医生之间产生了屏蔽效应，增加了医生与患者之间的距离。另一方面，原本用于治病救人的医疗器械和药品变成了商品，药品与器械应用端的竞争更加激烈，成为资本逐利和消费的对象，医学化和过度医疗问题严重。医药本身转变为医生操作的一种制约。医药价值的异化不仅造成了医疗资源的浪费，导致了卫生资源分配不公平，增加了医疗风险，加剧了药物滥用问题，而且严重损害了患者的经济利益，妨碍了患者的生命健康，导致了医患关系的恶化。

医学异化的成因是多方面的。从哲学角度而言，主要有以下两个原因。第一，还原论的影响。还原论又称简化论，是西方认识客观世界的主流哲学观，认为任何复杂的系统、事物和现象都可以将其化解为更为简单、更为基础的部分来理解和描述。还原论思想对自然科学的发展有着重大影响。在现代物理学领域，还原论者认为世界的存在可以理解成基本粒子及其相互作用。在生物学领域，还原论者认为分子水平的研究将揭开生命的全部奥秘，甚至把人类一切生命现象也还原为化学反应和物理规律。在显微镜、CT、MRI等医疗仪器和器械的辅助下，现代医学把人体还原分解为不同器官和元素组成的整体，试图通过研究每一个部分来揭示人体的秘密。现代医学的发展逐渐走向微观化。第二，现代科学思维的局限性，以及工具理性的张扬。从培根、笛卡尔以来，现代科学一直强调的是科学的客观性。但是，“医学是科学中最人文的，人文中最科学的学科”，当医学如同其他科学一样，尽量减少人的因素时，具有感情主体的人的生命就被物质化了。本应充满人文慰藉的医院变成了人体改造和修复的维修厂。医生变成了拆分零件的修理工，忽视了患者的情感和其他方面的情况，被其所使用的工具和研究理论所束缚和压制，失去了自身的主体性。

二、医学异化对医患关系的影响

现代医学的异化是医患关系恶化的一个重要根源。第一，医学异化剥夺了医患双方的能动性。医生过分依赖现代医疗技术，患者和家属在医患关系的核心地位被弱化甚至替代，看病变成流水线生产一般的程序性流程。在这个过程中，医学本应有的人文关怀缺失，患者对抗疾病的信心和勇气得不到鼓励。第二，在没有温度的、物化的医患关系中，容易出现医生为了私利大开处方、重复检查、延长住院天数等过度医疗，甚至还会出现医生为获得科研素材，擅自对患者实施某些医学处置等乱象。医生和患者成为利益的对立面，激化了医患矛盾。第三，世界卫生组织对个人的健康与寿命的研究发现，生物学因素只占15%，剩下的60%取决于生活方式，17%取决于环境因素，还有8%与卫生服务相关。因此，在诊疗过程中不仅要考虑生物学因素，还要考虑心理和社会因素。在只强调技术的医学中，如果病痛没有治愈，患者对医生的不满将会增加。最后，医学异化对医患关系的最极端影响是医疗纠纷。当医生被异化为无情的冷血动物，患者丧失尊严，不满和猜疑情绪加剧时，医疗纠纷一触即发。有时候甚至会出现暴力伤医事件。

第三节 医学的不确定性与医患关系

一、医学的不确定性的概念

从牛顿经典力学到爱因斯坦相对论的发展可以看出，科学领域是存在不确定性的，因为科学只是对已有知识的一种不完全归纳，是一个不断试错的过程。与科学相比，医学的不确定性更为突出。现代医学之父、加拿大医学家威廉·奥斯勒（William Osler）在谈到医学时说："医学是一个不确定的科学和可能性的艺术。"在"精准医学""人工智能"飞速发展的今天，奥斯勒的医学哲学观仍然适用。

首先，医学的不确定性体现在人体是一个复杂系统，疾病常常带有不确定性。虽然我们现在已经拥有了CT、MRI、超声、心电图等先进的科技，医学研究也一步步深入到细胞和分子层面的精准医疗，但是在人体和疾病的复杂系统中，精准本身也是相对的。当把这些微观层面的信息整合到真实的复杂的生命状态下，不确定性会增加，因为整体不一定就简单等于部分之和。而且，除了生物因素以外，环境、习惯、心理、社会等无法定量的因素都有可能对疾病有影响。此外，人类对身体和生命的认识是有限的。目前人类所知的明确病因的疾病寥寥无几，现代医学对很多疾病的认识仍然不够深入，很多未知的疾病仍然需要进一步探索。

其次，医生会带来不确定性。每个医生从医学院学生成长为一名医术精湛的医生是需要漫长时间的练习和实践的。医生也是人，是不完美的，也和普通人一样具有局限性，也会犯错。例如，杰尔姆·格罗普曼（Jerome Groopman）医生所著的*How Doctors Think*一书中提到一个真实的案例：一名40岁出头，身材健壮、肤色健康、头发浓密，看上去就像古希腊雕像一样的护林员因为突然的胸部疼痛而去一名经验丰富的医生那里看病，这位医生对他的第一印象是这是一位非常健康的人。在各项检查结果没有异常的情况下，这位医生认为这位护林员的心脏病风险几乎为零。但是第二天这位护林员因为严重的心肌梗死住院了。在这个过程中，"健康中年男子"的典型形象在这位医生的潜意识里挥之不去，影响了他的判断。由此可见，即使一名训练有素的医生，也有可能犯错。而且，人的能力是有限的，没有人能够掌握所有的医学知识。外科医生专门看外科，心脏科医生专门看心脏，他们之间的交集部分成了知识的灰色地带。

再次，患者也能带来不确定性。人体存在遗传的多样性和变异性，每个患者个体差异是很大的，不同种族的人群的差异性更是不容易把控。此外，患者依赖自身对疾病的认知，在就诊前一般会进行自我诊断，进而影响患者的主诉，对医生的诊断产生一些干扰和影响。例如去看妇科病的年轻女孩通常会隐瞒性生活史；习惯自行服药治疗的患者有时会忘记告诉医生自己先前服药的品类。因此，医生必须时刻在确定的医学知识和不确定的患者之间做协调，以达到尽可能完美的结果。

二、医学的不确定性对医患关系的影响

随着医疗仪器和设备的进步，医生可以获取到器官、甚至细胞等身体最细微层级的数据和图像。现代生命科学理论的发展也让人类对生命的理解越来越深入。在技术主义和科学主义的影响下，医生在诊疗过程中对医学充满了信心，甚至出现技术傲慢，忽视了生命的复杂性和医学的不确定性。这种趋势同样也影响了患者。在医生没有充分和患者就不确定性进行沟通时，一旦出现意外，患者不会首先考虑到医学的不确定性，而会把责任推在医生身上，出现医患矛盾。

阿图·葛文德（Atul Gawande）医生在《最好的告别》（*Being mortal*）一书中认为，医学中最大的困惑是不确定性，它是造成很多问题的直接原因。“患者因为无法确诊而惶恐不安，医生因为不能确诊而左右为难，医疗费用因为不确定性的探究而节节攀升，社会舆论因为不确定性而质疑医学的科学性。”在面对形形色色的不确定性带来的各种煎熬以及伴随而来的恶化的医患关系时，葛文德医生提出，“医生应该转变自己的态度，不把呈现确定性作为职业的唯一价值，转而以友善与共情去安抚惶惑的患者和躁动的家属。”

知识链接 / 疾病不是非黑即白的事实

一般情况下，一个人并不能感受到自己血压的高低，需要通过血压计来测量。研究发现，血压越高，患心脑血管疾病的风险越大，但是临床上找不到一个拐点的血压值作为疾病区分的临界点。那么究竟数值多少才能定义为高血压呢？21世纪以来，不管“患者”是否存在主观的不适，我们一直把140/90mmHg作为诊断高血压的标准。然而，流行病学研究表明，对高于这一数值的中国人给予抗高血压药物治疗，10年内100人中只有2人会因治疗而避免心脑血管病的发生，有4人即使吃药也照样得病，另外94人即使不吃药也不会得病。而且，抗高血压药物在不同人群中的预防效果不同，如心脑血管病因素越多预防效果越好。由此可见，高血压的界定存在一个灰色地带，不是一个黑白分明的事实，而需要把治疗效果、经济成本、医疗保险承受能力以及血压与其他生理、病理状态的关系等因素考虑在内。

第四节　现象学视角下的医患关系

一、现象学的概念

现象学是20世纪在西方流行的一种哲学思潮。早在18世纪，在西方一些哲学著作中就已经出现了“现象学”一词。直到20世纪德国著名哲学家胡塞尔提出了现象学的基本精神和方法，现象学才成为了一个重要的哲学流派。现象学是一种通过直接的认识来描述现象的研究方法。胡塞尔认为，现象和本质是紧密联系在一起的，从现象中可以直观本质。在研究方法上，与科学强调从理论化、概念化、系统化的角度来看待事物相反，现象学提出要“回到现象本身”，认为现象本身是鲜活丰满的，自身蕴含着逻辑和理论，强调去理论化、去概念化、去系统化，通过回到原始的意识现象，对事物本身进行关照和描述，让现象本身“言说”，在描述中彰显理论，旨在弘扬人的主体性。

二、医患沟通障碍的现象学解释

研究显示，相当一部分医患冲突不是由医疗技术服务引起，而是医患沟通不到位造成的。导致医患沟通障碍的原因有很多，文化差异、信息不对称、权利分配差异等都是影响医患沟通的重要因素。但现象学认为，医患沟通的障碍来自于医患之间对疾病、身体等理解上的差异，对于疾病这一“现象”的不同诠释。有时候，患者与医生对于治疗和疾病的认识不一致，甚至差异很大。此时，需要医生将疾病的表里原因和可能性的结果进行说明和呈现，实现医患双方的最大共识，消除误解、分歧和盲区，最大限度回到事实本身。如果这一阶段医患沟通不充分，那么必然会对医患关系造成影响。

从现象学角度来看，医生对疾病的分析是基于一种“自然主义”的态度。美国学者图姆斯认为，近代西方医学的基础是“自然思维态度”“目的是按照基础科学的诸种新发现来重新划分患者的病痛体验”。疾病如同其他自然现象一样，可以用科学的工具、方法和思维，通过数值、图像、照片等进行客观的量化和理论化。因此，受过科学思维和专业理论训练的医生在面对病痛时，自然而然地把病痛视为病理学或解剖学问题，把病痛进行分类和概念化。在这个过程中，医生对于疾病和病痛的体验是间接的。疾病不再是患者的主观不适，而是仪器的测量结果。这种间接体验很难与患者对疾病的直接体验一致。与医生不同，患者是从自己的生活世界直接体验疾病，是直接的、主观性的知觉经验。在许多情况下，患者对疾病的理解首先开始于感性层面而不是理性层面。他们不会把自己患病首先视为一种疾病过程，而是根据疾病对其所带来的日常生活影响来体验它。

例如，一位患者因为疼痛去医院看病时，医生会通过量血压、CT检查等手段寻找病因。此时，疾病转化为一系列数据和图像，然后医生对这些信息进行理论化和抽象化解释。在这个过程中，患者对疼痛的直接体验被剥离了。医生只关注和相信数据反映的"事实"，凡是与"事实"不相干的现象都被排除了。与此相对，患者是疾病的直接体验者。他们对病痛的体验不仅受到所处生活世界的影响，而且还会随着阶级、种族、年龄、性别的不同而不同。譬如很多女性对疼痛的承受能力往往高于男性，成人对疼痛的承受能力往往高于儿童。在医患沟通中，当医生用时间来测量疼痛周期时，对于很多患者而言，疼痛的体验是漫长的，甚至度日如年，无法用时间来测量，甚至患者本身都无法用语言描述清楚疼痛的起止时间、确切位置和特点。当医生用1~10的数值来描述疼痛程度时，对患者而言，疼痛程度可能已经无法忍受，远远超过了任何测量范围。在这些情况下，医生抱怨患者不懂医学和科学，不理解他的工作，要求患者配合和服从医学诊断和分析。而患者则抱怨医生忽视自己对疼痛的实际感受。这种沟通障碍非常容易导致双方出现分歧。

案例讨论

【案例1】年近70岁的韩老太到某家医院看望住院的亲友，顺便在该院就诊，想了解一下自己10多年来的心脏病病情。韩老太来到了该院的胸外科专家门诊。接诊医师对该患者进行检查后认为有手术指征，并建议手术治疗。当韩老太问及手术危险性时，该医师回答："现在科学技术非常先进，类似手术已经不算大手术了，而且术后10天即可出院。"韩老太回家与家人商量后一致认为，既然手术无风险且医师如此有把握，决定接受手术治疗。3天后，韩老太住进了医院。术前，韩老太亲属再次向该医师询问有关病情及手术方面的问题，该医师说："你这种情况如不动手术，生活能力只有普通人的30%，而经过手术治疗后能恢复到普通人的80%。"患者家属听后倍感欣慰，因为韩老太生病十几年，如此有把握的话还是头一次听到，患者和家属都认为找到"救星"了。然而，出乎意料的是，当天上午7时30分，满怀希望的韩老太被推进手术室后，直至下午4时30分，家属却接到了患者的病危通知。晚上7时30分，该医师找家属谈话，告知患者因心脏衰竭已无生还希望。面对突然降临的噩耗，家属无法接受这从“希望”到“绝望”的巨大心理落差。结果，医师成了被告。

【案例2】在爷爷、奶奶的陪护下，一个3岁的小女孩因腹泻来到医院就诊。儿科医生怀疑是病毒性感染，开了化验单，要求除了大便常规外，还需要做血常规、血生化和心肌酶。爷爷、奶奶觉得只是腹泻，没有必要验血，并且认为医院是在坑钱，拒绝缴费和抽血。3小时后，小女孩心搏骤停，最后抢救无效死亡。小女孩的父母立刻从外地赶回来，要求医院赔偿100万元，否则就去打官司。最后经过尸体解剖，判定小姑娘的死因是急性病毒性心肌炎。

【讨论】

1. 从哲学角度出发，分别讨论以上2个案例中为什么会出现医患矛盾？
2. 应该如何避免或缓解这些矛盾？

本章小结

这一章节分别从医学异化、医学的不确定性和现象学3个维度讨论了现代医学中医患关系紧张的哲学根源，展现了医患关系中丰富的哲学内涵。这3个方面不仅是西方现代科学发展的产物，体现了科技发展的辩证性和两面性，带有鲜明的历史和时代特色；同时也是在医学和科技高度发展的情况下，医生和患者之间权力关系失衡的表现。我们只有从哲学的高度上对医患关系的内涵进行把握，才能更有利于理解医患沟通的重要性，从而有意识地推动医患之间的充分交流，减少和避免医患矛盾和冲突。

（姚　靓）

第四章　医学伦理学视角下的医患关系

学习目标

1. 掌握　医学伦理学为医患关系提供的伦理框架和伦理要求。
2. 熟悉　医患关系中的伦理原则。
3. 了解　医患关系中的伦理原则的应用。

第一节　概　　述

一、道德与医学道德

（一）道德

道德是人类社会的一种重要意识形态，是由人们在社会生活实践中形成的并由经济基础决定的，以善恶为评价标准，依靠社会舆论、传统习俗和内心信念，用以调节人际关系的心理意识、原则规范、行为活动的总和。

老子说："道生之，德畜之，物形之，势成之，是以万物莫不尊道而贵德。道之尊，德之贵，夫莫之命而常自然。"其中"道"指自然运行与人世共通的真理；而"德"是指人世的德性、品行、王道。但德的本意实为遵循道的规律来自身发展变化的事物。

（二）医学道德

医学道德，是人们在长期的医疗卫生服务活动中产生、积累和发展起来的。它具有很强的实践性，在社会道德体系中占有重要的地位。医学道德的主要作用是维护、协调、约束、促进。医学道德的基本原则是在医学实践活动中调节医务人员人际关系以及医务人员与社会关系的最基本出发点和指导准则，也是衡量医务人员职业道德水平的尺度。

二、医学伦理学与生命伦理学的属性

（一）医学伦理学

医学伦理学是在系统考察医疗卫生领域道德现象的基础上，确立伦理学依据及其概念体系，概括出基本的伦理原则或准则、形成伦理分析框架来指导相应道德实践并研究具体伦理问题的一门学科。

医学伦理学具有3个显著的特征。

1. **实践性** 医学伦理学是与医学实践密切相关的学科。医学伦理学的理论、规范来源于实践，是对医学实践中的道德关系、道德意识、道德行为的概括和说明，是在长期的医疗活动中形成、发展的，而来源于医学实践的道德原则、道德规范又对医学活动起着重大的指导作用。医学实践既是医学伦理学的基础，又是医学伦理学的目的和检验其理论正确性的唯一标准。

2. **继承性** 弘扬伦理道德是医学进步的基本条件和重要标志，是贯穿医学发展史的一条主线医学。“救死扶伤”“为医者仁”等伦理道德原则为医学工作者自觉地继承、恪守，在医学事业的发展中不断发扬光大。

3. **时代性** 医学道德伴随着医学发展和社会进步而不断发展。医学的发展不仅表现为疾病诊治手段的进步，而且表现为医学道德的进步。与新的预防、诊断、治疗方法相对应的伦理原则的制定是医学道德进步的重要标志。任何时代的医学道德都与特定的社会背景相联系，都为解决该时代的具体问题而存在。

（二）生命伦理学

生命伦理学是应用规范伦理学，可以从5个层面研究其内涵。

1. **理论层面** 后果论与道义论这两种最基本的伦理学理论在解决生命科学和医疗保健中的伦理问题时的相对优缺点是什么，德性论、判例法和关怀论（尤其是女性主义关怀伦理学）的地位如何，伦理原则与伦理经验各起到怎样的作用等。

2. **临床层面** 各临床科室的医务人员每天都会面对临床工作提出的伦理问题，尤其是与生死有关的问题，如人体器官移植、辅助生殖、临终关怀、人工智能等问题。

3. **研究层面** 流行病学调查、临床药理试验、基因普查和分析、干预试验以及其他人体研究的科学家都会面临如何尊重和保护受试者相关群体的问题，同时也面临着如何保护实验动物的问题。

4. **政策层面** 医疗卫生改革、高技术在生物医学中如何应用和管理都涉及政策、管理、法律问题，但其基础问题是对相关伦理的探讨。应该做什么以及应该如何做的问题不仅发生在个人层次，也会发生在结构层次。

5. 文化层面 任何个人、群体和社会都有一定的文化归属，文化也影响哲学和伦理学，也会影响生命伦理学。

三、医学伦理学的基本理论

（一）美德论

美德论（the theory of virtue）又被称为德性论、德行论。德性是个体所具有的理解、内化与践行伦理原则和道德规范的秉性、气质和能力。德性是道德主体自身完善的一种人格境界，一个人只要拥有适宜的美德，自然就会作出好的道德判断，即作出合乎伦理的行为决策、评价和辩护。美德是在一定社会历史条件下经过长期道德实践而逐渐形成的、受到普遍尊崇的、具有普遍和永恒价值的优秀道德品质。

美德论强调个人行为的稳定性。对于个人美德的评价，并非是根据一时一事的行为表现而定，而是根据个人一贯性、长期性的行为表现而定。医学实践中也是如此，医务人员只有在医学实践中将具体美德始终如一地坚持下去，才能被称为有美德的医者。

美德论强调个人行为的自律性。美德论强调个人自律和自我控制。医学美德论强调医务人员保持和提升个人的职业道德修养，全心全意地为患者服务。不论在什么情况下，都要自觉地履行医学道德义务，这正是医学美德修养所必需的。

（二）后果论

后果论（consequentiality theory）又被称为效果论、效用主义或功利主义（utilitarianism）等。在“如何制定和完善道德规范”和“如何作出道德判断”这两个方面，都强调“后果”。功利主义的“最大多数人的最大幸福”是代表和反映这种伦理思想本质的核心原则。

（三）道义论

道义论（theory of duty）又被称为义务论（deontology）或非目的论（non-teleology）等。这种理认为：其一，社会确立道德的目的在于道德自身，在于完善每个人的品德，是为了实现人之所以异于禽兽、人之所以为人。其二，行为是否道德，其终极的标准只能看它对行为者的品德、道义的效用如何，而不能看它对全社会和每个人利益的效用如何。凡是能够使行为者品德达到完善的行为，不论它如何减少行为者和整个社会的利益总量，因符合上述道德目的，就是应该的、道德的；相反，则是不应该的、不道德的。

道义论侧重的是道德行为动机，不注重行为的后果，而诉诸一定的行为规则、规范及标准，其理论的核心是义务和责任，即行为的正确与否，并不是由行为的后果来决定的，而是由这个行为的动机和标准来决定的，注重的是行为的动机是否是“善”的。道义论强调履行义务的行为动机这种观念在医学实践中有着悠久的历史传统。

第二节　医患关系的伦理审视

一、医患关系的道德属性

随着现代科学技术的不断进步，一些既往无法解决的医学难题逐步被攻克。但与此同时，医学发展也面临新的挑战。由于市场规律的作用，人们的竞争意识、效率意识、利益意识、等价交换意识等不断加强，高精尖医学技术的发展，如器官移植、基因技术、辅助生殖技术及大量先进仪器设备应用于临床，一方面大大提高了疾病诊疗的速度与精度，造福了人类；另一方面也给人们带来诸多忧虑与不安，如医患关系物化、医疗费用增长等，使得伦理与道德陷入两难境地。医患矛盾问题是影响社会和谐的重要因素。

自从医学作为一种职业活动形成以来，就存在医生与患者的关系。这种关系包含着伦理的、法律的、技术的、经济的等种种属性。但它首先是一种人际关系，而这种关系的处理涉及生死攸关的责任问题，因而医患间的伦理道德关系是医患关系最基本、最普遍的内涵，其基本特征如下。

1. 明确的目的性和目的的统一性　在医患交往中，尽管交往的形式多种多样，但其目的只有一个，即为了诊治疾病，提高患者的健康水平，而这一目的是医患双方所共同期望的。患者就医，目的是减轻自身的痛苦或同时治愈疾病；医务人员为患者提供诊治服务，目的也是减轻患者的痛苦或治愈疾病。因此，医患交往不仅具有明确的目的性，且表现出高度的统一性。

2. 利益的相关性和价值实现的统一性　在医疗实践活动中，广大医务人员之所以能够以救死扶伤为己任，相互合作，正在于他们有着共同的利益，并在共同利益的基础上形成统一的医学道德原则和规范，以此来约束和制约不同个体的医疗行为，确保医疗集体的共同信誉，赢得患者的信任。医患间也正是存在协调一致的健康、经济、价值诉求等利益关系才能彼此配合，共同维护医患和谐。医患双方的利益关系是社会整体利益的反映，体现了社会整体利益的一致性，即消除疾病、维持人类的健康发展。

但由于医患双方受其他利益的影响，有时会发生医患某些方面利益的不一致性。

3. 人格权利的平等性和医学知识的不对称性 在医患关系中，医患双方的人格尊严、权利是平等的，任何一方的人格尊严、权利受到对方的不尊重或者侵犯，都会受到医学道德的谴责，甚至法律的制裁。但是，医务人员拥有较专业的医学知识和技能，而大多患者对医学却不懂或一知半解。因此，医患双方在医学知识和能力的占有上存在着事实上的不平等性。从这个意义说，患者处于脆弱和依赖的地位，而医务人员则处于主导地位，由此对其医德和医术的要求也应该更高。

4. 选择的不对等性和情感的中立性 救死扶伤，防病治病，是医疗工作对医务人员提出的道德要求，医方应当平等地对待所有的患者，一视同仁，不应当有选择地挑拣患者。但是，患者对医方却有较大的选择权，患者可以根据自己的病情、经济状况、对医方的了解程度等选择不同的就医对象。但是，在医疗过程中，医务人员有权利了解患者的心理活动及其与疾病有关的隐私，而患者则无权利要求了解医务人员的心理活动及隐私，这实际是信息知情上的不对等性。医务人员对患者应当充满感情，不应该对其疾苦无动于衷。然而，如果医务人员对患者的情感过于强烈，亲情关系过于密切，以情用事，也会产生一定的副作用。常言“医者能医不自医”，这实际上是对情感因素的回避，因为医务人员在为自己或自己的亲人诊治时，时常会受到情感因素的干扰，尤其对于存在一定副作用或风险、痛苦的诊治手段，可能会犹豫不定，影响诊治。所以医务人员对患者只能同情而不能动情，要在情感上保持中立。

5. 医患冲突的敏感性和不可避免性 尽管医患双方具有目的的统一性、利益价值的趋同性等特征，但是由于医疗卫生服务涉及千家万户，是一个面向公众的窗口行业，社会关注度、期望值较高。而且，由于医患双方对医学知识的理解、价值观念、医疗期望等方面存在差异，社会对医疗卫生保健的经费投入不足，医疗单位的管理不善等，发生矛盾或冲突在所难免。

二、医患关系历史演进中的伦理反思

（一）传统医患关系模式

传统医患关系，特指几百年来形成的生物医学模式下，所表现出的父权主义的医患关系。传统医患关系有合理的、有利的存在价值，在医疗实践中，医生职业的价值就是医治好患者的病伤，医生心中必然以患者康复为目的和愿望。事实上，医生不是为了“做父亲”而要“父权”，这是医生具有医学知识和诊疗技能所决定的。医生一般都能理解人在患病后，情绪失常、判断力下降，渴望医生救治，期盼早日康复。所以医生面对患者都有责无旁贷的心理特征，都想以科学的医疗救治患者。

当经济发展、社会进步、科学普及、教育水平提高、人的观念更新等来临时，人们普遍不愿像孩子一样被“控制”，希望自己能够参与对疾病的诊治。人们的自我意识觉醒，与医学传统的观念和行医方式发生了碰撞，如果医生不懂得人的社会性、人的价值及人的心理特征，而一味以简单、生硬的家长作风行医，那么医生不仅当不了“家长”，也治不好患者。所以在现代社会中，医生应通过更多地尊重患者的价值观念、个人意愿等来改造传统的家长式医学模式。

（二）现代医患关系模式

医患关系模式是对不同情形的医患关系进行概括和总结的基本式样，其主要作用在于描述医患间的技术关系和非技术关系。

1956年美国医生萨斯和荷伦德发表的《医患关系的基本模式》依据在医疗措施的决定和执行中医生和患者各自主动性的大小将医患关系模式分为“主动－被动”模式、“指导－合作”模式和共同参与模式。

1.“主动－被动”模式 在这种模式中，医患双方不是双向作用，而是医生对患者单向发生作用。医生的权威性得到了肯定，处于主动地位；患者处于被动地位，并以服从为前提。这种模式适用于昏迷、休克、精神病患者发作期、严重智力低下者及婴幼儿等一些难以表达主观意志的患者。这种模式类似于父母与婴儿的关系，医生的责任是“为患者做什么”，有益于发挥医生的积极性，但对于具有自主能力的患者来说则不利于其积极参与医疗过程，可能会影响诊治效果。

2.“指导－合作”模式 在这种模式中，患者被看作有意识、有思想的人，具有一定的主动性，能够主动述说病情，反映诊治情况，配合检查和治疗。医者仍具有权威性，居于主导地位，这种模式适用于大多数患者。类似于父母与青少年的关系，医生的责任是“告诉患者做什么”。这种模式与“主动－被动”模式相比，有助于发挥患者的积极性，提高诊治效果，是目前较普遍采用的一种模式。

3. 共同参与模式 在这种模式中，医患双方共同参与医疗方案的讨论、制订与分享。这种模式适用于具有一定医学知识背景或慢性病患者，类似于成人与成人间的关系，医生的责任是“帮助患者自疗”。从理论上讲，这种模式是最理想的，不但可以提高诊治水平，而且有利于建立和谐的医患关系。但并不是所有患者都具有参与的能力或意愿，即使具有自主能力的患者也往往因缺乏必要的医学知识而难以真正实施。

三、医患关系的发展趋势和道德要求

（一）医患关系的发展趋势

生物医学模式下的疾病诊疗在过去的一个多世纪里获得了长足而显著的发展，但也在一定程度上造成了医患关系中人性的淡化。医患关系是一种双向的、特殊的人际关系。随着科技的进步和市场经济的发展，人们的价值观、道德观念都发生了巨大变化，反映在医疗活动中的医患关系也出现了新的发展趋势。

1. 医患关系物化的趋势　医学高技术广泛应用于临床工作，特别是信息化和智能化诊治手段被普遍采用，精确、迅速提供重要诊治依据的同时，淡化了医患间的交流，容易忽视社会和心理因素对患者的影响。

2. 医患关系分解的趋势　随着现代医学的发展，医学学科愈分愈细，形成了一个医生只对某一疾病或某一器官负责，而不是对整个患者负责的情况。患者的健康和生命也需要依赖多个医生和科室。这就使得传统的一个医生负责一个患者的关系发生了变化。

3. 医患关系法制化趋势　传统的医患关系在一定程度上是靠道德规范维系。随着人们法治意识的增强，患者的权利在法律上得到了更多的保障，法律规范逐步成为医患关系的制约手段。

4. 医患关系商业化趋势　在市场经济条件下，医患矛盾的本质是患方医疗需求的日益增长与医方的医疗服务相对不能满足这种需求之间的矛盾。医患关系和医学商业化趋势的增强，加重了医患关系的复杂性。

（二）医患关系的道德要求

科学技术的快速发展给人们的社会生活带来翻天覆地的变化，然而，当前我国正处于社会转型期，医患关系也面临着时代危机。当前我国医患关系总体上呈现出和谐的局面，政府积极履行职责，不断推出医疗制度改革措施，完善医疗行业的相关法律法规；大部分医务人员恪守职责，具有较好的医疗职业道德，其工作得到了广大病患的肯定；社会舆论对医务人员的付出也给予了充分肯定。

但由于药品研发及新技术、新设备的大量运用，使医疗费用上涨，一定程度上导致医疗费用过高；部分医务人员责任心和服务意识不强，过分追逐经济利益；一些患者行为过激，出现了少部分暴力伤医的事件；部分媒体追求所谓的“噱头”，发布不实、过激报道；政府及有关医疗机构对个别医患纠纷处理不及时或不恰当，使之演化成恶性事件，使医患关系呈现出一定程度的紧张状态。

面对千差万别的患者，如何建立良好的医患关系？医生、患者又该怎样相处？

1. 对医生的道德要求　在现代社会中，医生这一职业决定了医生工作具有知识性、技术性、风险性、奉献性的特点，是一个集“高风险、高责任、高技术”于一体的特殊职业。医患关系中医方不仅在技术、知识上处于主导地位，在道德关系上也发挥主导作用。这就决定了医生要恪守神圣、高尚的医学道德，必须坚持把患者利益放在首位的原则，医生应尊重和爱护患者，也必须尊重和维护患者的权利。医生对待不同民族、性别、职业、地位患者要一视同仁。医患间要以诚相待，医方应该充分尊重和保障患者的知情同意权，让患者明白自己的疾病状况并作出相应的医疗选择。医生应崇尚科学精神，树立终身学习的理念，扩宽知识视野，更新知识结构，潜心钻研医术，精益求精，提高技术水平还应正确处理同行同事间的关系，相互学习，团结协作。

2. 对患者的道德要求 患者应该遵守就医道德，恰当把握和运用自己的权利，尊重医生的权利，自觉履行应尽的义务、维护正常的医疗秩序。患者的就医道德表现为诚信就医，遵规守法。患者应尊重和理解医生的劳动，积极配合医护工作者的治疗过程，举止端正，语言文明；拒绝蓄意破坏医院或医护工作者的媒体或个人的煽动或采访；理性认识医学的局限性，医学虽尽力治疗，但经常无法推迟死亡或显著地减轻痛苦。

第三节　医学伦理学基本原则及应用

一、医学伦理学基本原则

1. 尊重原则 尊重原则要求医务人员尊重患者。知情同意、知情选择、要求保守秘密和隐私等均是尊重患者的体现。广义上的尊重原则还包括医务人员尊重患者及其家属的人格。尊重原则要求医务人员尊重患者的生命、人格尊严；处理好患者自主与医方做主的关系；履行帮助、劝导、限制患者及其亲属的责任。如果患者的选择与他人、社会的利益发生矛盾，有可能损害他人和社会利益时，医务人员应首先协助患者进行调整，以履行对他人和社会的责任，并使患者的损害降到最低。一旦患者的选择对他人的生命和健康构成威胁或者对社会造成危害，医务人员适当限制患者的选择是符合道德的。而对于家属作出的对患者不利的选择，医务人员也有责任予以干涉。

2. 不伤害原则 不伤害原则要求医务人员在诊治过程中，应尽量避免对患者造成生理上和心理上的伤害，更不能有意地制造伤害。在医疗活动中，绝对的不伤害是不可能的。很多检查、治疗措施可能给患者带来生理或心理上的伤害。为预防对患者的有意伤害或将伤害降到最低限度，对医务人员提出如下要求：树立不伤害的意识，在医疗活动中首先想到不伤害患者，杜绝有意和责任伤害，把不可避免但可控的伤害控制在最低限度；善于权衡伤害和受益，对有危险或有伤害的医疗措施进行评价，只有相对于受益，危险或伤害能够接受，才符合不伤害原则。

3. 有利原则　有利原则要求医务人员的诊治行为应该保护患者的利益、促进患者健康，增进其幸福。有利原则也称行善原则。在《希波克拉底誓言》中，明确提出并阐明了“为病家谋利益”的行医信条。有利原则对医务人员的要求是：首先考虑患者的利益，做对患者有益的事，努力维护患者的生命健康，当患者利益与科学利益、医生利益发生冲突时，应该将患者的利益放在首位；准确诊断、有效治疗，努力提高医疗业务能力，为患者提供最为准确的诊断和最为有效的治疗，通过高超的医疗技术提高患者的生命质量，满足患者的健康需求；提供最优化服务，对利害得失全面权衡，选择受益最大、伤害最小的医学决策；坚持公益原则，将有利于患者同有利于社会健康公益有机地统一起来。

4. 公正原则　公正即公平、正义。公正包括程序性质的公正、回报性质的公正和分配性质的公正等不同形式。古希腊哲学家亚里士多德认为，所谓公正就是“给人应得”。公正原则要求医务人员合理分配和实现人们的医疗和健康利益。这一原则要求医务人员公正分配医疗卫生资源。医务人员既有分配宏观资源的建议权，又有参与微观资源的分配权，因此应该公正地运用自己的权利，尽力保证患者享有的基本医疗和护理等平等权利的实现；在医疗态度上平等待患，特别是对老年患者、年幼患者、残疾患者、精神疾病患者等应给予足够尊重。

案例讨论

【案例】某产妇身材矮小，因足月临产入院。由于骨盆狭窄，经试产无法顺利分娩。产妇请求医师为其采用剖宫产手术，医生也认为行剖宫产手术是较为理想的方法。医生将有关情况告诉了产妇的丈夫，但其丈夫有顾虑，躲着医生不肯签字。产妇再三请求医师尽快为其做剖宫产手术，而医生却因其丈夫没有签字迟迟不敢实施手术，结果导致产妇子宫破裂。后虽将产妇送进手术室抢救，实施子宫全切术，但为时已晚，产妇胎儿双亡。

【讨论】本例中产妇自然分娩可能出现的危险后果是显而易见的，医务人员一味强调患者亲属的同意，延迟了对产妇生命的救治，是极其错误的。手术到底应当由谁签字，这是不难分清的问题。本例中，产妇精神正常，头脑清醒，完全具有手术选择的能力。在产妇本人再三要求医生为其实施剖宫产手术时，医生却把关系产妇母子生命的决定权交给了产妇的丈夫。

在患者本人具有自主意识和选择能力的情况下，签字的顺序应先是患者本人，然后才是患者亲属。只有在患者意识丧失或精神不正常时，不能作出理智判断或年龄不足16周岁时，才需要征求患者亲属或其代理人的意见。

二、医学伦理学基本原则的应用

在通常的医学活动中，人们在医学决策时并不会有明显的困惑。但在某些特殊情境下，医务人员会面临医疗决策的困难，这种决策困难会表现出医德原则之间的冲突，这提示人们在运用医学道德原则时应该特别注意其内含的冲突问题。

有利原则与不伤害原则间的冲突主要表现为医务人员认为的对患者有利的医疗行为有可能给患者带来伤害。如对依赖呼吸机的脑死亡患者，是撤掉呼吸机还是继续使用？继续使用是传统意义上的救治，但如果患者的价值观是当其生命处于此种状态时宁愿放弃治疗，那么医务人员认为的对患者有利的医疗行为实际上就是一种伤害。因此，如何使医务人员的行为对患者有利，而减少或避免伤害，很关键的一点是要充分了解患者的价值观，并给予充分的尊重。

有利原则与尊重原则的冲突主要表现为医务人员合乎科学的决策与患者的自主决定无法达成一致。如果某孕妇继续妊娠会对健康非常不利，医生出于对患者健康的考虑，劝说其终止妊娠，但孕妇出于某种原因坚持要将孩子生下来。这时医务人员基于有利的医疗决策就与患者的自主决定之间发生了冲突。

有利、不伤害、尊重3个原则与公正原则的冲突表现为：依据前3项原则对某个患者进行积极救治时，可能会损害他人及社会利益甚至威胁到另外一个人的生命，使医务人员陷入两难境地。

课堂互动

一位严重呼吸失调的患者，如果能进入重症监护室（ICU）就有很大的恢复机会，但ICU已经住满，此时是否可以优先满足该患者的医疗需要，将本来住在ICU中但预后不佳的患者转出呢？如果转出，是否意味着对转出患者的伤害及不公正对待？

本章小结

我国医学泰斗裘法祖曾说:“德不近佛者不可以为医,才不近仙者不可以为医。”一位出色的医生不仅要精通医术,还要具备高尚的医学道德修养。本章节从医学伦理学视角,解释医患关系的本质,阐述医学伦理学的基本原则及医学道德修养的培育。学生应当熟练掌握医患关系中的伦理要求和伦理原则,在具体临床实践中,应遵循伦理原则,作出最佳的诊疗选择。

(尹 梅)

第五章　医学社会学视角下的医患关系

学习目标

1. 掌握　医务社会工作的定义、服务对象和服务内容。
2. 熟悉　医务社会工作在促进医患沟通中的作用。
3. 了解　医务社会工作的起源和发展。

第一节　医务社会工作

一、医务社会工作的定义

医务社会工作是指由医务社会工作者在医疗领域所提供的一系列专业服务，是社会工作的一个重要分支。医务社会工作在现代社会福利思想的发展过程中产生，其概念、内涵随着医学模式的演变不断发展和延伸。在医学的发展历程中，医学模式可以分为不同的阶段，即神灵主义医学模式、自然哲学医学模式、机械论医学模式、生物医学模式、“生物-心理-社会”医学模式。虽然目前生物医学模式占主导地位，但随着社会经济的发展，现代医学模式正逐步向“生物-心理-社会”医学模式转变。

医务社会工作产生于生物医学模式阶段。生物医学模式主要关注疾病和健康的生物学因素，忽略了人的社会属性。因此，在这一时期的医务社会工作主要帮助患者解决疾病相关的社会问题，医务社工工作的概念被定义为“社会工作的一环，其目的在于协调病患解决疾病相关的社会、经济、家庭、职业、心理等问题，以提高医疗效果。”随着“生物-心理-社会”医学模式的提出，医务社会工作的概念强调医务社会工作者作为医疗团队的一员，实现促进全人健康的目的。例如，温信学将医务社会工作定义为“属于社会工作专业领域一环，主要将助人服务工作运用在医疗相关机构，由医务社会工作人员针对患者与家属需求与问题，透过社会心理及灵性评估历程，根据个案需求急迫性与重要性，链接相关资源，协助患者调适疾病、情绪抒发、经济扶助与出院安置等，以获致身心健康。”吴宗友将医务社会工作定义为“社会工作者运用专业知识和方法在医疗领域从事专业社会服务工作服务，帮助案主解决面临的问题，缓解心理焦虑，整合社区资源，发掘其潜能，最终促进案主身体、心理、精神的综合康复和发展；同时协调医患关系，提升医疗服务效果，提高医疗卫生机构声誉，进而提升社会福利水平”。医务社会工作符合“健康中国”战略，有助于实现全人类健康的目标，对改善医患关系、提高医疗服务质量也具有重要意义。

二、医务社会工作的服务内容和工作方法

医务社会工作包括多样化的服务，莫藜藜将其归纳为临床工作、医疗团队工作、志愿服务管理、与社会资源合作、教育和研究等多个方面。其中临床工作是医务社会工作最主要的内容，医务社会工作者运用3种工作方法——即个案工作、团体工作、社区工作，直接面向患者和家属的个案工作和团体工作，在社区层面开展社区健康教育和社区康复相关工作。

在个案工作中，医务社会工作者评估患者和家属的问题和需求，提供情绪支持、疾病适应、行为辅导、链接社会资源（如申请福利或救助）、家庭沟通、医患沟通、临终关怀、哀伤辅导、出院准备等服务，协助其解决与疾病相关的情绪、家庭、经济、社会问题。团体工作是指社会工作者将团体成员置于适宜的团体环境中，进行规划和引导，团体成员通过互动，对疾病的症状和治疗有充分了解，舒缓情绪压力，增强疾病适应能力。在实务中，病友团体包括糖尿病病友团体、乳腺癌病友支持团体、阿尔茨海默病患者家属支持团体等不同类型的患者或家属团体。社区工作主要是医务社会工作者在社区提供支持性的服务，协助社区预防或康复，包括协调医院至社区卫生服务机构的义诊、协助社区独居老人就医、组织社区健康教育活动、协助慢性精神病患者社区康复等服务。

第二节　医务社会工作的起源和发展

一、医务社会工作的起源

医务社会工作起源于欧美国家，其中英国和美国对社会工作的发展的影响深远。

英国作为第一个工业化国家，社会发展带来的社会问题日益突出。16世纪，英国的施赈者（almoner）秉承着人道主义精神，在医院从事着扶弱济贫的工作，他们也被看作是医务社会工作的雏形。1905年，美国麻省总医院（General Hospital of Massachusetts）的理查德·卡伯特（Richard Cabot）医生聘用加尼特·佩尔顿（Garnet Pelton）女士担任社会工作者，标志着美国医院社会工作制度的正式诞生。理查德·卡伯特医生这一举动是因为他在工作中发现，患者生理问题的背后，常常还有社会和心理问题，因此需要多元化的服务才能更好地恢复健康和社会功能。加尼特·佩尔顿女士在麻省总医院工作6个月后，因生病而离职。随后，接受过护理和社会工作教育的艾达·坎农（Ida Cannon）女士接替了工作。1919年，麻省总医院医院委员会投票表决，将社会服务部设置成为医院的永久部门，社会服务部正式成立，成为美国第一个医院社会服务部门。

二、美国医务社会工作的发展

在卡伯特医生在麻省总医院引入医务社会工作者之后，美国各大医院相继模仿这种制度，许多大学也开设医院社会工作课程。当时的医务社会工作者主要是帮助患者解决由于患病而产生的生活困难。1918年，美国医院社会工作协会成立。到1930年，已有1000多家医院设立了社会服务部。到20世纪60年代，随着社区医院的大规模发展，医务社会工作者的服务范围扩展。到20世纪70年代，行为修正、危机调适、家庭治疗等服务技术发展。1976年，美国首批注册“临床社会工作者”诞生，医务社会工作者的专业地位加强。1983年，按疾病诊断付费的预付费制度（Diagnostic Related Groups，DRGs）开始实施，加快了医院病床周转的速度，推动了医务社会工作的出院准备服务（discharging）的发展。2010年，奥巴马总统签署了《患者保护与平价医疗法案》（*Patient Protection and Affordable Care Act*，PPACA），旨在改革昂贵低效的医疗体系，在“生物–心理–社会”医学模式下发展综合性医疗保健，实现整体健康。在这一背景下，美国的医务社会工作进一步发展。

三、我国医务社会工作的发展

我国医务社会工作的创立可追溯到1921年的北平协和医院（现北京协和医院）。在艾达·蒲爱德（Ida Pruitt）女士的领导下，协和医院建立社会服务部，成为亚洲第一家聘用社会工作者开展社会工作服务的医院。艾达·蒲爱德出生在中国，成长后赴美国学习，毕业于哥伦比亚大学。在前往协和医院工作前，她曾在麻省总医院社会服务部学习和工作。在她的领导下，受过训练的医务社会工作者评估患者的社会心理需求，提供个性化的个案服务。部门内部有完整的岗位设置，人员最多的时候有30多名社会工作者，职责明确，门诊、病房都派有1名或2名社工。在而后国内多家医院，例如雅礼医院（现中南大学湘雅医院）、齐鲁大学医学院附属医院（现山东大学齐鲁医院）、金陵大学鼓楼医院（现南京鼓楼医院）、仁济医院（现上海交通大学医学院附属仁济医院）等，也相继建立了社会服务部，开展医务社会工作。

由于20世纪50年代国内高校社会学专业被取消，北京协和医院的社会服务部也被取消。直到1988年，国家教育委员会批准北京大学建立社会工作专业，随后许多高校相继开设社会工作课程。由于社会工作专业培养方案要求学生参与实习，一些医院便被发展成为实习点。2000年，上海同济大学附属东方医院率先成立了“医务社工站”，对个案工作、团体工作和社区工作等方法进行了探索。此后，上海的医务社会工作（尤其是医院社会工作）逐步发展，成为国内医务社会工作的先导者。全国其他地区也相继开展医务社会工作实践和制度创新。

从社会背景来看，转变传统医学模式、改善医患关系紧张、提高医疗服务质量、预防医疗风险、减少健康不平等、开展大病救助等诉求都“不约而同”聚焦到了医务社会工作。近年来，社会工作事业得到了国家和社会的高度关注。中央相关政策的颁布、专业协会的成立，推动了医务社会工作的发展。2006年，《中共中央关于构建社会主义和谐社会若干重大问题的决定》指出，“建设一支宏大的社会工作队伍。造就一支结构合理、素质优良的社会工作人才队伍”。2007年，卫生部人事司首次组织《全国卫生系统社会工作和医务社会工作人才队伍现状调查与岗位设置政策研究》。2009年，《中共中央国务院关于深化医药卫生体制改革的意见》提出，“开展医务社会工作，完善医疗纠纷处理机制，增进医患沟通。”2012年3月，中共中央19个部委和群团组织联合颁布了《社会工作专业人才队伍建设中长期规划（2011—2020年）》，指出医务社会工作者是“卫生专业紧缺人才”。2016年，医务社会工作正式纳入公立医院职业目录。2018年10月，国家卫生健康委员会发布《关于印发进一步改善医疗服务行动计划（2018—2020年）考核指标的通知》，医务社会工作制度首次被单独列为一级指标。这些政策明确了医务社会工作的发展方向，推动了医务社会工作人才队伍的建设，也标志了医务社会工作被纳入了国家卫生政策议程。与此同时，中国医院协会“医院社会工作暨志愿服务工作委员会”（2010年）、上海医学会“医务社会工作学专科分会”（2011年）等专业协会成立，对于提升医务社会工作专业地位、促进交流合作具有重要意义。

四、我国医务社会工作的三种模式

目前我国医务社会工作实务尚处于起步阶段，全国各地、各类医疗机构中开展的社会工作服务通常是自己设计、摸索、实践。不同地区和机构的医务社会工作实践根据各地的情况，采取了不同的发展路径，主要有“政策推动、医院运作”“购买服务、社会运作”“需求导向、多元整合”3种模式。

“政策推动、医院运作”模式是指医疗机构基于政府出台的相关政策，结合自身实际情况，设立社会工作部门和岗位，开展社会工作服务，使医务社会工作嵌入医疗服务体系，并成为医疗服务的重要组成部分。上海医务社会工作的发展是这一模式的典型代表。医院在政策框架下设立医务社会工作岗位或部门，直接聘用医务社会工作者，与医护人员合作，成为医疗团队的一部分。医务社会工作者主要由医务人员转岗和专业社会工作者组成，前者熟悉医院医疗体系并且具有一定医学知识，后者具备社会工作专业知识背景，两者互补可以为患者提供更好的服务。同时，由于社会工作者是医院的正式员工，有利于人员的稳定性和服务的持续性。截至2013年，上海已有103家医疗机构开始了医务社会工作试点，涵盖了17个区县的综合医院、儿科和精神科等专科医院、社区卫生中心。上海发展医务社会工作的探索和创新，成为全国十大医改新举措和上海版医改模式的亮点之一。

“购买服务、社会运作”模式主要是以广东省的医务社会工作实践为代表。2008年10月，深圳市民政局、深圳市卫生和人口计划生育委员会通过政府购买的方式，聘请第一批医务社会工作者共8名，以第三方派驻的形式进入6家医院开展服务，迈出了政府购买医务社会工作服务的第一步。购买服务的方式主要有两种。一种是购买社会工作者岗位，即卫生、民政等部门根据医院的需求，确定岗位数量，按照一定薪酬标准，向符合条件的社会组织购买医务社会工作服务岗位。另一种是购买服务项目，即卫生、民政部门制订和发布医务社会工作服务项目需求以及预算经费，向社会组织购买服务项目。在这种模式下，政府是出资方，社会工作机构是实施方，医院是项目的落地单位。截至2015年，广东省共有深圳、广州、东莞、佛山等11个城市发展了医务社会工作服务，其中提供医务社会工作专业服务的社会组织共30家、医务社会工作者共300余名，开展服务项目共计100余项，通过内设医务社会工作者岗位开展服务的医疗机构共有14家。

“需求导向，多元整合”模式是以上两种模式的整合。在一些地区（如北京），不同的医院结合自己的特点和患者需求，以多元化的模式开展医务社会工作服务。一些医院根据自身需求和特点，设置社会工作部门或岗位，开展社会工作服务；一些医院购买社会工作项目或岗位，社会组织通过驻派医务社会工作者的方式开展服务；一些医院与基金会合作，基金会以项目运作的方式在医院开展医务社会工作服务，或医院帮助特殊类型疾病的患者向基金会申请资金支持。

第三节　医务社会工作对促进医患沟通的作用

随着近年来医患关系紧张问题呈现，更加凸显了社会工作的“专业使命”。当下医学模式仍旧以生物医学模式为主导，医护人员可能更多关注于疾病的生理层面，忽略了与疾病相关的社会心理因素。医务社会工作的价值理念符合“生物-心理-社会”医学模式，将患者视为生活在社会中、有生理和心理需求的完整个体。因此，医务社会工作者可以成为医患间沟通的桥梁，增进双方理解和信任；同时通过一系列专业的服务，协助患者解决和疾病相关的社会心理问题，优化就医体验，进而改善医患关系。

一、个案工作对促进医患沟通的作用

个案工作过程包括通过转介或病房查房开案，搜集案主资料，进行评估并给予相应的介入或服务，并与医护人员保持密切联系。在处理医患关系时，个案工作方法的作用可以体现在医患沟通技巧和方式的运用上。医务社会工作者在医患关系的不同阶段，即契约期、磨合期、冲突期均可促进沟通。在契约期，医务社会工作者向医患双方传达信息，解决医患信息不对称的问题；在磨合期和冲突期，医务社会工作者通过建立平等沟通的平台，避免事件的持续恶化。一些患者可能因为缺乏相关医学知识，对疾病症状和治疗措施不了解，进而产生疑问或误解而引发医患矛盾。医务社会工作者擅长倾听和交流，可以充分了解患者的疑问，鼓励患者勇敢表达诉求，并将医学知识和治疗方案以通俗易懂的方式告诉患者。这样一来，一方面促进了医疗团队了解患者家庭社会背景和需求，另一方面帮助患者和家属更清楚地了解医疗相关信息，从而促进医患双方的相互理解。医务社会工作者还可以积极参与医院的服务管理工作，从患者需求出发促进医院服务流程改善，满足患者对于高品质医疗服务的期待。金妍艳等学者2021年的研究发现，医务社会工作者介入医疗服务后，患者和医护人员交流次数增加、沟通态度更加和善、询问用药和治疗方案的次数变少、让主要照顾者查询药物和检查单行为减少。

在个案工作中，医务社会工作者还可以基于对患者患病相关的社会心理因素的充分了解，舒缓患者的负面情绪，协调与患病相关的家庭矛盾，链接社会资源解决患者经济困难，进而提高医疗服务质量，有利于构建和谐的医患关系。刚入院的患者（尤其是儿童）可能不适应住院环境或疾病症状，产生心理压力；长期住院患者可能存在抑郁、焦虑等负面情绪，这些情绪若不能得到及时有效疏导，可能会转移到医护人员

身上。医务社会工作者遵循“先处理情绪，再处理问题”的原则，运用专业方法舒缓患者的情绪，从而有利于和谐医患关系的建立。

二、团体工作对促进医患沟通的作用

团体活动的开展也是改善医患关系的重要方式。在团体工作中，医务社会工作者将患者或家属组成团体，进行规划和引导。病友团体通常有教育模式和互助模式两种模式。教育模式以医学知识教育为目标，医务社会工作者通过协调医护人员，为病友开展疾病和治疗相关知识的讲座活动，提升其在生活中的疾病管理能力，增加其对于疾病康复的信心。互助模式是以形成病友间的互相支持和帮助为目标，医务社会工作者引导团体成员通过个人经验分享、情感交流等方式互动，共同面对相似的疾病或症状，互相安慰和鼓励，从而舒缓疾病带来的负面情绪，增强疾病的适应能力。在实践中，不同地区的医务社会工作者针对血液病、乳腺癌、精神病、肾移植等不同类型的患者开展了系列病友团体工作，成效显著。无论是教育模式还是互助模式，都有利于患者了解病情和治疗方式，增加其疾病适应能力，缓解其心理压力，间接地减少了不必要的医患矛盾，提升其就医体验。

医务社会工作还可以医护人员为服务对象，组织各类团体活动：开展医护团体的解压活动，可以避免因情绪而产生矛盾；开展医患沟通相关理念和技巧的培训，可以提高医护的共情能力和沟通技巧。例如，医务社会工作者以某医院重症监护室（ICU）护理团队为服务对象，通过成长小组的方式开展活动，包括协助成员认识工作中的压力来源，表达内心感受，缓解成员压力；引导成员学习非暴力沟通模式和同理心的表达；节日组织ICU医护人员、病友、家属聚会，建立正向沟通的平台。这一活动有效缓解了护理人员压力、提高了沟通技巧，进而有效地改善了医患沟通。例如，还有学者在某医院医师规范化培训基地设计了对照实验，一个小组（参照组）开展常规的培训内容，另一个小组（实验组）开展的培训中增加了医务社会工作的理念、技巧和工作方法的相关内容。实验结果显示，实验组人员的医患沟通能力提高，对患者有更多的共情、尊重和倾听，能灵活地应用所学知识给予患者鼓励与慰藉。

三、社区工作对促进医患沟通的作用

社区社会工作将医疗相关服务外展，关怀社区居民的健康福祉和患者出院后的社区康复。例如，上海同济大学附属东方医院医务社工部早在初创期（2000年）就与浦东梅园街道社区签订了社区居民健康教育项目共建协议，定期安排专业医生为社区居民开设不同病种的健康教育讲座，讲解疾病的预防和治疗，介绍医院特色学科，提高居民的健康素养，帮助居民了解医院就诊信息，获得居民的好评。这种形式提升了医院的形象，帮助居民更好地预防疾病，也方便居民日后就诊和配合治疗，无形之中构建了良好的医患互动。

四、医务社会工作者参与医疗纠纷处理

根据温信学教授的分类，医疗纠纷事件可以分为平静期、酝酿期、爆发期和善后期。以往的医疗纠纷处理大都仅关注爆发期，即医疗纠纷事件爆发后，医院才被动地采取相关应对措施。医务社会工作者加入医疗纠纷处理团队，在妥善解决医疗纠纷事件之外，还可以有助于将医疗纠纷的管理延伸，预防医疗纠纷的发生。在平静期和酝酿期，医务社会工作者可以及时关注患者和家属的诉求和情绪，评估和介入高风险患者，给予患者情绪支持，扮演沟通协调的角色，预防医疗纠纷的发生。医疗纠纷爆发后，医务社会工作者可以发挥其具备良好沟通能力、熟悉医疗体系等优势，消除双方误解或冲突，还可通过召开病情沟通会等方式，促成双方以开放平等的姿态沟通，妥善地处理冲突。在善后期，医务社会工作者可以继续跟进相关的善后处理和减压服务。在医疗纠纷案例结束后，医务社会工作者还可进行案例总结，面向院内医护人员开展关于增进医患沟通和预防医疗纠纷的培训，降低未来医疗纠纷发生的风险，提升医疗服务的品质。

本章小结

医务社会工作是指医务社会工作者在医疗领域提供的一系列专业服务，是社会工作的一个重要分支。医务社会工作者帮助案主缓解心理焦虑，整合社区资源，发掘其潜能，最终促进案主身体、心理、精神的综合康复和发展；同时协调医患关系，提升医疗服务效果，提高医疗卫生机构声誉，进而提升社会福利水平。医务社会工作包括临床工作、医疗团队工作、志愿服务管理、链接社会资源、教育和研究等多个方面的工作。医务社会工作者运用三大工作方法，即个案工作、团体工作、社区工作，开展专业服务。

医务社会工作起源于欧美国家。1905年美国麻省总医院开设医务社会工作服务，标志着医院社会工作制度的诞生。目前我国医务社会工作实务尚处于起步阶段，全国各地、各类医疗机构中探索和实践本土化的医务社会工作服务，主要有“政策推动、医院运作”“购买服务、社会运作”“需求导向、多元整合”3种模式。

随着近年来医患关系呈现紧张状态，更加凸显了社会工作的专业使命。医务社会工作的价值理念符合“生物–心理–社会”医学模式，将患者视为有生理和心理需求的完整个体。通过个案工作、团体工作和社区工作，医务社会工作者成为医患间沟通的桥梁，协助患者解决与疾病相关的社会心理问题，为患者提供情绪支持，提高患者疾病适应和自我管理能力，进而改善医患沟通，增进医患理解和信任，提升医疗服务质量，构建和谐的医患关系。

（赵忻怡）

第六章　医事法学视角下的医患关系

学习目标

1. 掌握　法学介入医患关系的原因。
2. 熟悉　各国患者权利的法制化历史。
3. 了解　医患关系紧张的普遍现象。

医学与法学是两个截然不同的学科、专业，这就必然导致精通医学者难以精通法学，反之亦同。但是这两种专业都是对“人”的研究，因此必然发生密切联系。

一、法学介入医患关系的原因

如著名医史学家西格里斯特所言：“每一种医学行动始终涉及两类当事人，即医师和患者。”医师和患者是医疗活动中最基本的两个角色。在传统的医患关系中，患者自身权利意识的淡薄、医师使命的崇高与神圣及其对医学知识与经验的占有优势决定了医师的主导和支配地位，医患关系总体上表现为患者对医师单方面的，甚至是盲目的信赖与服从，为疾病所苦而求医问药的患者往往被简单地视为医师治疗的客体，被动地接受医师的治疗，即便是中国古代以“仁术”为核心的医患关系也是如此。

然而，二战中纳粹惨无人道的医学试验使人类对传统的医患关系进行了深刻的反思。社会发展所带来的价值观念的多样性也强烈要求医患之间互相而非单方面的尊重和信赖，包括患者权利在内的人权运动逐渐在世界范围内勃兴，患者的主体性和人格尊严成为世界性话题，“以患者为中心”的医疗服务理念逐渐为绝大多数国家承认。但是，如果患者自身的权利意识盲目、过度膨胀，无疑也会威胁医患关系良性运转的根基。越来越多的国家意识到以法律方式规范医患关系的必要性和重要性，通过立法明确规定医患双方的权利和义务，以构筑和维系更为和谐与理性的医患关系。法学开始步入医学领域，使得法官、律师和其他法律工作者开始成为病床边的陌生人。

“医事法”（Medical Law）之称源自于日本和中国台湾地区，但我国大陆地区对于其内涵与外延没有界定过，处于比较含糊和暧昧的状态。从现阶段来看，学界对于医事法的使用非常混乱。英国学者德里克·摩根（Derek Morgan）认为，医事法是一种回应，而其是否是一门独立学科已无关紧要。如果医事法是一个混合体的话，它包括合同法、侵权法和刑法，至少还包括行政法、程序法、信托法、法律冲突、劳动法，并且现在也变得更加清楚，它还包括个人和知识产权法的一些方面。在日本，医疗相关的法律被概括地称为“医疗事务法”，以最具代表性的植木哲教授所著《医疗法律学》《医疗纠纷预防法——医疗事务法律》等书为例。这些著作集中在以医疗纠纷处理和调整为核心的法律上，阐述了医疗法律学研究综合性医疗事务法。由此可见，日本学者论述的医疗事务法主要指调整由医疗行为所引起的医疗纠纷法律关系，其内涵和外延就是调整医疗行为相关法律关系的医疗法。黄丁全在其《医事法》一书中认为，卫生法学已不能适应医学模式的转变，必将为医事法学所取代并成为医事法学的一部分。就法学元素而言，医事法学属于卫生法学的一部分。显然，传统卫生法的内涵与外延都要比医事法更广些。所以，医事法应指在卫生法中主要调整医疗服务法律关系的法律法规的总称。

二、医患关系紧张的普遍现象

作为工作场所暴力中最主要的一类，医院暴力（hospital violence）已成为困扰世界各国医务人员的普遍问题，且会长久存在。所谓工作场所暴力是在工作场所发生的任何人身暴力、骚扰、恐吓或其他具有威胁性的破坏性的行为或威胁，其严重程度从威胁、辱骂到人身攻击，甚至杀人。

根据美国劳工统计局（Bureau of Labor Statistics，BLS）统计数据显示，2011年至2013年，工作场所袭击的数量平均每年约24 000起，其中近75%发生在医疗卫生机构。而且，来自医疗卫生工作的暴力事件所需要的预后时间（需要暂时离开工作的时间）要比其他职业高出近4倍。2010年，美国劳工统计局数据显示，医务人员和社工遭受的人身攻击数量比2009年增加了13%以上。

有学者研究显示，在过去的几年，发生在印度的暴力伤医事件越来越多，有增无减。而且在印度、中国、巴基斯坦、尼泊尔和斯里兰卡等亚洲国家，绝大多数医生也都在担心他们工作的安全。根据目前印度医学协会（Indian Medical Association，IMA）正在进行的研究，超过75%的医生在工作时间中遭受肢体和语言的暴力事件。2014年中国医师协会发布的《中国医师执业状况白皮书》显示，59.79%的医生遭受身体或言语暴力伤害。各国各地的报纸也在不断地报告医护人员被患者家属滥杀、欺辱、粗暴对待，甚至被残忍无情地杀害。

党中央、国务院高度重视维护医护秩序、构建和谐医患关系工作，习近平总书记要求，关心和关爱医务工作者，为他们创造良好工作环境，让广大医务工作者安心、放心、舒心从事救死扶伤的神圣事业。2015年1月12日，国家卫生计生委印发《进一步改善医疗服务行动计划》，该计划要求要以医务人员积极性与人民群众满意度为评判标准，充分发挥医务人员主观能动性，为改善医疗服务建言献策，调动医务人员积极性，更好地服务于患者，提升人民群众对医疗服务的满意度；改善人民群众看病就医感受，围绕便捷就医、安全就医、有效就医、明白就医，不断提升医疗服务水平，使人民群众看病就医感受明显改善，医患关系更加和谐。

课堂互动

某省试点信用信息管理平台，收集号贩子、暴力伤医、患者爽约、恶意拖欠费用等信息。一旦信息被共享，涉事者将被全国的医院“拉黑”，再去挂号时将进行验证并被限制。有意思的是在我的朋友圈中，两个圈子观点却大相径庭。我的医生朋友圈子里都在欢呼雀跃，不少人建议全国推广，甚至有人提出“加上医闹及其家属就更完美了”……也有人质疑这一规定显然违法，甚至有人提出“这是践踏人权，违宪问题”……

你如何评价这件事情？你对医院暴力行为有何建设性意见和建议？

三、各国患者权利的法制化历史

通俗认为，现代患者权利的历史始于1947年的《纽伦堡纲领》。此后，世界医师协会围绕患者的权利相继发表了许多宣言，如《日内瓦宣言》《赫尔辛基宣言》和《里斯本宣言》。20世纪60年代以来，美国、英国、芬兰、丹麦、以色列、比利时、罗马尼亚等国家都对患者的权利给予了较多的关注，并采取了一系列保障患者权利的法律措施，患者权利的立法化已经超过了法系的限制在很多国家实现，成为全球化的趋势。

（一）美国

1972年，波士顿一家医院制定了《作为患者的您的权利》，这是美国最早的患者权利宣言。同年，美国医院协会制定了著名的《患者权利典章》，列举了患者的12项权利。

知识拓展

美国医院协会《患者权利典章》：

1. 患者有权得到医院合理周到的治疗，并获得人格的尊重。

2. 患者有权要求医师使用常人都能理解的语言说明其疾病的诊断、治疗等内容，并有权知悉医师的姓名。

3. 医师在手术或治疗前必须向患者说明情况，并取得患者同意。如果治疗或护理方案有重大变更，也要向患者说明情况，患者有权知道手术或治疗人员的姓名。

4. 患者在法律许可内有权拒绝接受某种疗法，并有权利了解该拒绝将引起的后果。

5. 患者有权干预涉及其个人秘密的某些治疗计划，在讨论病例、会诊、检查治疗过程中，均享有保密权利。凡与诊治无关的人员，只有在取得患者同意后方能参加诊治。

6. 患者有权要求将其诊治资料作为保密资料来处理。

7. 患者有权要求医院在可能的范围内对其提出的要求做合理回应。

8. 患者有权在与治疗有关的范围内，了解所住医院与其他医院及其他医疗机构或教育机构的关系，也有权了解诊治人员的职务关系。

9. 患者有权拒绝认为对其治疗有影响的人体试验，也有权拒绝参加类似的研究计划。

10. 患者有权要求医院在出院后继续得到合理治疗，有权事先知道预约门诊的时间、地点、医师姓名，并有权要求医院提供与医师或其他代表讨论继续治疗问题的方式。

11. 患者不论其付款来源或方式如何，都有权对医疗费用进行审查，并要求医院作出合理的解释。

12. 患者有权了解医院涉及患者行为的各种规章制度。

此后，以明尼苏达州为首，美国许多州纷纷以《患者权利典章》为范本，将患者的权利纳入州法，目前美国有十几个州都制定了《患者权利法案》。此外，美国的《患者自我决定法》(*Patient Self-Determination Act*)已于1990年通过，于1991年12月实施。

（二）英国

英国1977年制定的《国民保健服务法》（*the National Health Service Act*），简称“NHS法”及其实施规则、1985年制定的《医院意见处理法》、1990年制定的《保健记录接触法》、1998年制定的《数据保护法》等法律都在某一方面对患者的权利作了规定，如患者获得医疗的权利、选择权、获得信息的权利、同意权、保健记录接触权、隐私权和数据的修正权等。

此外，英国政府于1991年制定了最早的《患者宪章》，对患者的权利作了集中规定。英格兰、威尔士、苏格兰、北爱尔兰都有自己的宪章。1995年，英国《患者宪章》作了修订，扩大了患者的权利和服务的全国基准，此外还将其范围推广适用于牙科、眼科等方面。2001年，英国制定了新的患者宪章——《你的NHS指南》（*Your Guide to the NHS*）。

（三）德国

德国基本法（宪法）就患者生命权、身体完整性的保护等问题作了规定。1983年的《医疗保险法》《德国社会法典》中也有关于患者权利的规定。此外，刑法和医师协会的职业规则中都规定了医师的守密义务和说明义务等。1992年，德国国家咨询评议会建议将关于患者权利的现行规定整合成患者权利宪章。2003年，德国制定了国家层面上的《患者权利宪章》。该权利宪章涉及患者对医师和医院的选择权和变更权、获得优良医疗的权利、同意和自我决定权、未成年患者和被保护患者的权利、末期治疗、医师的说明义务、患者的记录获取权、数据的秘密保护、意见处理、损害赔偿请求等患者的所有权利。2013年，德国制定了《改善患者权利地位法》，修订了《德国民法典》的有关内容，将“医疗合同”写入《德国民法典》之中。

（四）法国

1974年，法国基于保健省的通告制定了《医院患者宪章》。但该宪章主要规定了院方义务，其重点不在于患者的权利。《医院患者宪章》于1995年重新修订，强化了患者的权利。此外，法国医师协会的《医疗伦理纲领》也规定了患者权利。尽管其属于医师协会的内部规范，但其地位和法规几乎相同。

自1998年起，法国数次召开关于患者权利法的会议。2002年2月，法国制定了《关于患者权利和保健系统质量的法律》。该法由五章一百二十六条构成，内容涉及患者获得医疗的权利、获得信息的权利、同意权、隐私权、提出申诉的权利和获得损害赔偿的权利等诸多方面。

（五）西班牙

西班牙1986年的《综合保健法》和1994年的《患者权利和义务典章》中就患者

的权利作了规定，如《综合保健法》第十条列举了信息获取权、隐私保护权、自我决定权、治疗拒绝权、意见申诉权、医师的选择权等患者权利。西班牙医师协会制定的《医疗伦理纲领》第三章中也规定了患者的权利。

以1997年欧洲议会制定的《欧洲人权及生物医学公约》为契机，西班牙几个自治州都制定了患者权利法。2003年11月，政府对《综合保健法》第十条的规定作了修改和扩充，同时参考《欧洲人权及生物医学公约》，制定了《患者自主基本法》作为全国统一的患者权利法。

（六）北欧五国

目前，北欧的芬兰、冰岛、丹麦、挪威、瑞典等国家都已先后制定了各国国内统一的患者权利法。芬兰自20世纪80年代起就开始讨论患者权利立法化的问题，并于1992年制定了《患者的地位和权利法》（1992年第785号）。该法由五章十七条构成，规定了获得优良医疗的权利、自我决定权、获取信息的权利和资格等患者权利，还规定了患者的不满及处理方式等问题。继芬兰之后，冰岛于1997年制定了《患者权利法》（1997年第74号）。在丹麦，许多法令都规定了患者的权利。1997年，丹麦保健省设置了法案起草会，以对这些法令进行整理，并增加一些新规定，制定统一的《患者权利法》。1998年3月，保健省向议会提交了《患者权利法》草案，同年10月获得通过，随即该法律（1998年第482号）开始实施。从20世纪70年代中期起，挪威也开始积极研究患者权利问题。1996年，挪威保健和社会问题省设立了患者权利法案起草小组。1999年7月挪威通过了《患者权利法》。

与芬兰、冰岛、丹麦、挪威四国均于20世纪90年代通过患者权利单行法不同，瑞典起初一直采用“分散式”的立法模式，于1982年的《医疗卫生保健法》、1996年的《患者损害赔偿法》、1998年的《关于患者委员会的活动等的法律》、2008年的《患者信息法》以及2010年的《患者安全法》等多部法律中都对患者权利作了规定。2014年，瑞典将上述法律中涉及的患者权利进行整合，制定了《患者权利法》，该法自2015年1月1日起施行。

（七）荷兰

自20世纪70年代起，荷兰就开始热烈讨论关于患者权利的问题。政府设置了专门的委员会，就患者的知悉权、患者的隐私权、意见处理等问题进行研究，20世纪80年代初，委员会向政府提交了报告书。政府接到该报告书后作了更进一步的研究，1987年法务省和当时的福祉保健文化省制订了患者权利法草案。1994年，荷兰通过了《医疗合同法》，作为荷兰的患者权利法，该法后来被编为《荷兰民法典》第七编第七章第五节第四百四十六条至四百六十八条。

此外，以色列（1996年）、新西兰（1996年）、立陶宛（1996年）、格鲁吉亚（2000年）、比利时（2002年）、罗马尼亚（2003年）、拉脱维亚（2003年）、塞浦路斯（2003年）也都陆续制定了专门的《患者权利法》。

四、医患关系从“家父”式走向“朋友”式

纵观先进国家的发展历史，我们会发现无论是衡量医师告知内容的标准，还是判断医师注意义务的标准，都呈现出从传统医学主导的立场向司法主导的立场转变。尽管法官仍不愿轻易挑战临床标准和常规，但是他们似乎更愿意挑战个案中的医师，期待行业的观点可以更加靠近司法审查的立场。我国目前的临床情况，非常类似于30年前的英国，医师太不重视、尊重患者自主权的现象在临床实践和医学研究中是很常见的。患者有权自己作出决定的想法往往淹没在医疗行业泛滥的家长主义中。而今英国的主流口号已经不再是“医师最懂你”，而是“医患伙伴关系”。为了确保患者最大利益，普遍接受的原则是：医师应当协商而不是独断。这种伦理观点的转变，最显著地体现在当前行业性和法律性规范中，即要求从有决定能力的患者那里获取知情同意。行业性规范正如英国医学总会（General Medical Council）声称的：“成功的医患关系建立在信任的基础上。要建立信任，就必须尊重患者的自主权——由他们来决定是否进行一项医学干预……必须以他们能理解的方式向他们提供充分的信息，使他们能够在知情的前提下作出医疗决定。”

五、改善中国医患关系的因应之道

我们剥去“医闹”表面的荒诞，追溯其利益博弈的本质，我们不得不承认在此类利益博弈过程中确实有其存在的“合理性”，对“医闹”不该只是高调谴责。“医闹”反映的是患者在我国医疗保障制度转型期对国家医疗保障制度的不满，患者对我国医疗纠纷处理机制的失望，以及患者对自己损残后生活的不安等。

（一）医学呼唤人文关怀，亟待重塑医患信任基石

长久以来，医生以“视病如亲”的心态悬壶济世，而患者也常以“华佗再世”“仁心仁术”的感恩心情回报，医患关系极为融洽。然而，随着我国市场经济的发展，此种医患关系已经日趋淡薄，医患双方反目成仇、对簿公堂也屡见不鲜。有偏激者认为，医生们都成了一群唯利是图、见钱眼开、乘人之危、借机敲诈者。为什么医患双方由原来的协力共同体，变成了今日的冤家对头。医疗法律关系源于委托行为。而委托行为往往具有人身依附性，即委托人与被委托人间的委托行为是建立在对对方人格信任基础上的，如法律谚语所说：“无信任即无委托。”所以，在社会上，原本很难找到比医

患关系更应稳固、信任对方的法律关系了。但是这些年来，高等医学教育中，我们轻视医学人文教育；临床工作中，我们漠视、放纵医院、医生的种种逐利行为。最终的结果就是，医患赖以和谐共存的信任基础彻底被毁坏了。如果医患关系是建立在信任基石上的，患者不会像现在这样“鸡蛋里挑骨头”，而会包容、理解医方的一些错误。如今的医患关系是建立在猜疑之上的，可想而知其形成的法律关系是非常“脆弱”和“不稳定”的，往往由于一点点分歧就演变成一场纠纷。

（二）疏通救济途径，发挥非诉讼纠纷解决机制的作用

无论国内外，都存在大量医患冲突。在美国宾夕法尼亚州，总共800位骨科医生，就有400位曾经被患者提起过民事诉讼。但美国人不会选择“医闹”，原因就是美国的医疗纠纷救济机制在发挥着公正、高效的作用。

案例讨论

【案例】中央电视台曾报道了一个名为《78本医书背后故事》的案件。报道讲述的是一个农民历时8年，阅读78本医书，打赢了一场医疗纠纷官司的事情。有的人说，老周是个刁民，固执认死理，喜欢钻牛角尖，是个死缠烂打的人，惹不起他。

【讨论】老周通过法律得到正义了吗?

实际上，类似老周的案子在国内并不少见。大部分的“医闹”实际反映出的是医疗纠纷解决效率问题。一句古老的西方法律谚语——“迟来的正义不是正义”（justice delayer is justice denied）反映了正义的时效问题，也就是说正义本身具有时效。

救济机制根据是否启动诉讼程序而分为诉讼纠纷解决机制和非诉讼解决机制（Alternative Dispute Resolution，ADR），也可译为代替性纠纷解决机制。实际上诉讼救济是权利保护的最终手段，但并不一定是最佳选择，非诉讼解决机制已经逐渐成为许多发达国家和地区解决民事纠纷的一大趋势（医疗纠纷尤其如此）。医疗纠纷案件具有高度专业性，患方往往处于专业劣势。医方具有丰富的医学专业知识，导致患方在诉讼过程中处于明显的专业劣势地位，即使其代理律师具有医学教育背景或从业经验时亦是如此。医疗纠纷案件审理难度非常大，法官知识局限性造成法官权威性动摇，法官不愿审理医疗纠纷案件。而一旦案件存在多个相互矛盾的鉴定结论时，法官往往不知所措。医疗纠纷案件的部分当事人，本希望尽快拿到赔偿以便继续治疗，然而诉讼

时间成本偏高的先天不足，往往使患者望而却步。目前全国各法院民事审判中，审理时间最长的案件就是医疗纠纷案件。由于鉴定的原因，多数案件都会突破“审限”，审理周期多以“年”计算。医疗纠纷的上述特点决定了应当以非诉讼救济为主（如70%左右的美国的医疗纠纷还没有等到患者走上法庭就得到解决了）。对于医疗纠纷案件，目前可以寻求的非诉讼救济机制主要包括和解、行政调解、人民调解、公证（人民调解和公证在实践中使用较少）等。由于患者缺乏对医学会、卫生行政部门的信任，加之医院提出的和解方案的赔偿标准往往依据《医疗事故处理条例》，所以使得大量医疗纠纷双方无法达成和解共识。“迟来的正义不是正义”反映了西方的法律文化，也向我们昭示了法治文明的传统文化根基。在如今的医疗纠纷处理过程中，我们亟待完善技术鉴定体制、亟待加强行政调解的救济作用、亟待提高司法审判的效率。我相信只有这些方面完善了，真正的正义才能得以充分实现。

（三）改变保险意识，建立无过错医疗意外保险制度

近些年来，国内的一些地方开始推行“医师责任险”，但效果并不理想。究其原因是对保险的理解存在误区。“医闹”大体可以分为两类，一类是医院有错的，一类是医院没错的。“医师责任险”解决的是医院有错的纠纷，那么医院没错的呢？医院没错还在“闹”的患者，被人们视为百分百的“刁民”。但是，想一想为什么医院没错，这些“刁民”还要“闹”，原因只有一个——他们的身上确实发生了损害。

根据民法的精神，有损害结果就应当得到民事救济，无论是否有错。我们可以将社会上损害的成因概括为两类：其一叫作“不法之行为”，其二叫作“不幸之事件”。医院有错的纠纷属于前者，而医院无错的纠纷属于后者。法律对“不法之行为”，是通过设定过错归责原则，以赔偿实现对被侵权人救济、对侵权人惩戒的法律价值。法律对“不幸之事件”，则是通过设定无过错归责原则（no-fault liability），以强制性无过错保险实现对受害者的救济，以实现民法所追求的利益价值。无过错医疗意外保险恰恰发挥了保险社会化均摊不幸的优势。然而，我们忽视了医疗行为高风险的特点，忽视了医疗不幸的受害人利益，将我们的工作重点放在了旨在均摊过错者法律责任的“医师责任险”上。

本章小结

二战中纳粹惨无人道的医学试验使人类对传统的医患关系进行了深刻的反思，社会发展所带来的价值观念的多样性也强烈要求医患之间互相而非单方面的尊重

和信赖，包括患者权利在内的人权运动逐渐在世界范围内兴起，患者的主体性和人格尊严成为世界性话题，“以患者为中心”的医疗服务理念逐渐为绝大多数国家承认。法学开始步入医学领域，使得法官、律师和其他法律工作者开始成为病床边的陌生人。医事法应指在卫生法中主要调整医疗服务法律关系的法律法规的总称。各国出现患者权利法制化趋势，医患关系也从“家父”式走向“朋友”式。改善中国医患关系的因应之道，至少应该包括：医学呼唤人文关怀，亟待重塑医患信任基石；疏通救济途径，发挥非诉讼纠纷解决机制的作用；改变保险意识，建立无过错医疗意外保险制度。

（王　岳　刘兰秋）

第二篇

医患关系与医疗纠纷

Part 2

第七章　医疗行为与医疗法律关系

第八章　患者的权利与义务

第九章　医师的权利与义务

第十章　知情同意与医疗阻却违法性事由

第十一章　病历质量管理

第十二章　患者安全与医疗过失

第十三章　医疗纠纷技术鉴定

第十四章　医疗纠纷的法律责任与救济途径

第十五章　医药商业贿赂与纠正医疗行业不正之风

第十六章　安宁疗护的法律问题

第七章 医疗行为与医疗法律关系

学习目标

1. 掌握 治疗性医疗行为；非治疗性医疗行为；医疗法律关系。
2. 熟悉 无因管理关系；强制医疗关系。
3. 了解 “养生”的法律定性和规范管理，避免“以罚代刑”，不能仅以取缔、罚款的行政处罚草草了事。

对医疗行为和医疗法律关系的学习和理解，是掌握整个卫生法学的基础性问题。在我国，关于患者在医疗机构接受服务是否为消费行为，是否适用《中华人民共和国消费者权益保护法》《中华人民共和国民法通则》（简称《民法通则》）等民事法律，曾经有过非常激烈的争议。伴随着《中华人民共和国民法典》（简称《民法典》）的颁布，患者接受医疗服务应当适用民事法律成为共识，当然由于医疗本身的特殊性，决定了医患间的权利义务内容也有其自身的特点。

第一节 医疗行为

在讨论医事法相关问题时，首先要明确一个重要概念，即何为医疗行为。卫生行政主管部门在打击非法行医活动时，如果界定不清医疗行为的范畴，显然会在执法过程中产生争议。而谈及医疗损害，也必定是由医疗行为造成的，没有医疗行为就不可能有医疗损害的发生。当我们要追究医疗损害的赔偿责任时，必须确认其医疗行为是否存在过失，以及过失与损害结果之间是否有因果关系。这就有必要对医疗行为作出准确界定，明确医疗行为的内涵及外延。医疗行为的概念和含义具有社会性和历史性，它的具体含义随着医学、科技发展而发展，随着社会公众的医疗和健康观念变化而变化。

我国法律中没有明确的关于医疗行为这一概念的表述。与其相类似的是1998年的

《中华人民共和国执业医师法》中表述的“医师执业活动”。该法指出，“医师执业活动”是指“防病治病，救死扶伤，保护人民健康”，其中“保护人民健康”是2009年修订该法时新增的内容。

人们往往是将医疗行为界定为一种以诊疗为目的的行为，即狭义医疗行为，也可称为治疗性医疗行为。但是，随着医疗技术的发展和民众生活观念的变化，狭义的定义显然已不能适应医学发展和公众健康保护的需要了。例如，在符合伦理与法律法规的前提下，为器官移植而从器官捐献者身上摘除器官，为进行骨髓移植而从骨髓捐献者身上抽取造血干细胞，以美容为目的的整形行为等，也应属于医疗行为范畴。

广义的医疗行为，是指运用医学专业知识和专业技能，为接受医疗者消除或缓解疾病、减轻身体痛苦、消除或减轻其对药物或者毒品等的病态依赖、延长生命、改善身体功能或外观、提高生活质量、矫正畸形、帮助或避免生育等与接受医疗者的身体健康和生命安全密切相关的行为。广义医疗行为包括：①疾病的诊断和治疗，这通常被视为最典型的医疗行为。在我国，该行为包括西医和中医的诊断和治疗。②帮助或避免生育行为。③医疗美容行为。④戒除对毒品、麻醉药品等的病态依赖行为。⑤矫正身体畸形行为改善（改变）身体外观行为。⑥恢复或增进人体功能的行为。⑦其他针对不同人的具体情况，运用医学专业知识和专业技能，给予相应的不同措施，并与接受者的身体健康和生命安全密切相关的行为。

案例讨论

【案例】当前“养生热潮”可谓铺天盖地，中医的确有“食疗”养生保健的说法，但是，当“食疗”的理念被一些所谓的专家“神化”为包治百病的灵丹，法律就应当对其进行规范。

【讨论】你觉得“养生”是否属于医疗行为？

第二节　医疗法律关系

一、医疗法律关系的概念和性质

医疗法律关系，是指医务人员受患者委托或其他原因，对患者实施诊断、治疗等医疗行为所形成的法律关系。一般来说，医疗法律关系是在医患双方作为平等民事主体间发生的，符合民法的一般要求，是医患双方间的人身关系和财产关系与民事法律形式相结合的产物。

患者通过挂号这一要约，在得到医院的承诺后双方形成意思表示一致的合同关系，医患之间体现了自愿、平等、等价有偿的民法原则。医患关系成立之前，患者可以自愿选择医疗机构就医，医院虽然不能无故拒绝为患者实施治疗，但是，如果医院设置的治疗科目均不符合治疗患者的疾病，或者患者提出较高的治疗要求而医院的能力根本不能达到，医院也是有权予以拒绝的。在治疗的过程中，医院在作出自己的判断、采取措施前通常都会征询患者或其家属的意见。医院在施行某种治疗方案时，要有患者或其家属的明示授权，如手术前的家属签字，这既是知情同意原则的一种体现，也是平等自愿原则的体现。医院负有的救治患者的义务与其享有的获得报酬的权利是对应的，患者因被救治获得的健康甚至生命与其付出的金钱虽然不可以画等号，但从整个社会的角度讲，医院与患者之间的利益是平衡的，双方的权利义务是符合等价有偿的原则的。总之，医疗法律关系虽然具有自己的特点，但其特殊之处并未突破民法的根本原则。因此，医患关系的性质仍然属于民事法律关系。

二、医疗法律关系的分类

（一）医疗服务合同关系

医疗服务合同是一种以医疗行为为内容的合同。根据最高人民法院2008年颁布、2011年修订的《民事案件案由规定》的内容，医疗纠纷中的违约之诉被称为“医疗服务合同纠纷”。一般而言，患者与医疗机构或医务人员之间的医疗服务合同关系经由当事人的自由意愿而成立，即医疗服务合同或医疗服务契约。不过，医疗服务合同又有其自身的特点。

首先，医疗服务存在自治限制。一般消费基于当事双方的意愿自治行为，各方依其意愿选择消费交易的对象。但是，绝大多数医疗服务，医师不能拒绝患者的就诊要求，如公立医疗机构和医疗保险定点医疗机构因与政府或保险管理机构的合同承诺而必须接诊不得拒绝，对急危患者因法律规定的强制缔约义务而必须接诊不得拒绝。

其次，医疗服务属于被动消费行为。就当事人的地位而言，医师凭其专业技能的优势，对医疗行为的规划或执行，拥有习惯性的绝对裁量权。尽管现代医学模式强调医患共同参与下的诊疗过程，但由于专业知识的欠缺，患者多数情况下还是很难也很少参与。

最后，就消费承诺的内容而言，医疗服务当事人间形成的是“手段债务”，而非消费关系常见的“结果债务”。因为医疗行为具有太多的变数与不可预料的危险，即使非常高明的医师，费尽心力地诊断医疗，也不一定能收到“药到病除”的预期效果，也无法预知其可能引发的副作用或药物过敏。医疗服务承诺的内容是对“医疗手段”的承诺，而非对“治疗结果”的承诺。

（二）无因管理关系

《民法典》第九百七十九条基本沿用了原《民法通则》第九十三条和《中华人民共和国民法总则》第一百二十一条中关于无因管理的规定。而医疗领域的无因管理，则是指医疗机构或医务人员在没有约定义务和法定义务情况下，为避免患者的生命健康利益受到损害，自愿为患者提供医疗服务的行为。这种管理他人事务的行为也使医疗机构或医务人员与患者之间产生了一种特殊医疗法律关系。在无因管理关系的医疗法律关系中，管理人有权向受益患者要求支付管理费用。在临床医疗实践中，常见的无因管理关系主要有以下3种情形：①医务人员在医疗机构外，发现患者而加以治疗。②对自杀未遂而不愿就医者，予以救治。③无监护人在场的情况下，医疗机构直接针对无行为能力的“非急危”患者进行的诊疗行为。管理人员有管理意识，但其管理事务却违反本人的管理要求或社会常识，使管理效果不利于本人，则不构成无因管理。管理人如有过错，应按侵权行为承担赔偿责任。但是，由于无因管理行为是法律所要鼓励支持的合法行为，因此在法律上对管理人的注意义务要求较低，且对管理人的法律责任要求比较宽松。

（三）强制医疗关系

强制医疗关系，是指国家基于医疗的特殊性和对国民生命和身体健康的维护，在法律上赋予医疗机构或医务人员以强制医疗权力，明确患者强制受诊义务为主要内容的特殊医疗法律关系。这在医疗法律关系中属特殊的情况，此为公权力的行使，即医疗机构或医务人员作为国家的使用人、代理人，医疗法律关系存在于国家和患者之间。例如，针对《中华人民共和国传染病防治法》所规定的鼠疫、霍乱、肺炭疽等传染病患者的治疗。

本章小结

本章主要讲述医疗行为和医疗法律关系。医疗行为因标准不同可以分成不同类别，而且随着科技的进步，其类型也不断增加。因此而形成的医疗法律关系在医疗服务合同、无因管理关系中具有民法的属性，而为了预防和控制传染性疾病的蔓延和爆发，在强制医疗法律关系中则具有一定程度上公法的属性。另外，针对目前流行的“养生”，本章探讨了对假“神医”非法行医实施卫生行政部门与司法机关案件移交联动的机制。

（王丽莎）

第八章　患者的权利与义务

学习目标

1. 掌握　患者生命权、健康权、隐私权、平等医疗保健权、自主决定权的含义及我国法律法规关于上述患者权利的规定。

2. 熟悉　域外国家关于患者权利立法的动态；我国患者权利立法的现状与展望。

3. 了解　患者义务的含义及其内容；医闹的含义、成因与防控。

第一节　患者的权利

当前，《中华人民共和国民法典》(简称《民法典》)《中华人民共和国基本医疗卫生与健康促进法》《中华人民共和国医师法》(简称《医师法》)《医疗纠纷预防和处理条例》《医疗事故处理条例》等法律法规都对患者的权利作出了规定。据此，我国患者享有包括生命权、健康权、身体权、隐私权、平等医疗保健权、知情同意权、自主决定权等在内的广泛权利。关于患者的知情同意的相关法律问题，请参见本书第十章“知情同意与医疗阻却违法性事由”。

一、生命权

《世界人权宣言》中明确指出:“人人有权享有生命、自由与人身安全”“个体患病、残疾或衰老时，有权享受保障”。《民法典》第一百一十条规定，自然人享有生命权。生命是一项以生命安全为内容的基本人权，是指公民依法享有生命安全不受侵犯的权利。公民的生命非经正当法律程序，任何人不得随意剥夺。《民法典》第十三条规定:“自然人从出生时起到死亡时止，具有民事权利能力，依法享有民事权利，承担民事义务。”据此，孕育中的胎儿当然不享有权利能力。但是胎儿迟早是要出生的，孕育中的胎儿乃未来的民事法律主体，且胎儿是所有自然人生命发育的必经阶段，如果胎儿在其发育过程中受到损害致其出生后畸形或疾病，或者在其发育过程中其父母（其未来生活的依赖者）受到人身伤害以致丧失劳动能力或父亲死亡导致其抚养权受到侵害，在这种情况下，如果胎儿出生后不能享有损害赔偿请求权，显然有失公平。司法实践中，胎儿期间遭受损害进行赔偿的纠纷，找不到保护胎儿所适用的法律。因此，有必要重新反思胎儿的法律地位以及我国目前对胎儿保护的妥当性，确认其享有的权利范围。

二、健康权

健康权是指自然人以其器官乃至整体功能利益为内容的人格权，它的客体是人体器官及各系统乃至身心整体的安全运行，以及功能的正常发挥。健康权不仅仅是朴素的私权，更是一项强调国家责任的社会权。体现在医疗活动中，患者的健康权要求医务人员以最善的注意义务谨慎地开展医疗活动，依法尊重并维护患者的生命与健康利益，尽量避免医疗事故、医疗差错、药品质量事件、医疗器械质量事件等不良事件的发生。

三、身体权

《民法典》第一百一十条规定，“身体权”是包括患者在内的自然人所享有的一项独立人格权。身体权是自然人依法维护其身体完整，并支配其身体器官和其他组织的具体人格权。身体权在内容上包括两方面：一是自然人维护自己身体完整性的权利，另一方面是自然人对自己身体组成部分的支配权。该法规强调身体权所维护的利益是自然人身体组成部分完整性的不可侵犯。医学领域侵害身体权的情形包括：对尸体的损害；对身体组织的非法保留、占有；对身体组织之不疼痛的侵害；实施过度的外科手术等。

四、隐私权

隐私权是人类文明发展到一定历史阶段的产物。《民法典》已将隐私权明确规定为一项具体的人格权。一般认为，隐私是一种与公共利益、群体利益无关的，当事人不愿他人知道或他人不便知道的信息，当事人不愿他人干涉或他人不便干涉的个人私事和当事人不愿他人侵入或他人不便侵入的个人领域，包括身体秘密（如生殖器官等身体隐秘部位、身体缺陷）、私人空间（如日记）、个人事实（如个人婚恋状况、收入情况）和与社会无关的个人生活（如性生活）等内容。隐私权是自然人享有的对其个人的、与公共利益无关的个人信息、私人活动和私有领域进行支配、不受非法干扰或侵犯的一种人格权。隐私权主要包括3项基本权能：①隐私隐瞒权。即公民对上述个人隐私的保密权，未经许可，任何人不得刺探、公开和传播。②隐私支配权。公民对于个人隐私有权按照自己的意愿进行支配，可以公开部分隐私，准许他人对个人活动和个人领域进行察知，准许他人利用自己的隐私。③隐私维护权。公民对自己的隐私享有维护其不受侵犯的权利，在受到非法侵害时可以依法寻求司法保护。可见，隐私权属于对世权，具有排他性，任何人不得非法侵害。

在诊疗活动中，患者出于治疗疾病的目的需要向医师如实陈述病史及诊断疾病所需的个人信息，在一定情况下还应接受对其隐私部位进行的以诊断和治疗为目的的医学检查。患者的隐私就是指患者在就诊过程中向医师公开的，但不愿让其他人知道的信息、空间和活动。在患者的隐私信息方面，医师尤其要注意的是：①患者的一般个人信息，如家庭住址、电话号码、工作单位、年龄、籍贯、经济状况等。②患者的既往史，如疾病史、家族史、生活史、婚姻史、生育史等。③患者身体的隐秘部位及通过诊疗探知或查明的心理生理缺陷。④患者的病名及病情。⑤血液、精液、血型等检查的报告单。

《医师法》第二十三条、第五十六条明确规定了医师在执业活动中必须履行保护患者隐私和个人信息的义务，医师在执业活动中若违反本法规定，泄露患者隐私或者个人信息的，由县级以上人民政府卫生健康主管部门责令改正，给予警告，没收违法所得，并处一万元以上三万元以下的罚款；情节严重的，责令暂停六个月以上一年以下执业活动直至吊销医师执业证书。《护士条例》第十八条也规定，护士应当尊重、关心、爱护患者，保护患者的隐私。《民法典》第一千二百二十六条也规定了医疗机构及其医务人员对患者隐私的保密义务，即“医疗机构及其医务人员应当对患者的隐私和个人信息保密。泄露患者的隐私和个人信息，或者未经患者同意公开其病历资料的，应当承担侵权责任”。

隐私权是自然人享有的对其个人的、与公共利益无关的个人信息、私人活动和私有领域进行支配、不受非法干扰或侵犯的一种人格权。医务人员因业务知悉患者的秘密，不得无故泄露。患者有权要求医师守密，不得无故泄露。但下列情形，不属于无故泄露：第一，依法作证。我国法律未确立医师的拒证特权，在法律有要求时，即便是医师也必须依法履行作证义务，就其所知道的案件情况作证，其证言有可能涉及患者的隐私，但这具有法律依据，并不构成对患者隐私权的侵害。第二，向有关机构报告。医师执行业务时，遇有法定的报告情形，必须依法定时间向相应的主管机关报告。例如医师将法定传染病的患者信息报告给卫生行政部门或疾病预防控制部门；医师发现患者涉嫌伤害事件或者非正常死亡时，应当按照有关规定向有关部门报告等。第三，为开展医学教学或学术研究而引用病历信息时，有可能将患者的隐私泄漏，此时应该注意选择以损害最小的方法进行，采取必要的技术处理，将可能造成的损害降低到最低限度。

五、平等医疗保健权

所谓平等医疗保健权，是指每位患者对医疗资源（包括机构设备与人力）所享有的权利，不因男女、老幼、贫贱富贵而有所不同，应一律平等。可从实质意义与形式意义两方面来探讨。

实质意义的平等医疗保健权，是指社会各成员都具有平等享受合理质量医疗资源的权利，即不分“男女、宗教、种族、阶级、党派”，在国家提供的医疗卫生服务面前享有一律平等的权利。公共医疗服务资源是社会资源，也是国家资源，理应归全体国民所共有，亦应由全体国民所共享。因此，每位国民都有一律平等地享受相同公共医疗资源的权利，且对公共医疗资源的运用与分配都有参与决策的权利。政府实施的全民医疗保障计划就是为了全民能够平等地普遍享受医疗资源。

形式意义的平等医疗保健权，是指相同个案的处理，以相同方式为之，适用相同准则，不能有不同标准；不同个案的处理，则适用不同的方式。其主要内容指下列两大原则：①先来先受服务原则。患者就医秩序，不论挂号、门诊看病或领药，一切按照排队秩序办理，依到来时间之先后就诊、缴费或领药，即先来先受服务原则，不允许存在特权阶级，亦不应存在歧视。患者在门诊看病的地位完全平等。②急症及重症优先原则。医护人员照护患者的顺序，当然应遵循“先来先受服务原则”，但也有例外，即遇有病情最危急或最严重者，应做优先处置。

医疗服务的公平，是指每位国民在需要时均有相等的机会获得应有的医疗服务，达到基本生存标准，主要体现为医疗服务产品在任何地区、任何人群中分配的合理性以及人们在享受基本医疗服务方面的合理性。《中华人民共和国宪法》第四十五条规定，中华人民共和国公民在年老、疾病或者丧失劳动能力的情况下，有从国家和社会获得物质帮助的权利。国家发展为公民享受这些权利所需要的社会保险、社会救济和医疗卫生事业。可见医疗服务的公平对公众而言体现为公众的“平等医疗保健权”，对国家而言体现为国家对公众的“国家照顾义务”。

六、自主决定权

法治社会应当是“自由”“自治”的社会。一般而言，自由与否的判定标准就是——“就与他人无关的事情，自己有决定权。仅仅对自己有害的行为，由自己承担责任”。自主决定权，就是自己的私事由自己决定的权利。患者的自主决定权强调的是尊重患者自己的意愿，决定的是与个体价值取向有关的事项，是道德决定权。而医师的自主决定权是对治疗中的技术问题的决定权。例如，一名患者被诊断出患了淋巴瘤，医师告诉他3种可选择的方案：开胸手术、化疗或骨髓移植。患者得知在手术或化疗之后肿瘤很可能复发，而骨髓移植则可能带来危及生命的贫血、出血、感染和疼痛等症状，采取哪一种治疗方案，最终由患者自己决定。由此可以看出，有关具体医疗技术的3种方案由医师告知，而权衡每一种方案的益处与危险并最终选择哪一种治疗方案则由患者决定。

根据我国现行法律法规，自主决定权的实施具有相对性，主要包括：①有权自主选择医疗单位、医疗服务方式和医务人员。②有权自主决定接受或不接受任何一项医疗服务，特殊情况下，如患者生命危急、意识不清不能自主表达意见，可由患者家属决定。③有权拒绝非医疗性活动。④有权决定出院时间。但患者只能在医疗行为终结前行使此权利，且必须签署一项声明或说明，说明患者的出院与医疗单位判断相悖。⑤有权决定转院治疗，但在病情极不稳定或随时有危及生命可能情况下，应签署一份书面文件，说明在临床医师的充分说明和理解基础上作出的决定。⑥有权根据自主原则自付费用与其指定的专家讨论病情。⑦有权拒绝或接受任何指定的药物、检查、处理或治疗，并有权知道相应的后果。⑧有权自主决定其遗体或器官如何使用。⑨有权享受来访及与外界联系，但应在遵守医院规章制度的基础之上。⑩其他依法应当由患者自主决定的事项。

第二节　患者的义务

一、患者的义务概述

现代医患关系已由传统的医师主导、支配型的单向关系衍变为医患平等、合作的双向关系，医患之间成立医疗服务合同关系。在这种新型的医患关系中，医师和患者同为医疗法律关系的主体，都需要在享有权利的同时履行相应的义务，任何一方都不能只强调权利的行使，而忽略义务的遵行。

义务是与权利相对应的法律用语，是“法律关于权利主体负有某种作为或不作为的约束”。权利和义务是相依并存的。患者在享有前述权利的同时，必须履行相应的义务。但是，在医患关系中，患者因其“患者”角色而居于相对的弱势地位，医师则因医学知识和经验上的绝对优势居于相对强势的地位。基于天平向弱者倾斜的法律原则，医患关系中双方的权利义务呈现出医师的义务性和患者的权利性特征，即对医师而言更强调义务的遵行，对患者而言则着重于其权利的保障。

二、患者的义务内容

（一）积极配合治疗的义务

疾病是医师和患者的共同敌人，疾病的治愈是医师与患者的共同责任。患者求医问诊的目的是治愈疾病，医师治疗的目的是利用其知识和临床技能保护并恢复患者的健康，这些目的能否有效达成，不仅取决于医疗行为是否妥当，也同患者及其家属的配合密切相关，需要通过在相互尊重、各行其责及诚信可靠的基础上的医患伙伴关系而实现。患者应该充分信任医师，积极配合医疗机构诊治，并按照自己所选择的治疗方针专心治疗。

《医师法》第二十二条规定，医师在执业活动中享有在注册的执业范围内，按照有关规范进行医学诊查、疾病调查、医学处置的权利。据此，患者负有接受医师的诊治和检查的义务。医学诊察和疾病调查是确定病情、制订治疗措施最终治愈疾病的重要途径，为了更好更快地治愈疾病，患者有义务配合医师开展合理的检查和治疗，如果因患者个人的原因延误诊疗，医师对因此而产生的相应后果不承担法律责任。而且，患者还应遵守医嘱，随时配合医师的治疗。如果患者因不遵守医嘱而造成不良后果，医师对此不承担责任。根据《民法典》第一千二百二十四条之规定，当“患者或者其近亲属不配合医疗机构进行符合诊疗规范的诊疗”造成患者损害时，医疗机构不承担赔偿责任，医疗机构或者其医务人员也有过错的，才应当承担相应的赔偿责任。此外，积极配合治疗的义务还要求患者在医护人员作了充分告知的情况下，有义务对自己的诊疗作出决定，在接受特殊检查、麻醉或外科手术之前，应签署同意书。

（二）如实陈述有关信息的义务

患者在就医时，应当向医师如实陈述病史和病情，尽可能正确地传达其健康信息，既不夸大目前的病情，也不隐瞒过往病史，以便于医师对其病情作出正确的诊断和治疗。患者的陈述义务较为广泛，凡与病情确定和疾病治疗相关的信息均应向医师交代，包括在来该院就诊前的用药情形。医师也应注意问诊的技巧，尽可能地与患者保持充分的沟通，准确把握患者的患病原因和病情，以便对症治疗。

（三）在一定条件下接受强制医疗的义务

如果患者所患的是严重精神病或法定传染病，由于可能会对他人和社会构成危害或造成传染，因而有关法律均规定了接受强制检查或强制治疗的义务。《中华人民共和国传染病防治法》中有传染患者要接受隔离治疗、配合实施必要的卫生处理和预防措施的内容。《中华人民共和国母婴保健法》中有医师发现或者怀疑患严重遗传性疾病的育龄夫妻应根据医师的意见采取相应措施的内容。

（四）按照规定支付医疗费用的义务

医患之间成立医疗服务合同，医师对患者提供妥当的医疗服务，患者则负有给付医疗费用的法律义务。在这种合同中，医师所负的是过程债务或手段债务，而非结果债务，即便患者的疾病未能痊愈，只要医师提供的医疗服务是妥当的、合理的，患者就必须支付相关的费用。医疗费用包括诊疗、处方、检验、药品、手术、处置、住院等各类费用。但是，这并不意味着医师可因患者拒绝交费获得拒诊权。

（五）遵守医院规章制度和医疗秩序、尊重医务人员的义务

医院和医务人员承担着救死扶伤的神圣职责，为确保这一职责的更好实现，医院制订了诸多规章制度，如住院规则、保持安静、禁止吸烟、限制探访时间和探访人数等规定。患者及其陪同人员有义务遵守国家法律、法规及医疗机构的管理制度和诊疗秩序，遵守医疗机构的诊疗秩序，尊重医务人员，配合院内秩序的维持，以便所有患者都能在舒适的环境中接受妥当的诊疗。

《医师法》第五条规定，全社会应当尊重医师。各级人民政府应当关心爱护医师，弘扬先进事迹，加强业务培训，支持开拓创新，帮助解决困难，推动在全社会广泛形成尊医重卫的良好氛围。该法还规定，医师依法执业受法律保护。医师的人格尊严、人身安全不受侵犯。违反本法规定，阻碍医师依法执业，干扰医师正常工作、生活，或者通过侮辱、诽谤、威胁、殴打等方式，侵犯医师人格尊严、人身安全，构成违反治安管理行为的，依法给予治安管理处罚。构成犯罪的，依法追究刑事责任。《民法典》第一千二百二十八条也明确规定，医疗机构及其医务人员的合法权益受法律保护。干扰医疗秩序，妨碍医务人员工作、生活，侵害医务人员合法权益的，应当依法承担法律责任。

本章小结

本章主要讲述患者的权利和义务。患者权利和义务的法制化有利于构筑和维系更为和谐与理性的医患关系。制定《患者权利法》等单行法，明确、具体、系统地规定患者各项权利及其内容，是域外患者权利立法的鲜明特点。根据《民法典》《中华人民共和国基本医疗卫生与健康促进法》等法律法规的规定，我国患者享有包括生命权、健康权、身体权、隐私权、平等医疗保健权、知情同意权、自主决定权等在内的广泛权利。本章对知情同意权之外的各项患者权利的含义及其法律渊源做了解读。

（刘兰秋　王　岳）

第九章　医师的权利与义务

学习目标

1. 掌握 《中华人民共和国医师法》中医师权利的基本内涵；医师的注意义务内容。

2. 熟悉　医师告知义务的范围。

3. 了解　超说明书用药的内涵；超说明书用药对患者告知的范围。

医患双方的权利与义务是医疗法律关系的内容。医师的行为也会构成对患者人身权的侵犯，从而构成侵权行为。医师的权利与义务既可以是针对患者的权利义务，也可能是针对其他主体（如医疗机构、卫生行政部门、国家和社会）的权利义务。

第一节　医师的权利

一、医师的权利的基本内涵

医师的权利指获得医师资格和执业注册许可的医师在执业活动中的权利。《中华人民共和国医师法》（简称《医师法》）第二十二条规定，医师在执业活动中享有下列权利：①在注册的执业范围内，按照有关规范进行医学诊查、疾病调查、医学处置、出具相应的医学证明文件，选择合理的医疗、预防、保健方案。②获取劳动报酬，享受国家规定的福利待遇，按照规定参加社会保险并享受相应待遇。③获得符合国家规定标准的执业基本条件和职业防护装备。④从事医学教育、研究、学术交流。⑤参加专业培训，接受继续医学教育。⑥对所在医疗卫生机构和卫生健康主管部门的工作提出意见和建议，依法参与所在机构的民主管理。⑦法律、法规规定的其他权利。

二、医师的执业保障权

《医师法》明确规定，医师在执业活动中，人格尊严、人身安全不受侵犯。也就是说，国家应对医师的执业活动进行保障。医疗场所暴力事件如此普遍，许多人甚至错误地将其被视为“医务工作的一部分”。无论是医院的临床医生、护理人员，还是基层社区的医务工作者，工作中都不可避免地与那些心情沮丧、求医心切、难以承受疾病困扰、有复杂医护需求的患者和/或患者家属进行面对面的接触。

病魔缠身时，患者会本能地将医务人员当作权威人士，向其寻求“祛病保健”之道，医务人员历史性地被社会大众冠以“白衣天使”和“悬壶济世”的美誉。然而，当社会处于转型期时，医患暴力冲突成为社会矛盾、纠纷、冲突中的一种，医患和谐的美好图景随之破灭，医患双方成为冲突对立之两造，暴力之火于两造之间熊熊燃烧。当下中国，从医院内部风险控制到行业治理，再到国家立法，医疗场所暴力防范是各级责任主体均须高度重视的专业问题。

我国医患关系紧张的原因是复杂的和多元的。医师并不是唯一的可归罪的群体。其中有许多政府的、经济的、法律的、社会的和文化的因素。其中，医疗体制滞后于社会发展与公立医院发展的要求，是造成医患关系恶化的主要原因。据医学网站“丁香园”在2010年所做的一份面向医师的调查表明，对于日益恶化的医患关系，在受调查对象（14 577位医师）中，78%的医师将其归因于政府对医疗机构的投入不足，70%的受调查对象将其归因于媒体的偏颇和不公正报道。随着医疗改革的深入，随着医疗法律的逐步健全，随着医师道德规范的逐渐完善，我们希望医患关系会逐渐走上健康发展的轨道，那时法律对“医务人员”这一群体人身权保护的特别关照便丧失了现实基础，从而不再有必要。医患双方本是一个共同战胜疾病、存在共同目标的利益共同体。医患关系应是一种建立在互信、开诚布公和充分信息交流基础之上的，医师以患者的最佳利益和福祉为依归和第一要务、患者尊重医师的真诚专业判断的良性关系。

2020年7月1日，《北京市医院安全秩序管理规定》正式实施，其中规定，公安机关应当按照规定在二级以上医院设立警务室，配备必要警力；警务室与医院治安保卫部门联合办公。医院应当为警务室提供必要工作条件。另外，医院应当建立安全检查制度，根据需要在医院入口或者重点区域入口进行安全检查，严防禁限物品进入医院；医院应当为急危患者设置安全检查绿色通道。这一规定的实施为医务人员的人身安全提供了有力的保障，但是目前尚未在全国开展，随着社会对医务人员安全的重视，相信越来越多的地区会试点这一制度。

三、医师的医疗裁量权

医师在诊断治疗领域享有医疗主导权、自由裁量权和其专业判断不受干扰的权利。这是医师最基本的一项职业权利。在治疗过程中，医师享有诊断权、处方权、处置权，有权询问患者的家庭病史、患者个人生活情况，有权建议要求患者做各种检查，有权选择合理的医疗、预防、保健方案，有权就治疗、处置方案作出医学上的判断和合理建议。医师有权在不确定的、复杂的医学领域自由地作出合理的专业判断，其专业判断不应受到外界非医学因素的影响。医师的真诚职业判断应受到法律的尊重。

第二节　医师的义务

《医师法》第二十三条规定，医师在执业活动中履行下列义务：①树立敬业精神，恪守职业道德，履行医师职责，尽职尽责救治患者，执行疫情防控等公共卫生措施。②遵循临床诊疗指南，遵守临床技术操作规范和医学伦理规范等。③尊重、关心、爱护患者，依法保护患者隐私和个人信息。④努力钻研业务，更新知识，提高医学专业技术能力和水平，提升医疗卫生服务质量。⑤宣传推广与岗位相适应的健康科普知识，对患者及公众进行健康教育和健康指导。⑥法律、法规规定的其他义务。

一、医师的诊疗义务

医师的诊疗义务，是指医师根据患者的病情，运用医学知识和技能，正确诊断患者的病情并施以适当的治疗的义务。这是医方所负的主干义务。该项给付义务一般不是要达成特定结果的“结果债务”，而是注重过程的“手段债务”。医师在诊疗过程中应以患者的利益为依归，使用具有最佳医疗效果的医疗方式。医师应根据自己的知识对患者进行医学判断，他人的指示或影响一般不构成其免责的事由。

二、医师的告知义务

（一）告知义务的内涵

医师的告知义务，是指医师对病患说明其病症、治疗方法，伴随治疗之危险，不同治疗方案的优劣，医疗费用支出以及其他责任等的义务，以及经前述说明后征得患方对医疗行为予以同意的义务。广义的医师告知义务本身既包含狭义的医师告知义务，也包含取得患方同意的义务。狭义的医师告知义务是一种独立义务，而非单纯为获得同意的手段性、从属性义务。如果医方没有尽到告知义务也应承担损害赔偿责任，而非只有未征得患方同意才承担损害赔偿责任。目前司法实践中探讨的告知义务主要是广义的医师告知义务。

（二）告知义务的范围

《中华人民共和国民法典》（简称《民法典》）第一千二百一十九条规定："医务人员在诊疗活动中应当向患者说明病情和医疗措施。需要实施手术、特殊检查、特殊治疗的，医务人员应当及时向患者具体说明医疗风险、替代医疗方案等情况，并取得其明确同意；不能或者不宜向患者说明的，应当向患者的近亲属说明，并取得其明确同意。"《医疗机构管理条例实施细则》规定，特殊检查、特殊治疗是指具有下列情形之一的诊断、治疗活动：①有一定危险性，可能产生不良后果的检查和治疗；②由于患者体质特殊或者病情危笃，可能对患者产生不良后果和危险的检查和治疗；③临床试验性检查和治疗；④收费可能对患者造成较大经济负担的检查和治疗。值得关注的是，《民法典》将患者、近亲属"书面同意"改为"明确同意"，不再拘泥于"书面同意"，医务人员可以根据实际情况采取口头、录音、录像、律师见证等多种方式，极大地方便了医务人员说明义务的履行。然而，截至目前，签署知情同意书仍是患者"明确同意"的最好形式。在实践中，除了上述法律要求必须向患者告知的情况外，医师的说明还会包含以下几个方面：①医疗机构的医疗水平、设备技术状况等；②患者的病情以及医疗机构的检查、诊断方案以及替代方案方法在疗效、成功概率、副作用、风险等各方面的比较与选择；③转医或转诊的告知义务等；④针对无民事行为能力或限制民事行为能力的患者，医师的告知义务主要针对其法定代理人。

（三）告知义务的实践

目前医疗实践中广泛存在超说明书用药（off label use）的情况，尤其是抗肿瘤药、免疫调节药、循环系统药、消化系统药、内分泌系统药和抗微生物药的使用。超说明书用药是指药品用于某一疾病或健康状况时，其使用超出药品监督管理部门批准范围的处方或用药行为，在我国即为超出该药品经国家药品监督管理局批准的现行药品说明书的内容范围，其内容包括超适应证、超剂量、超疗程、超适应人群及改变说明书中规定的用药途径与用药间隔时间等。2010年《中华人民共和国侵权责任法》（简称《侵权责任法》）实施后，医方在超说明书用药的同时造成患者人身损害、财产损害及精神损害的，法院判决医方赔偿的现象越来越多。通过分析全国各地法院10余年来涉及超说明书用药的诉讼案例发现，在医疗损害侵权责任纠纷司法审判中，法学界从立法精神出发，并不反对临床医生开具符合患者利益的超说明书用药，但在诉讼和审判中，律师、法官更关注这种特殊医疗行为的规范性，以及对患者知情同意权的侵害。在已判决的涉及超说明书用药的诉讼案件中，超过90%的医疗损害鉴定结论述及医方侵害了患者知情同意权、未履行特殊治疗的告知义务和应尽的注意义务，或这些方面履行不足。在诉讼过程中，超说明书用药是否合理、用药方案与患者结局是否存在因果关系、医方是否保护患者的知情同意权是原被告双方的主要争议，也是法官裁决的主要依据。因此，若涉及超说明书用药，医师要格外注意告知，履行告知义务时应尽可能详尽，包括治疗方案、替代方案的优劣，超说明书用药的特殊性、必要性、可能的风险等。患者签署书面知情同意书，并在患者病程病历中详细记载超说明书用药的原因及过程。通过检索有医方因知情告知未强调超说明书用药的特殊性而败诉的案例。

三、医师的保密义务

《中华人民共和国合同法》第六十条规定，“当事人应当遵循诚实信用原则，根据合同的性质、目的和交易习惯履行通知、协助、保密等义务。”《侵权责任法》第六十二条明确规定，“医疗机构及其医务人员应当对患者的隐私保密。泄露患者隐私或者未经患者同意公开其病历资料，造成患者损害的，应当承担侵权责任。”《中华人民共和国刑法修正案（七）》在第二百五十三条后增加一条，作为第二百五十三条之一：“国家机关或者金融、电信、交通、教育、医疗等单位的工作人员，违反国家规定，将本单位在履行职责或者提供服务过程中获得的公民个人信息，出售或者非法提供给他人，情节严重的，处三年以下有期徒刑或者拘役，并处或者单处罚金。窃取或者以其他方法非法获取上述信息，情节严重的，依照前款的规定处罚。单位犯前两款罪的，对单位判处罚金，并对其直接负责的主管人员和其他直接责任人员，依照各该款的规定处罚。”

一般来讲，具有保密性质的信息具有以下属性：这些信息只能为一定范围内的人所知晓，而且该信息对患者具有保密利益。这些信息可包括患者的私生活、身体、性格和精神的特殊和异常、其他对患者自己不利的事项。

但随着健康医疗机构和互联网平台对个人健康医疗信息收集的增加，侵犯个人健康医疗信息的案例亦越来越多地见诸报端。大数据时代侵害公民个人健康医疗信息的技术手段越来越复杂，传统的隐私权保护模式已经不能适应大数据时代公民对信息保护的需求。国家卫生健康委员会发布的《国家健康医疗大数据标准、安全和服务管理办法（试行）》中对健康医疗大数据进行了定义：“健康医疗大数据，是指人们在疾病防治、健康管理等过程中产生的与健康医疗相关的数据。”健康医疗大数据即是大量个人健康医疗信息的集合。为更好地保护患者的健康数据，医师应该做到以下两点：①应在信息主体知悉或同意的情况下直接向其收集健康医疗信息。②采集信息时要做到有针对性，并将采集行为局限在特定范围中，而非盲目任意采集。所有在收集范围内的数据均需要具有价值性。这一原则的目的是防止医师过度收集和超范围使用个人信息。

案例讨论

【案例1】患者李某，50岁，因“发现三尖瓣反流8年，阵发胸闷、心悸2年余”于2020年10月在北京某医院实施房间隔缺损修补+三尖瓣成形术。患者术后返重症监护室约4小时后，无明显诱因血压突然急剧降低，医方考虑实施心脏手术插管时损伤了髂、股动脉。后影像学检查证实右髂动脉出血，医方积极治疗但因患者病情难以逆转，血压进行性下降，后抢救无效死亡。经鉴定，鉴定机构认为医方术前评估不充分，手术指征不明确。医方术中未尽注意义务，行股动脉插管时损伤髂动脉，存在过错。患者术后循环不稳定，医方未及时观察病情及体征的变化，近3小时后才发现腹部膨隆且质硬，考虑出血，医方注意义务不足。

【讨论】

1. 对于外科手术，在术前医方的注意义务应包括哪些内容？

2. 术中若发生小概率的手术并发症，医方能否抗辩自己已经尽到了合理的注意义务？

从几个角度思考，哪些理由可以作为医方的抗辩理由？

【案例2】患者肖某，32岁，孕22周，因腹部不适在某医院就诊，医方因病情需要为患者进行了羊水穿刺，医方在阅读穿刺报告时发现孕妇腹中胎儿与其没有生物学亲属关系，但孕妇前期在病史中反复陈述其在外院用自己的卵子进行了辅助生殖。医方阅读穿刺报告后陷入两难，不知是否应告知孕妇这一情况。

【讨论】

1. 对于这一情况，医方是否有法定的告知义务？

2. 若不告知患者，医方可能承担哪些法律风险？

本章小结

医患关系是一种合同（契约）关系。医疗合同关系是医患关系的基本形态。医疗合同，指医方为患者提供医疗服务，患者方为此支付医疗费的合同。医疗合同为民事合同的一种。医疗合同为诺成合同、双务有偿合同。医患双方的权利和义务构成了医疗合同的内容。本章主要以新出台的《医师法》《民法典》等法律法规为背景，讲述了医师的权利及义务，主要包括医师的执业保障权和医疗裁量权，以及医师的合理诊疗义务、告知义务和对患者信息的保密义务。

（李若男）

第十章　知情同意与医疗阻却违法性事由

学习目标

1. 掌握　知情同意的源流分析；患方的知情同意；临床常见的阻却违法性事由。

2. 熟悉　知情同意的例外情势；意识不清患者紧急救治时知情同意的法律规定。

3. 了解　知情同意理论适用的特殊情况。

阻却违法性事由是大陆法系中的一个重要概念，又称违法性阻却事由、正当化事由、排除违法性事由等，是指在通常情况下符合违法性要件但由于其他事由的存在而被认为没有违法性。一般而言，阻却违法性事由包括以下几种：正当防卫、紧急避险、无因管理、自力救济、正当职务行为、受害者承诺。医疗行为本身具有一定人身创伤性（即违法性），特别是手术、特殊检查或者特殊治疗。所以，在实施医疗行为前，法律规定通过知情同意使得其行为的创伤性能够被“阻却违法性”。在医疗领域中，阻却违法性事由包括以下几种：受害者承诺（知情同意）、无因管理、正当职务行为。

第一节　知情同意

知情同意是医疗活动中的一项基本规则，离开了患方的知情同意，医疗行为就失去了其合法基础。知情同意规则在维护患者生命健康权益的同时，更重要的是体现了对患者个人自主和尊严的尊重；对于缓解医患矛盾、重建医患信任、解决医疗纠纷、建立和谐医患关系等都具有重要的制度意义。《中华人民共和国民法典》(简称《民法典》)第一千二百一十九条明确规定了医务人员说明义务和患者的知情同意权，包括关于告知同意义务内容的规定，以及关于未尽到告知同意义务造成损害应当承担侵权责任的规定。知情同意作为一种特殊的权利，具有其独立的利益设计，因为侵犯知情同意权可构成承担责任的基础和行使请求权的根据。

一、知情同意概述

知情同意规则产生的正当性在于社会发展的必然性与合理性。知情同意，来自英文“informed consent”，该词的表面意义是基于说明的同意或基于提供情报的同意。为了患方和医方之间更好地配合协作，知情同意这个词语最初是作为一项医疗行为的习惯性要求在医疗实践活动中出现。

知情同意在我国医事领域的诸多立法中皆有所体现。例如《医疗机构管理条例》第三十三条,《医疗机构管理条例实施细则》第六十二条,《中华人民共和国医师法》(简称《医师法》)第二十五条、第二十六条、第二十七条和第二十九条,《医疗事故处理条例》第十一条,《医疗纠纷预防和处理条例》第十三条,《最高人民法院关于审理医疗损害责任纠纷案件适用法律若干问题的解释》第五条及第十八条等都涉及知情同意的规定。《民法典》第一千二百一十九条明确规定了医务人员说明义务和患者的知情同意权。《民法典》“侵权责任编”患者知情同意规则的新变化进一步推动患者知情同意权从形式要求迈向实质作为。《民事案件案由规定》中也有三级案由“医疗损害责任纠纷”，下设“侵害患者知情同意权责任纠纷”和“医疗产品责任纠纷”两个四级案由。该规定实际上明确了医疗损害责任侵害的客体之一就是“患者知情同意权”。知情同意体现的是对个人尊严、个人选择的尊重，反映了医患关系由医生家父主义模式向医患共同参与型模式的转变。知情同意权有助于在信息不对称的医患关系中重建平衡，从而缓和日益紧张的医患关系，维护患者和受试者的合法权益。在当前中国医患关系紧张，医患双方之间的不信任有所增加的背景下，知情同意规则更凸显出其价值。

二、患方的知情同意

医疗行为合法化的逻辑前提条件：医疗目的的正当性和患方的同意，两者都必须具备。医疗目的的正当性是抽象层面的要求，另外，在一般情况下，在个案中还必须有患方的同意条件，正如苏力教授所言:“知情同意‘从来不是可有可无的手续，它是治疗的重要组成部分，是其正当性和合法性的基础’。”

（一）同意能力

同意能力，是指有关的人能够理解检查、治疗或研究的程序，能够权衡它的利弊得失，能够对面前的选择作出评价，能够理解所采取的行动的后果，有能够根据这种知识作出决定的能力。有效同意的前提必须是患者对医师的说明有充分的理解和对自己行动的后果有明智的判断，这将受到患者的智力水平、精神状况、教育水平、社会阅历等因素的影响，这些综合的因素决定了患者同意能力的有无和高低。对于同意能力的判断标准通常包括理解医疗信息的能力和对患者行动的后果进行推理的能力。从法律角度来说，有同意能力的人就是有行为能力的人，但是某些法律规定有行为能力的人在功能上无行为能力。关于患者同意能力的判断标准，学者有以下3种观点：①主张以民法上的行为能力为准。②主张以刑法上的责任能力为准。③主张以有无识别能力为准。采取第一种观点，可能与同意的性质相冲突，法律行为相关的民法规定不能简单地加以适用。采取第二种观点，不当之处在于患者的同意属于民法范畴，以刑法责任能力为准缺乏法理依据。判断患者有无同意能力，应确立3个标准，一是对医疗方案的内容和程序是否具有充分的理解和评价能力，二是对医疗方案的选择是否具有准确的逻辑思考和判断能力，三是对医疗方案的实施后果是否具有相应的推理和承受能力。同时符合这3个标准的患者，即具备了同意能力。医疗领域，之所以患者同意能力应具有区别于民事行为能力之独立地位，是因为患者同意行为本身并不具有民事法律行为所蕴含之私法自治精神，同意行为之意思并不含有法律行为意思表示所必备的法效意思。

同意能力和行为能力的范围并非完全一致，而是属于交叉关系。根据达到上述3个标准的程度，可将同意能力分为完全的同意能力和部分的同意能力。一般来说，具有完全同意能力的人也同时具有完全的民事行为能力，但一些在法律上有完全行为能力的人在功能上不一定具有完全的同意能力。有些患者心理承受能力较差，有些患者在患病时情绪极度不稳定等，从而无法完全地理解告知的内容，进而无法作出正确的判断，此时，应当认定这类患者不具有完全的同意能力。同时，基于医疗行为和患者自身利益的密切联系，年龄较大的未成年人可视作具有部分同意能力，从而成为知情同意权的主体。总之，有无同意能力应以患者对同意内容能否理解与判断而定，不能以患者为未成年人或精神患者一概认为其无同意能力。

（二）同意有效的条件

医疗行为作为正当行为的阻却违法性，患者的知情同意是阻却违法性的核心。有效的同意必须符合下列要求：①具有同意的能力，即患者必须有能力了解治疗的性质、目的和效果。②理解被告知的信息的内容。这一点要求医方在履行告知义务时，要用患方可以理解的语言充分告知诊疗信息内容，进而保证患方接收的诊疗信息具有真实性、准确性、全面性、客观性。在已发生的医疗纠纷中，因医患沟通不足引起的所占比例极大。为了调和医师的说明义务与患者的自主决定权之间的矛盾，实现患者的利益，有必要使医师与患者在实施医疗行为之前进行充分沟通，从而使医师在实施医疗行为的同时，更多地根据自己的专业知识实施治疗，以达到保障患者健康的医疗目的。③自愿作出同意。患者自愿的同意是指患者在作出同意的决定时不受其他人强迫或承受不正当影响而自由选择的结果。同意必须出于自愿，患者在受他人强迫、威胁或不正当影响下作出的不真实的同意均属无效，医师对患者的治疗行为因此不具有合法性。

（三）知情同意的方式

同意的形式有明示和默示两种，《民法典》第一千二百一十九条规定：医务人员在诊疗活动中应当向患者说明病情和医疗措施。需要实施手术、特殊检测、特殊治疗的，医务人员应当及时向患者具体说明医疗风险、替代医疗方案等情况，并取得其明确同意；不能或者不宜向患者说明的，应当向患者的近亲属说明，并取得其明确同意。告知同意应取得患者或近亲属的明确同意。书面形式、录音或录像等方式都可以认为是“明确同意”通常采用的方式。

1．知情同意书　知情同意书是在施行医疗行为之前充分告知患方相关医疗信息，征得患方同意后与其签订的医疗文书。知情同意书是医师告知、患者同意的最主要的形式和载体。《医疗机构管理条例》第三十三条规定，医疗机构实施手术、特殊检查或者特殊治疗时，必须征得患者同意，并应当取得其家属或者关系人同意并签字；无法取得患者意见时，应当取得家属或者关系人同意并签字。医方应将告知的内容书写在病程记录上，并且患者有权取得部分资料。《民法典》第一千二百一十九条修改了关于患者知情同意规则的规定，医务人员在履行说明义务后，应取得患者或患者近亲属的“明确同意”，替换了《中华人民共和国侵权责任法》（简称《侵权责任法》）第五十五条的“书面同意”，这也标志着我国知情同意从形式上的“知情同意”过渡到实质意义上的“明确同意”，强调同意必须为患者真实意思表示。

知情同意书是医方履行告知说明义务、患方行使知情同意权和承担医疗风险的证明文件；它具有督促和证明医方履行告知说明义务、患方行使知情同意权的作用。另外，知情同意书的证明作用主要体现为法定程序的履行和实体义务的承担两个方面：在程序方面，知情同意书的签订表明医方按照医疗卫生法律法规规定的程序，在实施某项医疗行为前，与患方签订了相应的知情同意书，从程序上证明其医疗行为具有合法性；在实体方面，知情同意书表明医方在实施某一医疗行为，特别是重大医疗行为前已向患方履行了充分告知义务，患方对该医疗行为可预见的损害及可能发生的意外已经知悉，并以签署同意书的方式，书面同意该医疗行为，明确承担相应医疗风险。但是，随着“知情同意规则”在我国法律层面的确立及适用，“知情同意规则”越来越有功利化之虞，医生往往注重形式上的意思，甚至将“知情同意规则”作为自身免责的工具，这严重背离了“知情同意规则”法律原则的实质和内涵本意。比如实践中，医方往往通过扩大告知的范围来规避可能之风险，在其标准格式的同意书中几乎包含了所有医疗风险，为确保万无一失还在同意书之最后加上兜底条款。知情同意书不是合同，不能按照《民法典》“合同编”规范和调整医方滥用知情同意书的问题。

2. 口头形式 口头形式虽然有证据固定较为困难的弱点。但是口头形式由于效率高、成本低、方便随时可以进行的特点，在医疗活动中被广泛采用。只需要告知患者，而不需要获得其同意的事项一般采用口头方式，如患者的病情介绍。对于操作简单、风险小的诊疗方法，也可以口头告知，如常用药物的副作用，插导尿管、胃管等。口头告知的内容，患者一般口头同意，但是如果患者不同意医师的方案，由于可能发生医师不希望的结果，极易产生医疗纠纷，医师除告知拒绝的后果之外，对患者不同意的意思表示，应当采用书面形式。

3. 默示的同意 在医疗过程中有些医疗活动已经成为常识。医师被免除了告知义务。患者的同意方式可以为默示。所谓“默示同意”，是指即便不存在事实上的或明示的同意，在某些特殊场合下（例如紧急抢救），可以推定原告同意接受某些（在其他场合是侵权的）行为。在这些场合下，法律认为当事人的同意是默示存在的。因为这些行为给当事人带来的利益（如救护生命或保全肢体）比给他造成的损失（如身体的完整）更加重要，如一般体格检查、肌内注射、静脉注射、紧急情况下无家属在场情形等。因为这已经成为医疗合同内容的一部分。

课堂互动

某医科大学附属教学医院产科承担着临床带教实习的教学任务，为了提高工作效率，又不构成对患者隐私权的侵犯，科主任在产科墙上张贴“本院为临床教学医院，患者有配合临床教学的义务”。

《民法典》第一百四十条规定，行为人可以明示或者默示作出意思表示。沉默只有在有法律规定、当事人约定或者符合当事人之间的交易习惯时，才可以视为意思表示。

请结合《民法典》第一百四十条的规定讨论，如果没有产妇或家属提出质疑，这是否就构成默示同意？科主任的做法可取吗？你有什么建议？

（四）代为同意的情形

1. 代为同意的一般情形　患者知情同意权是知情同意规则的核心。从知情同意权本质上属于一种人格权，实质是患方的自我决定权，原则上应该由患方本人亲自行使。这种人格权具有专属性，可以由他人代理行使，但不可让渡给他人。当患者不具有相应的知情同意能力，无法准确地表达出符合自己利益的意思时，由他人代理其行使知情同意权会更加有利于保护其合法权益。在未得到患者或监护人同意的情况下，医疗机构具有侵袭性的医疗行为就不具备合法的基础。

2. 代为同意的限制　代理人同意权的行使，并非自己决定权的行使，它只是通过代理制度来最终实现患者意愿。因此，代理权的行使必须出于患者最佳利益的考虑，同时还应符合如下情况：①符合医学的价值判断。②符合社会的价值判断。③符合病患家族的价值判断。④可以推测本人意思的情况下，大体与本人的意思相符合。如果代理人由于认识上的局限性，或者并非出于患者利益的考虑，而作出不符合患者利益的决定，他的决定是否应该被否定，如果应该否定，由谁来认定他的决定不符合患者的最佳利益。由谁来否定他的决定，这在实践中有很大争议。此种价值判断应由何人为之，最基本且与病患最密切关系的医师应最了解病患状况及最足以知悉其父母是否滥用代理权。

（五）同意的撤销

理论上，知情同意是患者的基本权利，既然患者有接受的权利，当然也有不接受的自由，撤销权是知情同意权的应有之义，撤销同意是对其人格权的尊重，应该予以准许。但因此给医方造成的损失，除不可归责于患者外，应该承担赔偿责任。例如，医院为手术准备而支出的费用，在手术进行中支出的费用因为患者撤销同意也应由患者承担。鉴于医疗行为的特殊性，对处于进行过程中的医疗行为，必然是不能随意撤销的，患者同意的撤销应该受到一定的限制。我们认为，权利人明确作出撤销的意思表示之后，是否发生法律效力，提供服务的医师须考虑以下几点：第一，撤销同意必须是权利人之真意。意思表示是否真实，应回溯到知情同意的起点，假如有机会重新选择，权利人的选择是否会不同。如仍会作出同样的选择，意味着权利人变更的意思表示不真实；如会作出不同的选择，则变更的意思表示真实有效。第二，撤销是否可能。对于已经实施的医疗行为，撤销是不可能的，事实上不具备撤销的条件。医学上被认为是适当的行为，即如停止医疗行为亦不致有不利于患者的健康或生命时，始可认为是有效的撤销。如果中途停止医疗行为会造成难以弥补的损失，听从患者的意见无异于“安乐死”“致残”等，则医师的诊疗特权应享有优先地位，除非停止与否都要面临极大的风险。第三，不违背公序良俗。否则，其撤销已逸出权利的、社会的、经济的目的或社会所不容许的界限，换言之，权利行使欠缺正当利益，为权利滥用，其撤销不发生效力。

第二节　知情同意适用的特殊情况

患者知情同意权的法理主要是保护患者的自主权，但是一味绝对地适用可能对患者的生命健康或社会公共利益造成重大不利影响。为此，对患者的知情同意权进行适当的排除或限制是非常必要的。

一、医疗的紧急情势

医疗的紧急情形是指在患方的生命、身体健康危在旦夕时，而须立即予以救急医疗，否则必有生命危险，可是在此情况下无法取得有同意能力人的有效同意。在此情形下，探求患者的意思已不再实际，患者的知情同意不再适用，或者被认为是“默示的”同意。在这方面，我国立法是以设定相应主体，对急危患者，执业医师应当采取紧急措施进行诊治，不得拒绝急救处理。如《中华人民共和国医师法》第二十七条规定，在抢救生命垂危的患方等紧急情况下，医生不可能像在正常情形下那样对患方的病情及症状做详细的检查、诊断，而只能凭借自己的经验和技术对病症迅速作出判断并及时安排抢救，以尽可能排除危险，挽救患方的生命。

医疗紧急救治原则应当考虑以下因素：第一，若等待患者或其法定代理人同意，极有可能耽误治疗的最佳时机，从而可能导致患者生命、健康受到极大损害。第二，在危急情况下，法律推定患者同意的内容应当是医师救助自己的健康和生命，而医师未经患者同意而实施的救助行为也符合患者的本来目的，因此在患者生命受到严重威胁时推定医师的行为获得了患者的同意。紧急情况下的推定同意，必须符合以下3个条件：①患者当时由于客观情况无法给出同意。②患者正面临不能拖延的严重危险。③以理性人的标准判断，患者在此种情况下会表示同意。

《民法典》第一千二百二十条也明确规定，因抢救生命垂危的患者等紧急情况，不能取得患者或者患者其近亲属意见的，经医疗机构负责人或者授权的负责人批准，可以实施相应的医疗措施。因为知情同意规则作为一项法律原则本身并不是目的而只是手段，它的运用要受到其目的的限制和制约。在此情形下，医生的思维能力、判断能力和预见能力低于正常情形是不争的事实，其注意义务也应低于一般的医疗情形。另外，此规定赋予医疗机构在特殊情况下享有的医疗特权，使医疗机构不至于因未获得患方知情同意这个程序上的疑似瑕疵而畏首畏尾不敢作为，从而浪费患者最佳救治时间，其主旨是维护患者生命健康利益。这一规定确定了行使特殊干预权必须同时符合的两个条件：第一，患者处于生命垂危的紧急状态，需要进行抢救；第二，不能取得患者或者其近亲属的意见。

《最高人民法院关于审理医疗损害责任纠纷案件适用法律若干问题的解释》第十八条规定，因抢救生命垂危的患者等紧急情况且不能取得患者意见时，下列情形可以认定为民法典规定的不能取得患者近亲属意见：①近亲属不明的。②不能及时联系到近亲属的。③近亲属拒绝发表意见的。④近亲属达不成一致意见的。⑤法律、法规规定的其他情形。医方行使特殊干预权时还必须符合程序上的要求，即必须由医务人员报经患者所处的医疗机构的负责人或者医疗机构授权的负责人批准以后才能实施，批准之后，医务人员应当立即对患者实施相应的医疗措施。医务人员经医疗机构负责人或者授权的负责人批准立即实施相应医疗措施，患者因此请求医疗机构承担赔偿责任的，不予支持；医疗机构及其医务人员怠于实施相应医疗措施造成损害，患者请求医疗机构承担赔偿责任的，应予支持。是否承担赔偿责任，取决于是否尽到其他注意义务，特别是《民法典》第一千二百二十一条规定的诊疗义务。

二、医方的特殊干预权

通常而言，医方的一般权利应当服从于患者权利的要求，即在一般情况下，对患者的诊疗措施必须取得患者的同意，但是在特定的情况下，需要通过对患者权利的限制以达到实现医方对患者应尽的义务，这种限制患者权利的权利被称为医方的特殊干预权。医方的特殊干预权，又称特殊干涉权或者医疗特权，是指在特殊情况下，医师为了不损害患者或社会他人利益，对患者自主权进行干预和限制，并由医师作出医疗决定的权利。通常而言，它是在特定的情况下，为了达到对患者的生命健康权益负责的目的，而限制了患者的自主权利，实现了医师的意志，具体表现为由医方代替患者作出决定。

医方的特殊干预权主要见于保护性医疗，即医疗诊治过程中，为避免和减少外界环境等各种因素对患者可能造成的不利影响而采取的保护性措施，如对患者施行必要的病情保密、保证就诊过程有一定的私密空间、保护患者个人隐私及保证病情不外泄等。在医患关系的利益信赖模式中，医师对患方负有如实告知说明的义务，使得患者利益实现最大化。但并非所有医疗信息的说明都会对患者的医疗决定和治疗行为本身产生良好的效果，如一些重症或绝症患者对所患的疾病知情后，可能会挫伤其求生的意志，并损害身心健康。在我国，保护性医疗是由来已久并被普遍认可的，特别是在患者患有“不治之症”且预后不良以及身患某些危重疾病或者需要进行危险性较大的治疗之前，往往会对患者善意隐瞒一些关于病情、治疗手段以及治疗风险的信息，使患者保持轻松的心态配合医师的治疗，以防止患者出现不安、悲观、自暴自弃等不良身心状态而影响治疗。

保护性医疗措施是基于东方国度特有的文化和伦理背景产生的，目前也得到了我国相关法律规定的承认。我国《医疗事故处理条例》第十一条规定，在医疗过程中，医疗机构及其医务人员应当将患者的病情、医疗措施、医疗风险等如实告知患者，及时解答咨询；但是，应当避免对患者产生不利后果。《医师法》第二十五条规定，不能或者不宜向患者说明的，应当向患者的近亲属说明，并取得其明确同意。《民法典》修改了《侵权责任法》第五十五条的既有规则，将患者近亲属行使诊疗活动决定权的前提从“不宜向患者说明”改为“不能或者不宜向患者说明”。针对这一立法变化，近亲属同意规则需要进行解释论重构。近亲属例外作为同意主体之“不能”，除了患者不具备完全的民事行为能力或在疾病状态下无法表达同意之外，更重要的是临床普遍使用的安慰剂现象。

知识拓展

安慰剂（placebo）是一种“模拟药物”，其物理特性如外观、大小、颜色、剂型、重量、味道和气味都要尽可能与试验药物相同，但不能含有试验药的有效成分（如含乳糖或淀粉的片剂或生理盐水注射剂）。

安慰剂的效应，称为“安慰剂效应”（placebo effect）。据文献报道，由患者高度信赖的医师治疗，安慰剂对胃十二指肠溃疡的短期疗效最高可达约70 %。对恶性肿瘤患者，安慰剂对缓解某些症状会产生“安慰剂效应”，但对延缓生命无效。

这样的发现为现有的医疗方法带来了一种新的可能：利用安慰剂效应来强化常规疗法的效果。科学家正在研究如何通过安慰剂效应使常规治疗的疗效最大化。有研究表明，安慰剂的剂量和外观很重要，注射剂似乎比内服药更有效，但最重要的是医生的态度。

南安普顿大学的研究人员做了一个试验。他们随机抽取两组患者，一组患者得到医生的确诊，并被告知他们很快就会好起来（一些人没有接受任何治疗）；对另一组患者则给予含糊其辞的诊断，也没有保证他们能很快康复。结果第一组有64%的患者病情出现好转，第二组只有39%，这说明在治疗患者时，医生的态度远比他们开出的处方重要。如果能把安慰剂效应和常规治疗结合起来，那将使现有的医疗方法发生巨大的变化。如果能充分利用安慰剂效应，让患者周一服药，周二服用安慰剂，周三再服药。这样循环往复，就能减少50%的药物使用量。

在此情况下，患者的近亲属是知情同意权的主体，患者的近亲属包括患者的父母、子女、兄弟姐妹、祖父母、外祖父母、孙子女、外孙子女。患者近亲属行使知情同意代理权也应坚持一定的法律原则：第一，患者近亲属仅仅是代理患者行使知情同意代理权，在允许的情况下，医师还应要求患者明确后续医疗的委托授权。患者近亲属的代理行为应重视被代理人利益，在近亲属意见违背患者的健康或生命利益时，紧急情况下医务人员可实施紧急医疗检查。第二，在尊重患者近亲属的代理知情同意权时，应注意患者近亲属的代理能力。在存在多个近亲属的场合，不宜采纳刚性的顺位规则，但依然需要参照监护顺位或继承人顺位确定一定的程序性规则。对近亲属作出的明显损害患者利益的医疗决定，可通过对既有规则的解释加以限制和否定。

三、患者的放弃或转让

患者对其知情同意权的转让或放弃的情况常常出现在医方对患者进行了有效的告知说明以后，患者不能决定是否接受医师所提出的医疗建议，作出放弃自己作出同意的决定或将权力转让给医师并让医师为其作出决定。患者放弃或转让知情同意决定的原因可能是多方面的，如患者不想为繁杂的医疗信息所影响，或者患者自身无法作出专业性和技术性的决定，或者患者对医师高度信任而由其代为作出医疗决定等。但是，此时需要注意三点：其一，患者无论基于何种原因作出放弃或转让的决定，其选择的这种决定行为的本身必须是自愿的。其二，对于患者放弃或转让知情同意决定的适用范围是有限制的，一般应限于为取得患者有效同意而对有关医疗行为的风险因素的说明，而对其正在进行的治疗行为本身的说明义务并不在患者放弃或转让的范围内。其三，医师对具有相当危险性的医疗行为进行有效告知后，患者对是否选择承担此种医疗风险仍然犹豫不决时，医师原则上应当明确向其告知，不能开展未经其同意的检查或诊疗行为。

四、普通常识的例外

如果某些医疗行为是常识，患者根据常识能够知情并作出选择，则没有必要再由医师告知一次，不仅增加麻烦，从经济学角度分析也显得浪费。比如打针会导致疼痛，患者以打针前没有得到医师的告知，作为侵犯其知情同意权的理由则不能成立。从合同法来看，患者和医疗机构订立医疗合同就是为治疗疾病，维护并增进健康，对于患者轻度的身体侵袭，已成为医疗合同内容的一部分，在较通常的治疗侵袭范围内，患者应该可以理解，此时若要求医师告知并取得同意，有悖生活常情，所以免除告知义务。普通常识的例外实际上对患者的知情同意权并没有实质性的影响。

案例讨论

【案例】他汀类药物在2007年被中华医学会心血管病学分会推荐为冠心病患者的一线用药，写入指南。2021年《英国医学杂志》刊登了美国约翰斯·霍普金斯大学医学院和公共卫生学院进行的一项研究，研究团队发现，国内2008—2019年仍开展了2000余项“冗余”的临床试验认证他汀类药物对冠心病的疗效，对照组里没有接受他汀类药物治疗的患者发生了近3500例心血管事件，包括近600例死亡。这些伤害原本是可以避免的，部分入组患者被剥夺了接受他汀类药物治疗的权利，严重违反临床试验伦理。

【讨论】他汀类药物已经明确纳入冠心病患者一线用药，如果仍然进行临床对照研究，是否获得患者同意就可以？反复论证他汀类药物疗效，无创新价值，如何规范基层医院临床试验？在科研产出和患者健康权相冲突时，如何贯彻不伤害原则？

本章小结

1. 知情同意及医疗阻却违法性事由，知情同意作为医疗活动中的一项基本规则，是医疗行为的合法基础，也体现了对患者个人自主和尊严的尊重。

2. 患者知情同意权的法理主要是为了保护患者的自主权，但在特殊情况下，即紧急情况下的医疗救治、医方的特殊干预权、患者转让或放弃自己的知情同意权、普通常识下知情同意的豁免，应对患者的知情同意权进行适当的排除或限制。

（岳远雷　王　岳）

第十一章　病历质量管理

学习目标

1. 掌握　病历书写的基本要求。
2. 熟悉　病历管理的相关法律法规；病历质控的常见问题及防范。
3. 了解　病历的发展历史；病历的用途以及病历发展的可能方向。

病历是医务人员根据问诊、查体、辅助检查以及对病情的详细观察所获得的全部资料，经过归纳、分析、整理、书写而成的疾病档案资料。病历记录了患者疾病的发生、发展、变化、判断、治疗和转归的全过程，是患者个人的健康档案，涉及患者的健康状况、民事权利、个人隐私等。病历不但必须真实反映患者病情，也直接反映医院医疗质量、学术水平及管理水平；不但为医疗、科研、教学提供极其宝贵的基础资料，也为医院管理提供不可缺少的医疗信息。在涉及医疗争议时，病历又是帮助判定法律责任的重要依据。在医疗保险中，病历是相关医疗付费的凭据。

第一节　病历的发展历史

在中国最具历史地位的医学体系是中医，其次是19世纪从西方传入我国的西医，但目前后者的应用更广泛。在中国最早出现的是中医病历，中医病历起源可追溯至商朝，大约有3000多年的历史。在河南安阳西北的小屯村，也是殷墟的发掘地，出土了大量的甲骨文，其中关于疾病的甲骨文记录了疾病症状、疾病原因以及针对性地使用药物和按摩、针砭等治疗方法内容。已经具备了病案的雏形。在《周礼》中记录了周朝的医政组织对医师进行考核，“凡民之有疾病者，分而治之，死终，则各书其所以而入医师”，足以证实周朝确有明确的对患者进行分别处理及分析患者死亡原因的报告，很遗憾的是，具体资料并未能保留下来，至今尚未发现。直到西汉年间，当时的名医淳于意有了书面记录患者病情的做法，以利于准确地持续观察患者病情和对用药经验进行回顾分析。在《史记·扁鹊列传》中收录了淳于意的25例诊籍，记录了患者的基本信息，患者的症状、脉象、病情的进展与预后，辨证施治方案，这其中有15例为治愈的案例，10例为死亡的案例，淳于意的如实记录可以看出当时的医疗真实状况，这些诊籍是我国目前现存的最古老，也是保存比较完整的医案。明代医学家吴昆在所著《脉语》的书末附脉案格式，是对医者的诊病时书写病案所提出的具体要求，对医案格式规定了记录的内容，其医案格式较前更为全面。此后中医的病历记录再无开创性的进步了。

西医的病历起源则要追溯至公元前6世纪的希腊。患者通过拜神像祈祷治病，庙内的祭司们记录每个患者的病情、症状、治疗结果，作为个人病历妥善保管起来，这是西医病历的最初形式。古希腊著名医学家希波克拉底书写了第一个比较完整的病历。他系统地记录了患者的生命体征、分泌物的性状、疼痛的性质及全身活动情况。希波克拉底提倡病历须实现两个目标：一是反映疾病过程、指出疾病的可能原因，二是着重疾病的描述，其内容及书写格式与现代病历十分相似。而且希波克拉底高度重视保护患者的隐私，并在其记录的行医誓言中写道："凡我所见所闻，无论有无业务关系，我认为应守秘密者，我愿保守秘密。"然而彼时病历记录的也主要是患者或家属的叙述。直至19世纪初，随着听诊器及其他医疗仪器的发明并在西医中得到大力推行，医务人员对患者的观察更加全面，在病历的集中也逐步扩展到医生、护士的发现。在1913年，美国开始了"医院标准化"工作，病历作为医院标准化的基础而受到重视，得到了切实的发展，这种标准化的病历形式对我国的病历记录也产生了影响。20世纪初，北京协和医院首先建立中国最早的病历保存制度，中国现代病历的雏形逐渐形成。

病历发展到近代，伴随着近代医院在我国的出现，并受西医的影响，其格式和书写程序发生了很大的变化。中华人民共和国成立后，我国高度重视病历的规范化，吸收欧美、苏联等国家和地区先进经验，使病历从格式到内容逐步走向规范化。2002年8月，卫生部颁发了最新版病历书写的暂行规定，对中医和西医的病历书写的内容、形式及相关内容都做了明确的规定，它标志着我国病历水平达到一个新的高度。

第二节　病历的承载与要求

病历承载的内容与以往病历产生的初衷有了很大的不同，当初的病历资料仅仅用于医师回顾患者病情进展情况及药物使用情况，总结出合理的用药方案和治疗方式，但是目前病历的用途已经远不止这些，被广泛用于临床技能培训、医院管理水平评估。病历涵盖的内容、承载的功能均呈现多样化需求的表现，对于病历中产生的海量信息，需要使用客户类型越来越多。病历在法律法规方面、行业标准方面、医疗教学科研方面、医保及商保方面，及其他需要使用医疗信息的行业中承担着非常重要的证据作用，使得相关的部门在使用病历时不免会产生一些新的病历要求。而医疗机构、医务人员必须依法依规地完成病历的书写，除此之外，病历中产生的海量医疗数据、管理数据，也是医疗相关管理部门必须收集、统计、分析的重要信息，用于制定政策前作出尽可能准确的分析，从而进行合理的预判，制定出因地制宜的政策，而且医院在使用这些信息的同时有义务确保信息安全，保证患者的隐私权得到足够的尊重，因此病历中记录的内容医务人员不得在公开场合发布，对于在科研、论文发表等必须使用的内容也应注意对患者隐私权的尊重。随着人民群众日益增加的就医需求与目前医疗机构所能提供的服务不匹配，以及目前医疗成本不断增长，让更多的人能够获得更好的就医服务体验，国家一直在努力推进医改的深化，对病历数据的准确和标准化需求不断加深。因此，对于病历首页的数据质量的管理作为病历质控的一部分被提到更高的层面被加以重视，从而能够直接产生医院管理状况数据，作为国家对于不同层级医院管理水平评价的重要参考指标。

日常病程记录书写者以实习医师、住院医师为主，在目前需要书写住院大病历或入院记录，以及上级医师查房记录、术前讨论、手术记录及疑难危重病历讨论等病程记录，其中产生的信息可以体现出病历书写者将医学理论与临床实践相结合，对疾病诊断、鉴别诊断的能力，诊疗方案的针对性、医疗风险综合评估结果的水平，还可反映出医疗机构及其所附属的医学院或医科大学的教学质量、临床思维培训的质量。中、高级医师多数时候是病历记录的审核确认者，有需要时也是病程记录的书写者。审核后的日常病程记录反映了患者经过诊疗后的病情的转归。上级医师对下级医师诊疗的指导及引导，可以看到诊疗效果，可以看到住院医师对病情的分析思路和临床实践后的训练。在对整篇病历记录的分析中，我们可以清楚地了解患者住院期间的检查的选择，治疗方案的制定，病情变化、进展成转归的情况等信息，这些是患者在医疗机构是否得到合理有效的救治的关键信息，从中可以了解医疗组的临床技能水平。而对于每一位住院患者的住院病历首页信息进行收集，所有病历首页信息的总结分析产生的数据可以反映出一个医院整体管理水平、医疗技术水平。

在病历的书写中，对于时限是有着明确的要求，很多医院的病历书写都遇到一些记录不及时的情况，然而在病历书写的规范中，对于入院记录必须在入院24小时以内完成，对于首次病程的记录则必须在入院8小时内完成。除此之外，结合医疗安全核心制度等医院对于医疗安全与医疗质量的要求，对于病程记录中的手术患者的术前主刀查房记录、术后主刀的查房记录、术后首次病程录等病程记录都有着明确的时限要求，各级医疗机构都必须严格按照要求在相应的时间内完成。病历文书在时限内完成是病历质控的基本要求，同时也是对医务人员提出了及时诊查患者制定合理的诊疗方案的要求，这也是保证医疗安全的基本要求。在医疗纠纷中，这是容易被患方高度关注的内容。医务人员不得对记录时间进行不合理的修正，因为医务人员书写的病历根据相关规定是法律文书，必须保证真实性。医疗机构的管理部门有必要对此进行监督，纳入日常的监管之中。

国内的各级、各类医疗机构记录归档的病历所涵盖的内容，与以往相比较，知情同意的内容增加了很多，在日常的病历记录中对于病情的告知频率有增加，这是社会进步、尊重患者知情权、选择权的重要体现。病案可以证明医疗机构、临床医师、护士依法执业、依法履行各种、各类告知义务，患方依法享受的知情权、同意权。这类信息主要在医患纠纷调解、民事诉讼中被大量使用。这类信息质量的评价多做在事后，这类信息的核心是记录医师依法执业过程。随着医疗技术的进步，很多疾病的早期发现成为可能，避免了对生活质量的严重影响，很多患者都能有很好的预后。由于人口平均寿命的延长、高龄患者的增加、医疗技术水平的增长，只要不放弃，很多患者都能维持基本的生命体征，但是需要花费的成本逐年递增，这种情况下，患者家属经常会有超越医务人员能力的期盼，因此需要反复谈话告知。即使医务人员的告知说明了可能的意外，仍有患者家属事后因未能实现当初期望的目标，不能接受结局，就想借助诉讼等方式进行索赔。此时医务人员是否在医疗举措之前就把高值、高频的检查向患方进行充分告知，病历就成了重要的证据！

病历中记录的病情有时候也会成为公安司法部门取证、判定伤害程度的重要依据，因此病历就必须真实、客观。基于此，医务人员在记录病历时必须依据鲜明、语言准确，能够明确诊断的则应该按照必要的诊断依据规范诊断，不能明确诊断的则要根据情况，如以“待查、可疑”等常用的字符说明，加以区分。

目前病历在患方用得最多的还是报销，一般情况下，覆盖范围最广的全民基本医疗保险已经不需要本地患者复印病历，除非办理特种病历等用于一些特定疾病诊疗的需要；或者外地的患者为了报销，由于目前跨地市或者省市的医疗信息互通尚未实现，仍然需要患方复印相关的信息用于当地医保办的审核，并根据当地的医保政策予以报销。例如商业保险由于管理的需求，不仅需要规范准确地记录病情的发展、疾病的诊断，而且要严格地确认患者发病时间是否处于保险的生效期内，因此对于疾病的发生时间必须做到准确，类似于“数月、数年等”这类含糊不清的时间，应当摒弃，取而代之的最合理的是具体日期描述，并注明时间段。在患者病历记录的病史中，尤其在既往史中，对投保人是否患有某种疾病的记录信息，可以保护双方的利益和信誉，在实际中这种信息将会被越来越广泛地使用。

由于病历被用来作为证据发挥作用或者佐证材料，要求医务人员必须依法依规完成文书记录。但是不论是纸质病历还是电子病历，目前的病历质量并不乐观。纸质病历中的各种缺陷依旧可以出现在电子病历中，而且由于电子病历的特点，很多新的问题也在涌现。

纸质病历缺乏的记录完整性是在医疗纠纷中最常见的问题之一。医疗记录经手人多，除了医生、护士、营养师、康复师以及临床医技人员等，还有患者和家属。纸质病历容易有记载不及时、内容缺失，甚至出于某些目的故意隐匿病历资料，导致病历资料不全。病历的记录内容也经常出现记录的内容前后不一致或有矛盾，诊疗依据记录不清晰等问题。在医疗纠纷的处理中，医患双方容易出现争议的还主要集中在病历记录的规范件和病历记录的缺项，最容易被关注的是签名的缺失，这会让病历的法律效力受影响，另外，对病历的不规范修改使医患双方对病历的真实性有争议。

数字化病历在生成中也出现特有的缺陷，如滥用粘贴、拷贝技术造成病历生成中的低级错误频频出现。重复粘贴产生了病历书写中低质量的垃圾内容。例如，从检验、影像系统大量粘贴数据，但缺少对于数据指标的分析和筛选。三级医师查房记录未能明确记录高级医师的临床技术水平、临床诊疗逻辑思维。

基于医疗纠纷中容易引起纠纷的病历缺陷，病历必须客观、真实、准确、及时、完整、规范，才能满足病历所承载的多种需求，但是在实际医疗活动中，病历的现状并不乐观，需要各级医疗机构进行病历质控的管理，才能实现病历质量的提升。

第三节　病历的质控要求与发展

病历的质控必须随着时代的进步、环境的变化，以及医学的发展不断地变革以适应来自不同方面对于病历内容及形式的要求，与此同时必须以国家的相关法律和法规作为病历质控的底线要求。病历已经不再仅仅作为纯粹的医学文书。由于病历承载的内涵增加，被应用于外伤责任判定、费用支付、医疗纠纷回顾诊疗，以及医疗鉴定等场合，对于病历的要求已经向法律文书转变，写病历可以说就是写法律文书，每一次的修改都必须可追溯，经得起推敲，避免因为对病历的质控而随意修改文书，病历文书的严肃性不容侵犯。如随意修改病历文书，将可能给修改者带来新的医疗纠纷。

在《医疗质量管理办法》中明确要求，医疗机构应当加强病历质量管理，建立并实施病历质量管理制度，保障病历书写客观、真实、准确、及时、完整、规范。这最后的十二字就是对病历书写的最根本要求，也是通过病历质控要求病历书写必须达到的目标。病历记录的所有内容已经不再是医师用于病例回顾的私人资料，提供病历资料的患者依据相关的法律法规对于病历同样具备使用权，从目前病历的使用来看，除患者因就诊期间医生需要记录使用病历之外，相对比较多的是患方用于医疗保险的报销、医疗纠纷的鉴定、医疗责任认定的重要依据。但是对于病历的所有权，目前没有明确规定。但是对于病历的保管，国家卫生管理部门制定的《医疗机构病历管理规定》明确规定，门（急）诊病历原则上由患者负责保管。医疗机构建有门（急）诊病历档案室或者已建立门（急）诊电子病历的，经患者或者其法定代理人同意，其门（急）诊病历可以由医疗机构负责保管。住院病历由医疗机构负责保管，医疗机构应当在收到住院患者检查检验结果和相关资料后24小时内归入或者录入住院病历。医疗机构应当建立病历质量定期检查、评估与反馈制度。医疗机构医务部门负责病历的质量管理。病历应当按照规定的内容书写，并由相应医务人员签名。实习医务人员、试用期医务人员书写的病历，应当经过本医疗机构注册的医务人员审阅、修改并签名。进修医务人员由医疗机构根据其胜任本专业工作实际情况认定后书写病历。病历书写的相关要求对应在颁布的《中华人民共和国医师法》的规定，医师实施医疗、预防、保健措施，签署有关医学证明文件，必须亲自诊查、调查，并按照规定及时填写病历等医学文书，不得隐匿、伪造、篡改或者擅自销毁病历等医学文书及有关资料。医师不得出具虚假医学证明文件以及与自己执业范围无关或者与执业类别不相符的医学证明文件。医师在诊疗活动中应当向患者说明病情、医疗措施和其他需要告知的事项。需要实施手术、特殊检查、特殊治疗的，医师应当及时向患者具体说明医疗风险、替代医疗方案等情况，并取得其明确同意；不能或者不宜向患者说明的，应当向患者的近亲属说明，并取得其明确同意。《中华人民共和国民法典》要求医疗机构及其医务人员应当对患者的隐私和个人信息保密。泄露患者的隐私和个人信息，或者未经患者同意公开其病历资料的，应当承担侵权责任。针对病历书写的具体内容和相应的格式有《病历书写基本规范》。

对于大多数临床医师而言，法律意识的淡薄是非常普遍的情况，对于病历书写的严肃性认识不够，在日常的监管中，病历文书常见的错误比较多，尤其是滥用粘贴、拷贝技术造成电子病历生成中的低级错误频频出现，甚至病历中出现了完全不相关的内容，更离谱的是有医务人员在拷贝的时候不做详细的审核，以至于在女性患者的病历中出现对男性特征的描述。另外，在电子病历中常用的直接导入功能也降低了病历的书写质量，在病历文书中产生了大量的垃圾内容，用了很大篇幅的记录却未体现任何有意义的临床思维。例如从检验系统中直接导入检验数据或从影像系统直接导入描述性的检查内容，但是对于这些检验和检查结果缺少结合临床的分析和筛选，未能分析如何推导出临床诊断，或者有没有提示其他的可能性，仍然需要继续排查哪些内容的可能以及对病情转归的预判等，甚至有些用药方案的调整也未作记录。正是这样的拷贝、粘贴和直接导入等看似方便了临床医务人员的工作，其实由于临床过多使用简易格式，从而对于病历的首次病程记录的书写仅仅是实现了格式上的完整，并未对新入院的病历做合理而必要的评估，并未分析患者入院诉求、判断医生诊疗目标是否与患者的期待一致。但从目前的结果来看，首次病程记录的设定远没有达到设置这个项目的初衷。在对病历的质控检查中还能发现一些问题，比如入院记录病史书写前后内容矛盾、麻醉科医师在麻醉记录单中的失血量与临床医师在手术记录中判断的失血量不一致。治疗计划不完整的情况也比较常见，医师在病程记录的诊疗方案中仅记录手术治疗，对于手术方案却未作任何说明，但是对于诊断不明与诊断明确的患者，手术治疗方案是完全不同。知情同意书的签署中，经常可以看到有缺项，很多时候医师采用模板式的知情告知，导致针对患者告知的风险是比较单一的，未能结合患者的病情进展、合并症的情况以及患者自身的条件进行合理的分析，未能充分告知患者可能发生的各种风险，导致患者对风险认知不足，就容易存在纠纷隐患，将来面对法官，医务人员容易被认为未能尽到对患者的告知义务。而且医务人员在实际病历书写的时候，部分上级医师未及时完成审核文书，未按要求及时签署，导致了各种知情同意书缺乏上级医师签字，甚至有时候患者的签字已经完成，但是院方的签署一个名字也没有。还有些医务人员甚至要求患方在空白知情同意书上签署知情同意，这是严重违规的行为，这样的情况类似于拿空白合同让人签字，后续可以随意修改。患方因为不掌握病历，经常对病历文书的真实性提出质疑，这样在将来发生患方对医疗效果不满意的时候就容易发生纠纷，并且很容易被人投诉。在电子病历推行之后，应该有必要的举措尽可能避免发生类似的错误。除了这些，我们在运行病历中还经常会发现上级医师查房记录的内容不完整、不具体，对病情的变化未及时记录和分析处理，不正确地涂改病历等，分析原因，就是临床医师对病历的法律属性不重视，认识严重不足。而病历相关的医疗法规未能明确相应的处罚决定，仅仅提出要求，对违反要求的处置没有相应的规定，这就使得医务人员在执行的过程中侥幸心理严重。在实际工作中，个别医师对病历书写的重要性认识不够，日常工作中缺乏责任心，工作不认真，自我保护意识差，没有认识到病历在发生医疗纠纷中是至关重要的法律依据，同时也没有意识到病历的不正确书写会给患者带来很多不必要的麻烦，比如患者在办理病退手续、办理伤残级别评定、解决与他人的纠纷等进行索赔时所带来的可能利益损失。

综上所述，国家卫生管理部门出台了多个文件明确相应的关于病历书写的要求，同时在多部法律中对于病历的保存、使用、书写都提出了基本要求，所有医务人员都必须遵守。但是目前医务人员的法律意识不够，对于病历文书作为法律依据的认知还有待加强。医务人员在日常的病历记录中应当客观、真实、准确、及时、完整、规范，不得随意修改病历，保证法律文书的严肃性。只有这样才能保证在处理医患关系、解决医疗纠纷中合法依规，也最大限度地降低对患者可能带来的利益损失，让患者能够更安全。在实际的医疗活动中很难避免让医务人员对病历文书的写作引起足够的重视，作为医疗管理的主要内容之一，必须开展病历质控工作，不仅是为了更好地实现文书时效性和完整性的管理，也是对医疗管理提出的更高的要求。病历质控的分类可以分为门（急）诊病历质控、住院病历质控和护理病历质控，住院病历的质控又可以分为运行病历质控和归档病历质控。根据病历质控的形式，又分为人工病历质控和信息化病历质控，以及两种形式都存在的综合病历质控。

知识链接 / 病历质控与医疗纠纷之间的关系

病历作为医务人员依据职责要求进行书写的文书，在医疗纠纷案件处置中的法律证据效力大于其他证据，因此在医疗纠纷的处理中，病历文书经常是对医疗行为回顾的重要依据，也是判定责任的主要证据。

病历文书是法律文书的观念必须深入医务人员的意识中，对于文书的书写必须客观、真实、准确、及时、完整、规范，这其实就是病历质控的核心原则。提升病历质量必须遵循以上原则，只有真实地记录才能把病情的进展实事求是地展现。应当注意的是，病历文书包括护理文书和医技的检查检验报告等多重内容，病历质控的工作应当包含多方面内容的质控，做到及时审核、修订，对于发生医疗纠纷以后的修改不可避免在医患之间引发篡改的争议。杜绝事后临时修改导致内容与实际有争议，否定病历的真实性。

病历质控是从人工病历质控开始逐步发展而来，最早的是人工对于归档病历进行质控，反馈病历质控的结果，病历质控的标准则是根据病历质控部门发布的病历质控标准进行制订并实施。但是人工病历质控存在很多问题，首先人工病历质控需要花费的时间比较长，根据测算，一位专家如果能够认真仔细地进行质控，平均需要3~4小时才能完成一本相对比较全面的病历的质控工作。当然，对于住院时间短暂、诊断简单的病历，需要花费的时间很少，但一般病历抽查的时候，选择的病历都为住院时间相对比较长的。所以，一般对于人工完成病历质控的唯一合适的选择就是抽样质控。

抽样质控需要根据相关的统计学原理确认病历总数和抽样的比例，随机抽取符合相应条件的病历，交由病历质控专家进行病历质控。而病历质控专家则依据相应的病历质控标准对病历进行打分，将评好分的病历与打分结果一同返回病案室，病案室负责回收各位专家质控结束的病历，统计所有专家的病历质控结果，把质控结果反馈给病历主管部门，病历主管部门则会对收集而来的病历质控结果做分析，了解病历质控的态势，如最近病历常见的错误有哪些，集中在哪些科室、哪些员工，并进行相应处理措施，把病历质控的结果逐级传达到病历书写者。这样尽最大可能防范病历书写重复出现问题。但现实是，由于医院的医师具备流动性，病历的问题会持续不断地出现，作为病历质量的主管部门，只能重任在肩，常抓不懈。

随着病历质控工作的持续开展，对于归档病历的质控发现，病历的质控重点应当在运行病历的质控，做好了运行病历的质控可以大大提升归档病历的质量，因此在归档病历质控基础上，尝试着探索运行病历的质控，对于运行病历的质控则需要全院动员，尽可能召集临床的医务人员加入到病历质控员的队伍中来，在病历的质控中通过合理地下派质控任务，实施自查与互查，督促临床做好病历的质控，提升病历质量。这样的做法确实可以在一定程度上提升病历质量，但是由于人员有限，而且医院院区多、医师流动性比较大，很多医师并不能完成规定的病历质控任务，采用强压的方式后发现一些参加运行病历质控的医师工作没有积极性，对于病历质控敷衍了事，所以也很难完全实现目标。

很多医院对此也展开了各种尝试，医院应当成立病历质量的管理部门负责病历质量，制订医院的病历质量管理办法，建立病历质量的长效管理机制，持续推动病历质控工作，针对病历质控中发现的不合格病历，医院在管理办法中应当有明确规定不合格病历的处罚标准，以及不同人员必须承担的责任，并广而告之，严格执行。首先，对于进入临床学习的实习同学、进修医师、规培医师等进行培训，并进行考核，确保其掌握《病历书写基本规范》的全部书写要求。考核必须严格，确保经过培训后，病历书写规范深入人心。对于病历质控，采用院、科、组三级管理的质控方式，医院的病历质控管理牵头负责对各临床科室的病历质量进行监管，统计分析各临床科室的病历质控结果，并进行奖惩。科室以科主任为第一责任人，负责及监管科室内的病历质控工作，并在科室酌情实施奖励或惩罚。病历质控重点在各医疗组，组长牵头负责病历质控工作，主治医师具体负责日常病历的管理，监督病历文书完成的时效性，及时审核下级医师完成的病历文书，并提醒医疗组长完成签署文书工作。为持续推进医院的病历质控工作，必须确保病历质控队伍成员稳定，通过与质控员反馈质控结果，帮助质控员提升病历质控的能力，并且通过与晋升、奖金等多种手段挂钩，确保质控员的参与积极性。每家医院都应当结合自己医院的特色，建立各种有效的综合体系，对病历质量的提升进行有益的探索。

随着时代的变迁，各种技术手段的出现，病历质控伴随着电子病历的不断强大，信息化病历质控在国内也开始得到了广泛的应用，最初的信息化病历质控系统主要用于时限性指标的病历质控，如入院记录24小时内完成情况、首次病程8小时内完成情况、主治医师首次查房记录、主任医师首次查房记录、三级医师查房情况、病程记录及时完成情况等。设计报警提示功能，超过规定时限进行提醒，直至完成记录后报警消失，这是最早开始信息化的病历质控。但这样的病历质控远远不能满足目前日益增长的需求，因为随着医院的快速发展，许多医院都成立了多院区，一些优势医院合并了其他医院并成立了新院区，业务量短期内就出现快速增长，病历质控的任务越来越繁重，每家医院都面临着临床人员不足的情况，应付日常的临床工作都已经捉襟见肘，病历质量很容易被抛之脑后。但是病历是医疗记录的核心，尤其是国家推出三级公立医院绩效考核以后，高度重视病历首页的填写，这不仅关系到医院的排名，而且随着诊断相关分类（DRGs）预付费机制的正式推广，所有患者的支付将取决于病历首页填写的准确与否，因此对病历全覆盖式的质控才能完全适应当今时代的要求。因此，很多医院开始尝试引进人工智能病历质控系统。人工智能化的病历质控系统能够通过不断学习逐步完善。它不同于既往的信息化病历质控，除了做时效性的质控，还有其他功能。近期人工智能的信息化病历质控被多家信息公司推广，每家公司都有自己的特点。

人工智能的病历质控能够实现病历质控规则的主动学习，利用了人工智能的病历质控除在时限上进行必要的病历质控之外，还可以实现内涵质控，可以实施病历文书前后逻辑的判断，对于文书的前后一致性多了新的质控。另外，人工智能的病历质控可以对医嘱、护理记录、门急诊记录都开展病历质控，在病历质控系统进行文书质控的同时，可以抓取首页的数据进行统计分析，作为医院绩效指标评价的有效参考，从而让医院在做好病历质控的基础上能够更好地应对公立医院绩效考核。此外，人工智能的病历质控系统通过对病历文书的合理分析，可推荐合适的主诊断及手术操作编码，帮助临床医师记录得更加精准，从而能够在DRGs中获得正确入组，得到合理的收入。另外，通过信息化建设将病历质控结果精准地推送给相关的医师，在第一时间提醒医师进行修改，避免延迟修改可能出现的不必要纠纷。人工智能的病历质控系统还可以根据临床的需求，针对专项或者重点关注项目进行必要的内容质控，从而实现对专项的医疗活动进行监控，帮助提升医疗安全，比如在静脉血栓的防治中，通过病历质控系统分析，确认静脉血栓风险的评估正确性，并根据实际评分对患者进行风险分层，针对不同风险患者的预防措施进行医嘱监控，结合病历文书的分析，提醒医师进行合理的知情告知，及时做好风险防范。

人工智能的病历质控系统不仅可用于病历质控，确保文书及时、正确、合理地书写，更适用于专项管理，结合对医嘱、检查检验结果的分析，对于医疗诊查举措提出合理建议，这必将会大大提升医疗安全。

知识拓展

病历质控方式的选择必将以智能化的质控系统最大限度地替代人工质控，信息化的质控对于每一家医院而言都是终将实现的过程，因此病历质控的主管部门必须清楚信息化建设相关的条件和概念。近年，随着医院的信息化建设水平越来越高，很多数据都可通过信息系统实现抓取，但是病历质控的信息化建设需要相应的配套信息建设，信息化的程度越高，实现人工智能化的病历质控越有可能，因此病历质控的信息化建设将是一个系统的推进工程，当然也可以借助推进信息化质控的建设带动全院病历相关系统的信息化建设，帮助更好地实现智能化的病历质控。通过对病历内容进行质控而非仅对病历首页进行质控，才能确保病历首页真实地反映病历的真实记录，经得起检查，避免罚款。而且病历质控能发现部分临床医疗存在的问题，能更好地早期发现医疗隐患，提升患者安全感和满意感。在病历质控体系中的各部门都应该积极参与，不仅是通过信息系统协助进行人工智能的核查，更重要的是借助信息化手段实现以早期检查、早期发现、早期干预、早期实现为目标的质控，以适应现代法院依法检查的要求。各级主管部门需要更加主动地支持自家医院的信息建设，才能把智能的信息化系统用到极致。

案例讨论

【案例1】患者，女性，70岁。因“反复胸痛7年余”于9月7日至医院诊治，当日医院门诊以“冠状动脉性心脏病”收治入院治疗。9月10日，医院对患者行选择性冠状动脉造影术，术中穿刺过程中，患者突发意识丧失，呼叫不应。经神经内科会诊，行头颅CT检查后显示“考虑左侧额顶颞叶及半卵圆区脑出血，局部脑疝形成”。又请神经外科会诊后，经与其家属沟通行颅脑内血肿清除术。术后转入重症监护室继续治疗。10月4日，患者出现心率下降，继而出现心跳停止，血氧饱和度测不出等症状。家属考虑预后问题，要求放弃治疗，自动出院。患者当日在家中死亡。患者住院期间的手写病程记录中存在涂改，输血治疗同意书家属签名处或由医院医务人员签字，或签字人身份不明，已封存的电子病历鉴定前后提供的病历打印件不一致，9月8日、9月9日是双休日，医生没有上班，事实上无法通过电子病历系统书写查房记录，医生在补记病程录的时候将记录时间修改为“××年9月8日12时13分、××年9月9日9时26分”。患者外出期间的病程记录中对查体的描述，不被患方认可。双方对病历的真实性存在争议。在审理期间，委托第三方对电子病历进行鉴定，其鉴定结论为：医方保存的电子病历存在修改、删除、增加、篡改、伪造行为，该电子病历不完整、不真实。法院认定医方具有全部过错，承担全部赔偿责任。

【案例2】患者，女性，43岁。因腹痛，时有恶心不适1周，可自行缓解就诊。诊断：胆总管结石伴扩张、慢性胃炎、高血压病2级、左肾错构瘤？2月12日入院，腹部CT及MRCP等检查均提示，原告胆总管多发性结石，有ERCP适应证。术前告知家属ERCP的各项并发症，患方签字确认风险知晓，同意ERCP手术进行取石治疗。手术是由医生和外请专家共同参与，共同实施手术。术中见取石顺利，术后安返病房。术后诊断：胆总管结石伴胆道感染，予以抗感染，常规予以奥曲肽、质子泵抑制药预防术后急性胰腺炎，胆汁进行培养。术后患者出现发热，最高39.1摄氏度，有腹痛，血淀粉酶与白细胞计数升高，考虑术后并发胰腺炎，予以抑酶、禁食、补液、止血、抗感染等治疗。患者病况明显好转，5月22日出院。12月13日，患者因腹痛、发热1天，诊断胆囊结石、慢性胆囊炎急性发作再次入院，予以抑酸、护肝、抗感染治疗后出院。医院在实施ERCP时，邀请了外院专家共同为其实施手术，事后补写了会诊单。病历无医院邀请专家会诊、参与手术主刀的任何记录。手术记录记载主刀医师仅院方一人，没有外请专家的主刀签名记载。最终法院裁定：医院在病历封存后又加入会诊单，未能举证证明病历的真实性和完整性，且患方对此持有异议，故院方应承担由此产生的不利后果，赔偿医疗费、住院伙食补助费、营养费、误工费、护理费共25 000元。

【讨论】

1. 案例1为什么患方要求对病历的真伪进行鉴定？法院判决医院担负全责的依据是什么？

2. 案例1与案例2中，医院在封存的病历放入新的内容，会带来哪些法律风险？

3. 案例1的病程记录中，在患者请假离院期间电话联系然后记录病程录是否合适？对于假日期间的病程录时候补记并修改记录时间，是否合适？

4. 案例1与案例2的病历存在不足，作为病历质量的管理部门应该从中吸取怎样的教训，应该如何加强管理提升病历质量，避免发生类似的问题。

本章小结

病历书写质量的好与坏的判定，应当依据各级政府颁布的病历相关的规章与规定。病历质控的最佳形式应该是人工主导，借助病历的信息化质控手段实现全流程、全内容的质控，另外结合病历首页的填写情况，及时提醒修正。但是病历质控体系不是一朝一夕就能完成的，需要推进医院的整体信息化建设。

医务人员在医院必须重视医疗文书的客观、真实、准确、及时、完整、规范。病历质控的目的就是能及时发现病历文书出现的时限、内涵方面的问题，让病历能反应患者的诊疗的实际情况。在医疗纠纷的处理中应当提供必要的病历文书，避免在纠纷发生以后修改或补充病历，避免病历的真实性受质疑，从而影响法院的判决。所以病历质控应当重视日常运行病历的质控管理。

（朱永斌）

第十二章　患者安全与医疗过失

学习目标

1. 掌握　患者安全的定义；患者安全主要实施策略；医疗过失的含义与分类；《中华人民共和国民法典》中“当时的医疗水平”的本质。

2. 熟悉　患者安全事故发生模式；常见患者安全事件；“当时的医疗水平”认定的客观依据和主观因素。

3. 了解　患者安全历史演变；患者安全对医患关系的作用；日本“医疗水准说”的发展；国内有关“当时的医疗水平”的典型解释。

患者安全，是以患者为中心的医学人文体现，是改善医患关系的关键切入点。我国一直重视人民生命安全，党的十九大提出，树立安全发展理念，弘扬“生命至上、安全第一”思想，这正是患者安全的具体体现。从当前医疗实践中看，医疗过失是引发患者安全事件的最主要原因之一。

第一节　患者安全

一、患者安全概述

（一）患者安全的基本内涵

患者安全是卫生保健的一项基本原则，是现代卫生保健的一项战略优先事项，是各国努力实现全民健康覆盖的核心，也是一门多学科汇聚的卫生保健新学科。

世界卫生组织对患者安全的定义是卫生保健领域中一项有组织的行动框架，通过创建患者安全文化、过程、程序、行为、技能和环境，坚持并可持续地降低安全风险，从而减少和避免伤害发生，降低错误发生的可能性，并在错误确实发生时减少其影响，其实质是将卫生保健中的可预防性伤害风险降低到可接受的最低水平。卫生保健是一个极其复杂的系统，大多数患者安全事件源于系统因素，而非个人错误。患者安全既有安全所具有的相对性、动态性和需要定量化的特征，又有卫生保健系统特有的复杂性、易变性及个性化等特点。患者安全事件可能导致患者伤害、残疾或死亡，给患者及其家人带来痛苦；还可造成严重经济损失，动摇公众对医疗卫生体系的信任与信心。

（二）事故发生模式

1. 临床错误关系评估工具——医疗照护系统的“尖端与钝端” “尖端与钝端”（sharp end/blunt end）模型是评估临床错误关系的常用模型，它将医疗照护系统视为一个倒立的三角形。患者照护处于尖端，主要关注医务人员与患者直接接触的医疗照护行为，尖端因素对患者医疗照护结局作用明显。组织结构、系统及流程的复杂性处于钝端，侧重分析事件发生的政策、医院工作流程与组织架构、资源分配与约束，钝端因素对医疗照护结局相对尖端来说并不那么明显，具有间接作用。

2. 事故发生模型——瑞士奶酪模型 詹姆斯·瑞森（James Reason）基于组织的事故创建了“瑞士奶酪模型”（swiss cheese model），是解释发生事故之间的关系的经典模型。该模型认为，医院这样的大型组织如运动的奶酪，每片奶酪上的空洞代表不同的失效，它有许多防御系统来预防错误，但当防御系统上的空洞连成一线后，防御措施整体失效，错误便不可避免。

失效可分为两类：一是主动性失效（active failure），即人为错误。人为因素导致的失效，主要发生在医疗照护系统的尖端。如交接班不清晰、给药错误等。二是潜在性失效（latent failure），即系统的失效。医疗照护系统中的失效，主要来源于医疗照护系统的钝端，不受医务人员控制，如人力资源不足、工作流程不畅、培训机制欠缺和工作环境恶劣等。

3. 风险管理工具——医疗照护失效模式与效应分析 医疗照护失效模式与效应分析（healthcare failure mode and effect analysis，HFMEA）是系统评估失效问题的严重程度、发生率等，辨别存在的患者安全风险，预先建立相关预防措施，改善工作流程，以预防不良事件发生，提高安全指数的一种结构化的系统安全管理工具。HFMEA是一种前瞻性、预见式的风险管理工具，筛选患者照护中的高风险流程，组建HFMEA团队；绘制流程图；失效分析找出潜在高风险的失效模式；流程再造与成效分析。

4. 风险管理工具——根本原因分析法 根本原因分析（root cause analysis，RCA）是一项结构化的问题处理法，用以逐步找出问题的根本原因并加以解决，而不是仅仅关注问题的表征。根本原因分析是一个系统化的问题处理过程，包括确定和分析问题原因，找出问题解决办法，并制定问题预防措施。在组织管理领域内，根本原因分析能够帮助利益相关者发现组织问题的症结，并找出根本性的解决方案。

5. 风险管理工具——戴明循环 戴明循环（PDCA）是一个质量持续改进模型，包括持续改进与不断学习的4个循环反复的步骤，即计划（plan）、执行（do）、检查（check）、处理（act）。戴明循环有时也被称为戴明轮（Deming wheel）或持续改进螺旋（continuous improvement spiral）。戴明循环与生产管理中的“改善”“即时生产”紧密相关。

6. 风险管理工具——品管圈 品管圈就是由相同、相近或互补性质的工作场所的人们自动自发组成数人一圈的小圈团体（一般6人左右），全体合作、集思广益，按照一定的活动程序来解决工作现场、管理、文化等方面所发生的问题及课题。它是一种比较活泼的品管形式，目的在于提高产品质量和工作效率。

（三）患者安全在医患关系中的作用

患者安全被世界卫生组织列为严重的全球公共卫生问题。随着日益突出的医患矛盾和紧张的医患关系，保障患者安全、提升医疗照护质量关乎个人、家庭及社会的和谐幸福。世界上没有人在医疗保健中受到伤害，每位患者随时随地都得到安全和尊重的医疗照护是世界共同的愿景。患者安全是医学人文的体现，是改善医患关系的关键切入点，有助于提升人民群众获得感、幸福感和安全感。

人们对卫生保健系统的要求越来越高，患者需求的变化也催化着卫生保健服务的转型，以实现改善患者体验、促进全民健康、提升和改善医务人员工作及生活条件、降低成本等目标。当今，卫生保健系统的重要挑战之一不是追赶最新的临床操作或高科技设备，而是在复杂、压力大和快节奏的环境中提供更安全的医疗照护。医学人文关怀被视为解决医疗照护缺失、不安全的照护等问题的重要手段。患者安全是以患者为中心医疗照护的一种特殊驱动力，是医学人文的体现。安全的临床医疗照护对患者和医务人员来讲都是极佳的亲身体验，以患者为中心的医疗照护模式可以提升患者满意度，培养患者对临床医务人员的信任，加强医患之间的沟通。患者及家属参与是患者安全的重要基石，是患者权利及照护尊重的反应。以符合患者多样化的需求和偏好的方式持续、可靠、有效地让其参与，患者安全有助于医院个性化、优质的照护服务体系建设及医患关系的和谐。患者安全在医患互信、医患和谐关系中具有不可替代性，是改善医患关系的关键切入点。医患缺乏信任、沟通不够、医疗照护服务中缺乏人文关怀等是造成医患矛盾、加剧医患关系紧张的重要因素。患者安全则是改善这些危险因素的基础，营造患者安全文化、促进患者安全实践是重要手段。研究显示，关注患者安全、质量控制及流程改进的医院，医患纠纷就会较少。反之，这些良好、有效的医患沟通及和谐关系又会促进患者安全的有效提升，形成良性循环。

二、常见的患者安全事件

医疗照护过程中的每个环节都潜藏一定程度的内在不安全性，都可能发生患者安全事件。常见的患者安全事件主要包括用药错误、手术错误、诊断错误、转运和交接错误、医源性感染、不安全输血、不安全注射、辐射危害、静脉血栓栓塞等。

（一）用药错误

用药错误是指药品在临床使用及管理全过程中出现的、任何可以防范的用药疏失，这些疏失可导致患者发生潜在的或直接的损害。用药错误可发生在给药链的任何一个阶段，尤其是开药和给药阶段。据估计，约5%的住院患者经历过药物不良事件。全球不安全用药每年造成数百万患者受到伤害和大约420亿美元的支出，约占全球卫生总支出的1%。因此，用药安全问题已成为第三项全球患者安全挑战。

处方药和非处方药的指数级增长增加了处方和药物管理的复杂性，与患者相关的错误和用药监测不足也是用药错误的常见原因。用药错误是可以通过预防来减少或消除的。药物标准化和减少歧义、坚持5个用药原则（正确的患者、正确的路径、正确的剂量、正确的时间和正确的药物）、反复复核、防止给药时分心和干扰因素、高危药物规范管理、临床药师参与、医疗服务交接中药物重整等是减少用药错误的重要策略。目前信息技术已广泛应用于减少用药错误，如通过智能处方系统、计算机决策支持减少开药处方错误，条形码或其他识别技术降低给药错误。世界卫生组织呼吁通过以重点领域为切入点，形成用药安全战略行动框架：一是关注高危用药、多重用药、医疗照护过渡期用药3个领域。二是推进患者与公众、医疗保健专业人员、药物及用药系统4个领域实践。三是提高用药数据监测质量，制订患者为中心的用药策略等，以营造系统的用药安全文化。

案例讨论

【案例】用药错误：一例长春新碱鞘内注射事件（案例来自世界卫生组织）

某医院内，27岁的患者珍妮即将接受静脉注射甲氨蝶呤化疗。上级医生A决定上午进行操作。护士B不清楚新来医生C是否具备鞘内注射资质，她多次询问其能力水平，并询问其是否清楚鞘内注射流程。尽管无确切依据，医生A依然肯定医生C，将该治疗任务交给了他。药剂师同意医生C开具的处方，并给珍妮准备了长春新碱。药剂师将甲氨蝶呤与长春新碱一道送入病房。当天，护士B约好了牙医，她着急离开。由于不能与护士长进行面对面的口头工作交接，她留了书面记录。药品送到病房后，医生C让护士长帮忙将甲氨蝶呤放到冰箱内暂存，他交代得有些草率。甲氨蝶呤与长春新碱被一起放入了冰箱。注射化疗时，病房异常忙碌。注册护士没能参与核查。珍妮一直戴着耳机。初次合作的医生C与医生D一道核查并抽吸了药物后，医生C开始了鞘内注射。

事后，大家发现，珍妮被鞘内注射了长春新碱。调查发现：医生C不是鞘内注射的注册医师。他和医生D都没有接受过核查此类化疗药物的训练。长春新碱是严禁鞘内注射的有细胞毒性的抗肿瘤药品，临床上误行鞘内注射将导致严重伤害甚至死亡。

【讨论】

1. 发生了什么事?

2. 请结合案例分析哪些环节出问题了?

（二）手术错误

手术错误包括手术患者错误、手术方式错误、手术部位错误等。术后异物遗留、手术部位感染、标本遗失和手术室火灾等也持续受到关注。手术错误与很多因素有关，涉及患者经历多个医疗照护阶段、多方人员参与、医护人员技术能力/知识缺乏、患者相关因素等。研究显示，手术错误的主要系统因素是缺乏经验/技术能力和沟通障碍。

全面实施手术部位标记、术前暂停（time out）制度、强化手术安全核查和开展团队合作培训被视为是确保手术安全的最佳策略。研究表明，手术安全核查清单的使用，只有当手术团队成员按照其所要求的那样实施，才能达到提升手术安全的目的。近年来，无线射频识别技术（RFID）在手术室的应用有效降低了手术室环境中患者识别错误、异物遗留体腔、用药错误、输血错误、手术部位感染等不安全事件的发生。

知识拓展

“time out”，即术前暂停确认或手术暂停确认时刻，是美国医院评审联合委员会（The Joint Commission，TJC）《通用预案》重要组成部分之一，是防范手术错误的最后一道防线。其目的是确保手术患者正确、手术方式正确、手术部位正确，确认植入物情况。time out要求手术医生、麻醉医生、手术室护士三方在切皮前共同使用《手术安全核查表》对手术患者相关信息进行核查，各项信息准确无误后方可开始手术。

（三）诊断错误

诊断错误，是指未能对患者的健康问题作出准确和及时的判断，或未能将这一判断传达给患者，广义上的诊断错误包括误诊、漏诊和诊断延误。尽管影像学和实验室检查技术不断发展，但诊断错误仍然很常见，诊断错误成为临床不良事件和医疗诉讼的第二位常见原因。相比其他不良事件，诊断错误难以得到评估和修正，在患者安全运动中未得到足够的重视。2015年，美国《改善医疗保健诊断》报告在一定程度上提升了诊断错误在患者安全领域中的地位和关注。诊断错误的原因可分为客观条件和主观认识两方面。客观条件包括无错型误诊和系统因素，如系统中的沟通不畅、信息传递不完整、患者的配合度和依从性差。主观认识由医生的临床思维偏差所致，而非能力不够或知识欠缺，如患者病情掌握不充分、急危重症估计不足等。尽管诊断错误难以完全避免，但临床工作者有责任努力减少其发生，以符合患者的最佳利益。加强临床决策支持、医师临床思维培训、避免认知偏差，促进临床有效沟通合作对正确诊断有所助益。现今，筛查检测的日益敏感和企业营销导致的过度诊断也是需要注意的新的安全问题。

（四）转运和交接错误

转运和交接错误是指医疗保健机构部门内部和跨部门的患者转运和交接过程中发生的错误。TJC在2017年9月12日的警讯事件中指出，“患者交接虽然听起来很简单，但要做到高质量的交接却很不易”。TJC将医务人员之间的沟通障碍定为交接中的常见问题，也就是患者信息提供者（交班者）与信息接收者（接班者）之间可能存在的“期望失衡”。交接信息不足或沟通不畅都将导致错误的信息传递和其他不良事件。

有效的患者交接是保障患者安全的一个重要方面，加强医务人员间有效沟通被列为中国《患者安全目标》之一，该目标强调建立医务人员间的有效沟通机制，规范信息交接流程，保障相关医疗照护措施落实到位。交接时相关人员应同时在场，使用沟通工具实施标准化交接。标准化医护沟通模式（SBAR）作为一种沟通工具，被广泛应用于临床。评估转运人员资质、选择安全的转运工具和落实科学的转运流程有助于保障转运途中患者的安全。

（五）医源性感染

医源性感染是患者在接受医疗保健服务过程中获得的感染。据美国疾病预防控制中心报道，大约每25名住院患者中就有1名发生医源性感染，每年感染导致数万人死亡，并使美国医疗保健系统损失数十亿美元。医疗卫生保健机构环境中存在的细菌、真菌、病毒及其他不常见或新发的病原体是医源性感染的来源，同时，医疗过程中多种侵入性技术的实施（如呼吸机、导管等）是感染传播的重要途径。近年来，随着侵入性操作的增多、滥用或过度使用抗菌药物等风险因素增加，医院内肺炎、导管相关性血流感染、导尿管相关尿路感染、手术部位感染等成为最常见的医源性感染。被世界卫生组织宣称为全球十大公共卫生威胁之一的抗微生物药物耐药性（AMR）也是感染预防与控制面临的主要挑战。此外，当前在新发传染病新型冠状病毒肺炎（COVID-19）全球大流行的重压之下，医院内感染防控面临新的挑战。

研究表明，55%~70%的医源性感染是可以预防的，基于循证实践的感染预防与控制策略包括：①从防控技术出发，以手卫生、防护用品使用、清洁与消毒、安全注射为主要内容的标准预防措施是感染防控的基石。②对于可能感染某些病原体或有潜在感染途径的患者，基于传播途径的隔离措施和消毒技术，以及针对特定病原体或重点感染部位的集束化防控策略可进一步遏制感染传播。③从系统管理出发，有效的感染预防与控制需要在医疗卫生系统的各个层面持续采取行动，包括决策者、管理者、医护人员、工勤人员和患者的共同参与和不懈努力，才能有效降低医院感染发病率，减少死亡和经济负担。

（六）不安全输血

不安全的输血使患者面临发生输血反应和感染传播的风险。输血反应（transfusion reactions）是指患者在输血过程中出现与输血具有时序相关性的不良反应。输血反应包括输血传播感染、变态反应、急性溶血性反应、迟发性溶血性反应等。英国近5年的输血严重危害（the serious hazards of transfusion，SHOT）系统数据显示，由输血造成的死亡风险为0.87/10万。

输血反应的原因可能是患者与所输注血液之间相互作用，也可能是由不良事件造成，如输注不正确的血液成分/输错血液、可避免的输血/输血延误或输血量不足、血液处理和保存失误等。英国SHOT系统数据显示非感染性输血反应，特别是由输血操作规程错误引起的和与输血决策相关的输血反应，是导致输血相关死亡的最常见原因。

输血不良事件最常见的原因是人为因素，如工作人员认知偏差、注意力不集中、人手不足导致超负荷工作、缺乏足够的培训、监督不力和安全教育薄弱等。尽管人为因素难以完全避免，但可以通过优化工作流程并严格执行、完善质量管理体系、信息管理系统、设置合理的警示、加强工作人员教育培训和能力评估等措施，尽可能减少不良事件发生。

（七）不安全注射

世界卫生组织的全球安全注射网络定义安全注射为对接受注射者无害、实施注射操作的医务工作者不暴露于可避免的风险以及注射后的废弃物不对环境和他人造成危害的注射。不安全的注射操作每年导致全世界130万人死亡，每年造成5.35亿美元直接医疗费用负担。

不安全注射的主要危险因素包括：①注射器具不安全。包括不规范的复用、共用，不规范的清洗、消毒、灭菌。②注射药液不安全。包括不规范的贮存保管和启用，不规范的复用、共用。③医务人员安全注射意识薄弱。包括不规范的手卫生、个人防护用品未用或未规范使用、不合格的工作环境、不规范的职业防护。④注射废物处置不安全。包括注射后的针头、锐器、污染敷料等处置不当，可导致相关处置人员发生医源性锐器伤或医源性感染职业暴露。

不安全注射的防范措施包括制订并完善安全注射相关的政策法规，推广使用安全注射装置，加强对医务人员的教育和培训，加强对各级医院的管理监督，提高安全注射意识等。

（八）辐射危害

医疗技术的进步让诊断和治疗疾病更加及时准确，影像诊断技术的广泛应用在带给患者好处的同时，也带来了一些新的风险，过度暴露于电离辐射造成的伤害称为辐射危害。常见的人为造成的电离辐射源包括X射线机在内的医疗设备。

电离辐射暴露包括放射性核素被吸入、摄入或以其他方式进入人体血液中（如注射或通过伤口）和外源途径获得的外照射（如医疗放射对X射线的暴露）。辐射对组织和/或器官的损害程度取决于接受的辐射剂量或所吸收的剂量。吸收剂量造成的潜在损害取决于辐射的类型、不同组织和/或器官的敏感性。辐射超过一定的阈值，可能损害组织和/或器官的功能，并会产生严重影响，如皮肤发红、脱发、辐射灼伤或急性辐射综合征。剂量和剂量率越高，影响越严重。儿童和青少年辐射暴露的敏感性远远高于成年人，他们面临的这种风险更高。

建立辐射规划，加强对辐射危险评估、管理和交流，可有效保护患者、工作人员和公众免遭辐射暴露带来的健康危险。

（九）静脉血栓栓塞

深静脉血栓（deep vein thrombosis，DVT）和肺血栓栓塞症（pulmonary thromboembolism，

PTE）统称静脉血栓栓塞症（venous thromboembolism，VTE），其中，DVT中1/3~1/2发生PTE，如不及时诊治，病死率可达25%~30%。VTE是医院内非预期死亡和围手术期死亡的重要原因之一。

VTE的发生与患者自身因素有关，创伤、手术、长期卧床、制动等增加了VTE的风险。我国住院患者中VTE高危人群占比达45.2%，53.4%外科住院患者伴有VTE高风险，其中骨科手术和减肥手术风险最高。VTE也被认为是“最有可能预防的一种致死性疾病”，加强VTE风险评估、落实预防行动、规范预防管理可减少VTE的发病率及病死率。应根据VTE风险评估结果，针对高、中、低危患者实施分级预防管理，包括基础预防、机械预防与药物预防。

2018年，国家卫生健康委员会在全国范围内正式启动“全国肺栓塞和深静脉血栓形成防治能力建设项目”，旨在加强院内VTE防治体系建设、避免医院相关性VTE事件发生。2021年，国家卫生健康委员会再次发文将“提高医院内VTE规范预防率”作为十大医疗质量安全改进目标之一，旨在通过医疗、护理、管理多方协同努力，实现VTE的早期筛查与预防、及时诊断、规范化治疗与管理，从而真正实现患者安全的保障。

三、患者安全实施策略

（一）建立高可靠性组织，倡导患者安全文化

通常情况下，医疗卫生机构通过标准化方式来提升医疗照护的安全性，如使用清单等工具来减少变异，基于团队扁平化照护模式来加强沟通。然而，这些方法的作用是有限的，从根本上不能实现整个系统的安全性，也不能将安全性嵌入到组织的DNA中。与我国提出公立医院高质量发展相对应，一些发达国家也提出了医院应该建设成为高可靠性组织（high reliability organization，HROs），它是确保患者安全最有吸引力的一个解决方案。

2017年，美国健康促进研究所（Institute Healthcare Improvement，IHI）提出了医院成为高可靠性组织的5项基本准则。一是关注失败，不放过每一个小的失误，防微杜渐。二是反对简化程序，不能采用简化的视图来应对复杂的系统环境。三是对组织运作保持敏感性，关注任何一个微小的改变对系统其他部分所产生的影响。四是增强应变能力，当错误发生时，不被错误击垮，强复原力意味着在维持系统安全运行的同时，确保错误不会越来越严重。五是尊重专业知识，科学应对。5项基本准则强调了文化和学习2个部分。文化是个人和群体价值观、态度、能力和行为与安全性和可靠性相关联的产物，学习是鼓励个人适时和定期不断审视自身来完善自我，提高对风险

的识别能力。

在高可靠性组织建设中，患者安全文化至关重要。医务人员将安全看得比任何其他因素都重要，每时每刻都将安全当作头等要务来践行，努力维护和改进工作制度，使之能够以安全的方式实践。提高领导能力、加强团队合作、采用循证方法、注重沟通交流、营造学习环境、做到公正透明，以患者为中心提高安全、有效、及时、公平的卫生健康服务。从单纯的“惩罚性文化”到“非惩罚性文化”都不能真正达到从错误中学习的目的，要倡导“公正文化”，分清个人责任，强调系统作用。

（二）制订系统的安全临床工作流程

患者就诊是一个复杂而烦琐的过程。临床工作流程和临床操作数量多、范围广，涉及从相对简单的处方，到异常复杂的大型手术。诊疗中的每一部分都涉及许多操作，每个操作都有单独的步骤和时限，还涉及众多的人员、设备和环境等因素。因此，任何一个环节都潜藏着不安全因素，都可能导致患者安全事件的发生。

患者安全事件很大一部分是由临床工作流程的设计或操作缺陷造成的。由于临床判断失误、未做正确检查、检查结果丢失、不同部门之间沟通不当或其他原因，患者常常被误诊、漏诊或延误诊断。混淆患者身份将导致用药错误，手术部位错误，甚至手术对象错误。看起来包装相似的药品和听起来近似的药品名称，也会导致用药错误甚至患者死亡。加强医务人员和患者的有效沟通，可以避免很多患者安全事件发生。

这些事例都强调了在设计临床工作流程时提高安全性需要采用系统方法。安全流程设计的要求取决于不同的环境和情况，因此临床工作流程必须作出相应的调整。在设计临床工作流程时，应综合考虑所有影响因素，如规章制度、人力资源、团队合作、风险管理、内外环境、机构文化和组织构架等，同时还需要克服各种复杂挑战。

临床路径就是临床工作流程的一种系统方法。主要是针对某种疾病，或者某种手术制订的具有科学性和时间顺序的患者医疗照护计划。它的核心是将某种疾病或者手术所涉及的关键检查、治疗、用药、护理等活动进行标准化，然后确保患者在正确的时间、正确的地点得到正确的诊疗服务。临床路径不仅仅是为了控制费用，更重要的是规范医疗行为，保证医疗照护质量和患者安全、从而提高医疗服务效率。

（三）患者及家属参与患者安全

患者及家属参与患者安全是改善患者安全最好的方法之一。患者、家属和陪护人员从他们的照护中获得的经验是临床医生、护士及管理人员所无法取得的。对于那些已遭受伤害的人来说更是如此。患者、家属和陪护人员是患者病情变化的前哨观察员，并在出现新的状况时能第一时间向医护人员报告，从而共同提高诊疗照护的安全性。

在诊疗过程中，患者对自身的安全状况认识是不足的，或者不知道应该怎么做来保证自己的安全。一方面患者希望与医务人员多沟通，什么事都想告诉，但是医生、护士工作繁忙，没有充足时间沟通。另一方面，患者往往认为每个医务人员都知道自己的病况，缺乏主动参与诊疗过程的意识。在医院层面，对患者及家属参与改善患者安全的重视是不足的，患者的诉求也未得到重视。因此，患者在参与自己的诊疗活动时处于被动地位，未能发挥保障自身安全的主动性。

2005年，世界卫生组织在患者安全联盟中建立患者团队，强调患者的权利、信息透明度以及与医疗卫生工作者的伙伴关系，用以加强患者在患者安全方面的作用，提升患者及家属在患者诊疗照护中的话语权，并发表了《患者参与患者安全伦敦宣言》。该宣言强调在4个方面发挥作用：制定并推广患者安全及病患授权方案；加强患者安全合作伙伴关系并促进对话；在世界范围内建立不良事件报告和处理系统；确定患者伤害事件最佳解决方案并在世界范围内推广。将患者安全视为一项基本人权，应优先考虑患者参与，这是制定患者安全战略的一项重要原则。患者及家属参与被纳入患者安全发展原则和实践，扩大患者的声音，以提高公众对患者安全的认识和教育，患者及家属成为改善患者安全的重要力量。

（四）加强医务人员患者安全意识

虽然所有的医务人员都致力于确保患者的安全，但大多数人会认为，他们是按照执业道德守则来履行这一承诺的，很少有人充分认识到提供医疗照护所涉及的风险范围和可避免伤害的严重性。行业外人士对此难以理解。这不是因为医务人员缺乏同情心，而是由于传统的医学教育课程强调的都是以疾病为导向的循证实践和标准。这些课程缺乏系统安全教育，也没有提供人为因素的相关培训。

所有领导者、管理者及医务工作者都必须了解患者安全，必须清楚风险的性质和重要性、伤害产生的原因、患者安全科学的核心概念，从错误中学习，树立零伤害理念。世界卫生组织于2009年出版《医学院校患者安全教程指南》，2011年出版《患者安全教程指南：多学科综合版》，并在多个国家广泛应用和实践。我国也有医学院校探索开设“患者安全”课程。医务人员安全和患者安全是同一事物的两个方面，是不可分割、相互关联的。医务人员的健康和安全风险可导致患者风险、伤害和不良结局。场所暴力、职业倦怠和肌肉骨骼疾病都是医务人员普遍面临的职业健康问题。医务人员严重短缺、缺勤和自然减员可导致照护结果不理想，而医务人员的身心健康不佳则加剧了这种情况。身心健康的医务人员有助于更安全的照护。因此，医务人员安全是患者安全的前提，是患者安全的优先事项。

（五）基于数据的患者安全促进

每个卫生健康计划都需要一个有效、可靠的数据来源，为确定重点问题、比较基准、制定行动、监控性能和影响等提供依据。毫无疑问，建立以改善健康状况为目标的综合信息系统是十分必要的。

患者安全发展初期，人们普遍认为从错误中吸取教训是降低医疗照护风险的关键要素，这就是“患者安全Ⅰ”的核心思想。然而，在真正实施后才发现，从患者安全事件报告和学习系统中获取经验遇到诸多挑战。一是学习型、免责性安全文化面临困难，现实的惩罚使得工作人员因害怕而拒绝上报。二是大多数患者安全事件报告系统的核心数据真实性难以验证。三是实现可持续降低风险和改善患者安全的进展见效不明显。四是仅在监测和评估中发挥着重要作用，不能将其用作评估伤害率的流行病学工具。

近年来，人们对报告系统在全球患者安全核心计划中的乐观态度随着系统使用体验逐渐降低，人们开始意识到报告系统不再是医疗行业中降低风险、提高安全性的唯一途径。于是“患者安全Ⅱ”备受重视，就是按规章制度、操作流程尽可能把正确的事情做得越多越好，积极主动防范不良事件，我国落实医疗质量和患者安全核心制度就是保障患者安全的具体举措。无论是“患者安全Ⅰ”还是“患者安全Ⅱ”，都需要定期收集医疗卫生体系运营和管理的数据，并对数据分析和深度挖掘。无论使用什么数据来评估卫生体系或组织的患者安全水平，该过程都应与学习和改进过程紧密相连。如果数据分析过程没有“学习循环”，它的价值将非常有限。增强信息系统的能力是非常重要的，例如将患者安全事件报告与病历和其他数据源以及大数据和人工智能的整个领域链接起来，这些创新有可能对伤害的原因以及减轻伤害的方法提供更深入的见解。

（六）落实各方责任，人人参与患者安全

世界卫生组织在《全球患者安全行动计划2021—2030》特别强调发展和维护多部门、多国之间团结合作的伙伴关系，提高患者安全和医疗照护质量，要求政府、医疗机构、利益相关者、世界卫生组织4个方面协同发挥作用。2018年，国家卫生健康委员会《关于进一步加强患者安全管理工作的通知》强调患者安全事关人民群众生命和健康，是医疗管理的核心，也是健康中国建设、深化医药卫生体制改革各项工作顺利推进的重要基础。党的十九大报告指出，要为人民群众提供全方位全周期的健康服务。保障患者安全、减少可避免的伤害就是健康服务的基本要求。提出“预防为主，系统优化、全员参与、持续改进”的原则，大力推进患者安全管理工作，不断提高医疗机构患者安全管理水平，营造人人重视患者安全、人人参与患者安全的文化氛围，有效减少医疗服务中可避免的患者安全事件。

第二节　医疗过失

一、医疗过失概述

（一）民事过失的基本界定

过错分为故意和过失，本质上均属于行为人主观上应受非难的心理状态。刑法理论对过失的界定如下：所谓过失，指的是行为人对行为结果应当预见却没有预见（认识因素），或者虽然已经预见但轻信可以避免（意志因素）。民法理论基本沿袭了刑法理论有关过失的界定，将过失概念提炼为行为人心理上的疏忽或懈怠。

（二）医疗过失的类型

若排除医疗行为注意义务内容所具有的外在形式干扰，仅从该注意义务的产生根源与性质角度出发加以观察，实则能够将现实情境下纷繁复杂的医疗行为注意义务内容归为三大类，进而形成以下3种医疗过失类型。

1. 医疗技术性过失　医疗技术性过失即医务人员对技术性注意义务要求的违反。医疗行为在本质上属于技术性事务，是医务人员运用医学专业知识与临床经验所实施的专业行为。尤其是在临床医学模式由经验医学转变为循证医学后，以科学证据为指导，科学治病和客观研究便成为临床的主要任务。而就疾病本身来说，即便承认医务人员在治疗体质特殊、病症复杂的患者时有权依据自身经验作出非典型临床决策，也应当明白绝大多数疾病有其固定的治疗路径。这种治疗路径往往以大量的临床研究证据为支撑，符合当时的医疗技术水准并逐渐演变为临床指南、技术规范。也正因如此，若医务人员在诊断、治疗过程中实施了违反上述医疗操作规程或其他专业领域技术知识的诊疗措施，即可能被认定存在医疗技术性过失。

2. 医疗伦理性过失　医疗伦理性过失即医务人员对伦理性注意义务要求的违反。医学不仅是一门科学，更是人学。它始终以人为最终的皈依，因而医学仍不能逃脱人文精神的束缚。面对现代医学飞速发展下引发的道德冲击，医疗良知与医学伦理对医务人员的执业行为提出的最基本要求即尊重患者的人格与权利、永不存损害妄为之念。经归纳，现有的医疗伦理性过失集中体现在以下四类情形：忽视患者知情同意权，其中包括医务人员未充分告知以及替代患者同意两种情形；未保守患者的隐私、秘密；延误急危患者的抢救治疗；其他失德行为。

3. 医疗管理性过失　除医疗技术性过失、医疗伦理性过失外，在实践中，医疗机构还存在着因未实现机构内的良好管理、组织间的协调一致目标而被判定存在医疗过失的情况。典型例子是对于年老或行动不便的患者，要尽力排除医疗机构环境内潜在的危险，比如注意瓷砖及卫生间的防滑，防止患者跌倒受伤。又例如做好医疗机构内人力、物力的合理调配，避免紧急情况下缺床位、缺人手的现象发生。应当注意的是，医疗管理性过失在所有类型的医疗机构中都可能发生，且一旦出现，很可能引发医疗机构内巨大的秩序混乱，因而需要管理者引起重视。

二、医疗过失的认定标准

根据《中华人民共和国民法典》(简称《民法典》)第一千二百二十一条规定的“医务人员在诊疗活动中未尽到与当时的医疗水平相应的诊疗义务，造成患者损害的，医疗机构应当承担赔偿责任”。可知，我国医疗过失的判定标准即评价医疗行为是否违反与“当时的医疗水平”相应的诊疗义务。由此，如何对“当时的医疗水平”这一义务来源进行解释也就显得尤为重要。鉴于“当时的医疗水平”所具备的强烈医学性及变化性特征，因而必须从本质上对该概念进行界定并建立起评价标准以解决医疗过失的认定难题。

(一)“当时的医疗水平”的界定

我国学者对“当时的医疗水平”存在多种解释，其中最典型的解释有两种：第一，坚持“医疗实践标准”，强调临床实践普及程度的重要地位。第二，认为“当时的医疗水平”就是法律、法规等诊疗规范所确定的医疗水平。

显而易见，有关“医疗实践标准”的解释论显然无法作为诊疗注意义务的来源，其理由如下：其一，若以临床实践水平作为医务人员的行为规范，实际上等于将医疗过失认定这一法律问题完全转化为医学问题，是对医疗实践成果的全盘接受，这不仅不利于保护患者合法权益，而且存在放任医生怠于钻研新技术、阻碍医学行业进步的嫌疑。其二，临床实践水平具有时间性，其可能在一定时期内高于诊疗注意义务，但也存在低于医务人员履行合理、谨慎注意义务标准的可能性。其三，临床实践水平标准在范围上仅对新疗法较为适用，对一般的诊疗方法而言，其效果无异于医疗常规。

而对于将“当时的医疗水平”与诊疗管理规范相等同的观点，如此的好处在于大大降低了法院在审判实践中审理案件的难度，且有利于提高判决结果的确定性。但应当注意的是，管理性规范所设立的行为要求与诊疗注意义务终究属于不同的范畴，两者之间不是简单的一一对应关系，违反诊疗规范也并非等同于违反当时的医疗水平。侵权法律规范在性质上属于保护民事主体合法权益的救济性法律，其所具有明确各方主体具体责任的立法目的决定了法官必须在综合考虑个案因素的情况下完成过错判定。而管理性规范以实现管理的需要为目的而设置，立法者通过创设一个法律框架以管理和处罚违反该类规范的行为，最终达到稳定社会秩序、巩固统治的目标。因此，将社会稳定与秩序作为首要考虑因素的管理性规范必然受到公共政策的影响，而公共利益与个人利益一定程度上的对立关系决定了其不能代替私法对“当时的医疗水平”的具体内容作出规定。此外，规范的成文性、程序性决定了其不可避免地具有一定的滞后性、抽象性及不周延性，因此，违反诊疗规范就简单地认定不符合当时的医疗水平、存在医疗过错的观念不可取。

总之，我国早期对“当时的医疗水平”的解释主要受限于成文法的规定及医疗实践的发展水平。如此使得法院既无法审查医疗常规的合法性，更无法跳出诊疗规范的界限在具体案件中合理确定医务人员的注意义务，极大地限制了法官在医疗侵权案件中的能动性，只能选择依赖医疗鉴定意见及诊疗规范机械认定医疗过错存在与否。

在各种解释论的对话与切磋中，“当时的医疗水平”的概念已逐渐清晰——其在本质上仍属于法律范畴，是医务人员注意义务的来源，但不可避免地会受医疗实践水平与医院等级、医务人员资质等其他相对性因素的影响。也只有在综合采取法学、医学角度的情况下，才能完整把握“当时的医疗水平”概念的本质。

（二）认定“当时的医疗水平”的客观依据

1. 诊疗规范 为有效规范医疗行为，许多诊疗义务被明确规定于法律、行政法规、规章以及其他有关诊疗规范中。对此，《民法典》第一千二百二十二条明确规定，患者在诊疗活动中受到损害，有违反法律、行政法规、规章以及其他有关诊疗规范的规定之一的，推定医疗机构有过错，于成文法层面确立了将违规医疗行为推定为过错的规则。由此可见，诊疗规范所规定的法定义务虽然不等同于医务人员诊疗注意义务，但也构成了进行有关判断的重要依据。

由此延伸的基本问题是，《民法典》第一千二百二十二条中的过错推定是否允许医务人员通过反证予以推翻。对此，最高人民法院在《中华人民共和国侵权责任法》实施时期发布了“医疗机构不得主张推翻该过错推定”的释义，但却广受诟病。原因在于：一方面，从比较法角度看，对于违反以保护他人为目的而设立的行政法律，美国未采用“当然过失理论”而仅按照可推翻的“过失推定理论”进行处置。美国《侵权法重述（第二次）》在沿袭先前采取的“当然过失”理论的基础上，新增了对免责事由及加害人反证自身无过失的规定。另一方面，如前所述，所有的成文法都不可避免地存在忽视具体个案情境以及不能与时俱进等弊端，因此其实际上可能无法达到或甚至可能高于过错认定所需要的注意义务标准。基于以上两点考虑，应当将《民法典》第一千二百二十二条中的过错推定理解为可推翻的推定。

2. 医疗惯例 医疗惯例又称医疗常规，是在长年累月的诊疗实践中形成的、为行业内普遍遵循的一种不成文的诊疗规则。在评价医疗惯例的作用时，世界各国基本都经历了从全盘肯定到附条件肯定的过程。在侵权诉讼发展的初期，多数国家在判定医疗过失时基本完全采纳“医疗惯例标准”。以1957年博勒姆（Bolam）诉费莱恩医院管理委员会案为例，英国确立了博勒姆标准——如果一个医生按照一个做法行事，而该做法为一群负责任的医疗人员接受为适当，该医生无过错且无须承担任何责任。该规则存在的最大问题是，由于被告很容易援引与自己持有相同观点的专家意见，因此形成了执业医生几乎可以避免承担任何责任而患者胜诉变得极为艰难的局面。而随着侵权法的进一步发展，法律界逐渐认识到与诊疗注意义务才应是判断医疗过错的根本标准，医疗惯例与其存在着实然与应然的差别，自此“医疗惯例标准”在医疗过失判定上不再占据主导地位，甚至面临被全盘否定的局面。但采取全盘否定观的国家，也同样面对一些严重的社会问题，如医疗实践稳定性降低、出现大量不必要医疗诉讼。最终形成了附条件肯定的处理方式，即适用该医疗惯例的前提是必须得到了法院的审查肯定。具体来说，法官应在个案中对于所涉及的医疗惯例进行法律评价，若所采用的常规诊疗方法达到了该医生应当履行的合理、谨慎注意义务标准，则可直接依照该常规诊疗行为认定被诉行为符合当时的医疗水平，不存在过错；反之则应认定为存在过错。

（三）影响“当时的医疗水平”认定的主观因素

1. 地域因素 医疗技术的进步很大限度受制于人力、物力的供给保障能力。我国幅员辽阔，各地的经济社会发展水平存在一定差距，因此，因地域因素引发的医疗水平差异现象是必然存在的，且在短期内无法消除。基于此，法官在判定医疗过失时，应当综合考量不同地区医疗资源的匮乏程度，按照同地区其他医生的医疗水平判定注意义务标准。但存在以下3种情形的除外：①医务人员能够履行转诊义务未转诊。②因医院内部管理原因导致人员、药品或设备配置不足。③其他违反国家强制性规定的情形。

2. 医生资质 多数学者认为，医生资质可以对医疗过失认定产生影响，但也存在少数反对意见。反对者认为法律既已规定了转诊义务，资质不足的医生就应当自觉履行转诊义务。此外，以级别、资质判定不同的注意义务存在差别对待个体健康权的嫌疑。该观点虽有一定合理性，但也有失偏颇。合理之处在于，同领域普通医生的注意义务标准应当是统一的，不能因为某位医生个人能力不足就特殊照顾。但对于资质较高（已超出同领域普通医生能力）的医生来说，自然也需要尽到更高的注意义务标准。这并不等于给资质较高医生附加了不合理义务，其中的原因是要求行为人履行注意义务的目的在于规范行为，而不是给行为人强加了一项难以完成的任务。对于掌握了更高技能的医生来说，只要他在使用该技能时按部就班、规范操作，即使最终手术失败，也无须承担任何责任。反之，若因其不规范操作而致手术失败，则应当认定存在过失。

3. 所属专业

课堂互动

假设这样一个场景：一儿童突发心脏疾病，就近只找到一家口腔专科医院，且因情况紧急已来不及转诊。此时我们能否以心内科或急诊科医生的注意义务标准来要求该口腔科医生？

答案是否定的。医学院学生在修完统一的基础课程后进入二级学科专业分科学习，最终也会进入不同科室工作。术业有专攻，在经历长时间工作后，医生基本可谓本专业的专家，但自然无法达到外专业医生的医疗水平。法律不强人所难。因此，只要该口腔科医生的医疗行为尽到了同专业一般医生在同样或类似情况下的注意义务标准，就不存在过失。

本章小结

患者安全是卫生保健的一项基本原则，是卫生保健领域中一项有组织的行动框架，通过创建患者安全文化、过程、程序、行为、技能和环境，坚持并可持续地降低安全风险，从而减少可避免伤害的发生，降低错误发生的可能性，并在错误确实发生时减少其影响。“零伤害”不仅是患者安全的愿景和理念，更是一个值得奋斗的目标。

医疗机构及其医务人员在医疗活动中违反应尽的注意义务的，即构成医疗过失。我国医疗过失的判定标准即评价医疗行为是否违反与“当时的医疗水平”相应的诊疗义务。在认定“当时的医疗水平”时，法官首先应坚守其作为法律概念的本质：首先，对医务人员注意义务的来源，抛弃“常规即合理”的想法，于成文法中寻找认定现有医疗水平的依据；其次，承认医疗水平与医疗实践发展的密切联系，但应对法官依赖于鉴定意见作出判决的现象保持警惕，发挥能动性，强化法院对医疗常规行为合法性的审查；最后，树立通过情境判断医疗过失的思维模式，具体考察个案中医疗机构及医务人员的资质，合理确定最终标准。

（肖明朝　霍　婷）

第十三章　医疗纠纷技术鉴定

学习目标

1. 掌握　医疗纠纷技术鉴定的目的与解决的问题。
2. 熟悉　医疗事故技术鉴定与医疗损害司法鉴定的区别。
3. 了解　医疗纠纷技术鉴定的发展趋势。

医疗纠纷技术鉴定是指医疗损害发生后，为解决医疗损害的责任认定及责任的划分，鉴定人受人民法院、行政主管部门、当事人或代理人的指派或委托，运用专门的知识和技能，依法对医患双方所争议的与医疗相关的专门性问题作出鉴别和判断的活动，也称医疗损害技术鉴定。

第一节　医疗纠纷技术鉴定概念的形成

医疗行业具有高度的专业性和风险性，在司法实践中，不能以是否达到理想治疗效果作为医疗过失的认定标准，而只能关注诊疗活动的开展是否合乎常规？医务人员是否尽到了合理审慎注意义务？对于患方的损害后果有无主观上的故意或过失？要公正、合理地确定法律责任，司法权就不得不借助医学专门知识对临床诊疗活动的各个环节进行分析、审查和判断，由此产生了医疗纠纷技术鉴定。实践中，医疗纠纷技术鉴定所涉及的专门问题已经涵盖医疗赔偿责任中绝大多数的请求权要件事实，在责任认定方面发挥着举足轻重的作用。

医疗纠纷技术鉴定主要涵盖的核心问题包括：医疗行为是否有过错？如医方存在过错，医疗过错与患者的损害后果之间是否存在因果关系？诊疗行为、疾病与损害间的原因力？对患者的损害程度？以鉴定主体的不同，医疗纠纷技术鉴定可以分为医疗事故技术鉴定和医疗损害司法鉴定（又称医疗过错鉴定），前者由医学会负责，通说认为其在性质上属于行政鉴定；后者由各司法鉴定机构负责，是一种典型的司法鉴定。这就是所谓的医疗鉴定“二元化”。

一、医疗事故技术鉴定

医疗事故技术鉴定，是指由中华医学会和其各地医学会组织的鉴定，根据卫生行政部门或医患双方的共同委托，组织专家组对医方的医疗行为是否构成医疗事故，构成哪级医疗事故进行判定的活动。

医疗事故技术鉴定具有以下特点：首先，医疗事故技术鉴定属于行政鉴定。通说认为，从鉴定委托权、鉴定组织权、鉴定实施权3个方面综合考量，医疗事故技术鉴定程序整体上由卫生行政部门主导，从而具备了行政鉴定的基本特征。其次，医疗事故技术鉴定是一种逐级鉴定。根据《医疗事故处理条例》第二十一条的规定“设区的市级地方医学会和省、自治区、直辖市直接管辖的县（市）地方医学会负责组织首次医疗事故技术鉴定工作。省、自治区、直辖市地方医学会负责组织再次鉴定工作。”不允许当事人跨区越级选择鉴定机构。再次，医疗事故技术鉴定是一种集体鉴定。医疗事故技术鉴定由负责组织医疗事故技术鉴定工作的医学会组织专家鉴定组进行，鉴定书只盖医学会医疗事故技术鉴定专用印章，鉴定专家不签名。最后，医疗事故技术鉴定意见成为卫生行政部门进行行政处理的依据。

这些特点，使得医疗事故技术鉴定与医疗损害司法鉴定之间具有了明显的区别，也在一定程度上影响了医疗事故技术鉴定意见的证据力。对此，2018年《医疗纠纷预防和处理条例》针对鉴定做了较大调整，最突出的是坚持同行评议和同行鉴定，组织鉴定专家库。2021年中华医学会印发的《医学会医疗损害鉴定规则（试行）》，进一步对专家库的组建、人员资质、聘用期限等进行了规定，其中较为突出的是，受聘进入专家库的专家可以不受行政区域的限制，参加鉴定的专家必须在鉴定意见书上签字。

二、医疗损害司法鉴定

医疗损害司法鉴定，是指人民法院在审理医疗损害赔偿民事诉讼案件中，依职权或应医患纠纷任何一方当事人的请求，委托医疗损害鉴定机构组织相应专家，对委托人提交的医患双方因诊疗活动引发的争议中是否存在医疗过错、患者的损害后果、医疗过错行为在医疗损害后果中是否存在因果关系、医疗过错行为在医疗损害后果中的责任程度等专门性问题进行技术判断，并向委托人提供鉴定意见的活动，因此也被称为医疗过错司法鉴定。

在医疗损害司法鉴定中，如果涉及伤残和功能障碍的，需要对伤残和功能障碍程度进行再认定，此时需要进行法医临床司法鉴定，其目的是分析伤残或功能障碍的原因及程度，为医疗过错认定提供依据；如果涉及死亡的，需要对死亡原因进行鉴定，此时需要进行法医病理司法鉴定，其目的为明确医疗损害案件中的死亡原因，为医疗过错的认定提供依据；涉及毒药物的，需要对毒药物的成分等进行检验鉴定。诸如此类，根据医疗损害案件不同情况，可能还会涉及精神疾病司法鉴定、法医物证鉴定、笔记痕迹鉴定、电子病历鉴定、声像资料鉴定等，他们都是独立的鉴定，目的是为医疗过错鉴定提供依据。

医疗损害司法鉴定作为典型的司法鉴定具有以下特点：首先，医疗损害司法鉴定只能对诉讼过程中涉及的医疗损害专门事实问题进行鉴定，不能进行法律评价。通常，鉴定机构只就医方是否存在过错以及医疗过错与损害后果之间是否存在因果关系进行鉴别和评判，而不能就是否存在医疗损害进行法律认定。其次，医疗损害司法鉴定的鉴定机构具有中立性，各鉴定机构之间没有隶属关系，鉴定机构接受委托，依法在业务范围内从事司法鉴定业务，不受地域限制。最后，医疗损害司法鉴定实行鉴定人负责制，鉴定人应当独立进行鉴定，对鉴定意见负责并在鉴定书上签名或者盖章。多人参加的鉴定，对鉴定意见有不同意见的，应当注明。

三、鉴定意见

医疗纠纷技术鉴定意见，是指鉴定人受人民法院、行政主管部门、当事人或代理人的指派或委托，根据所提供的案件材料，运用专门的知识和技能，依法对医患双方所争议的某些专门性问题进行分析、鉴别后所作出的结论性意见。

鉴定意见作为法定意见证据的一种，对于法官的事实认定并不具有法律上的约束力。其在诉讼中的地位与其他证据完全相同，因此，不论是医疗事故技术鉴定还是医疗损害司法鉴定，鉴定意见的证据效力都需要经过法庭调查、质证予以认定。通过法庭调查和质证，法官对鉴定意见进行“法律上的再判断”，根据其证明效力决定证据的取舍，以避免“以鉴代审”的错误出现。实践中存在完全否定或部分否定鉴定意见结论或判断的情形。

第二节　医疗纠纷技术鉴定的改革与发展

目前我国医疗侵权诉讼的现实是，由医学会负责的医疗事故技术鉴定由于先天具有的地方保护、行业保护色彩，加之鉴定程序在透明度和公平性上的不足，公信力不高，在诉讼中也难以得到司法者的认可，更不利于公正保护患方的权益，与社会发展趋势不相一致。而与之相反，医疗损害技术鉴定却由于其中立性和程序的公正性，鉴定人负责制也更能适应法庭审理的要求，满足医患各方对程序公正的需求，其公信力也得到了司法者的认可，成为法庭认定事实的“好帮手”。从这一角度来看，医疗事故技术鉴定和医疗损害司法损害鉴定各有利弊，理论界与实务界一直在探讨如何完善现有的医疗损害鉴定体制，吸收现存的两种鉴定体制的各自优势，化解各自不足，消除二元化状态，构建统一的医疗损害鉴定制度。2018年，《医疗纠纷预防和处理条例》从鉴定的启动，鉴定标准、程序和专家库等方面，予以规定，强调了坚持科学性、公正性原则，体现了同行鉴定以及鉴定一元化、同行评议及鉴定专家负责制的原则，体现了统一医疗损害鉴定体制的思路。从此我们也可以窥见二元鉴定模式今后的改革和发展方向：第一，在鉴定主体上，鉴定人应当由医疗法律风险争议涉及的医学学科专家、法医学专家或法学专家等共同组成，避免外行评价内行的弊端，同行评价有利于鉴定意见的科学性和公正性。第二，鉴定意见应当实行鉴定人负责制，鉴定人设置完善的准入制度和资格要求，政府牵头设立的专家库的建立应当完善、科学、合理、均衡，不仅能够为医疗鉴定所用，也能为人民调解和行政调解所用。第三，专家信息应当在保密原则的基础上向申请人公开，以便符合程序正义的要求。第四，从鉴定客体上来说，在完成的鉴定意见上，应当按照法律要求详细载明和论述鉴定意见形成的过程和结论，而且鉴定人应当签名盖章，对于持不同意见的鉴定人，可以对其观点加以注明，而后根据多数鉴定人意见形成鉴定意见，以便确保鉴定意见形式合法、内容完善，同时便于鉴定人应当按照相关法律要求出庭接受质证以及承担相应的责任。第五，在法庭质证过程中，对方当事人可以聘请相应学科的专家辅助人参与质证，专家辅助人所作出的证言属于当事人陈述，与鉴定意见同属于证据的一个种类，法庭应当一视同仁，而不应当“重意见轻质证”。第六，从程序上来说，为确保鉴定意见最大限度接近事实真相，应当确保鉴定意见所依据的病历资料的完整性和真实性，内容和形式不合法的病历资料不应当作为鉴定意见的依据。在鉴定过程中，检材的提取、运输、保存也应当是合法有效、有据可查的。

综上所述，鉴定一元化乃是大势所趋，同时应当配套建立同行评议制度、鉴定人资格审查制、鉴定人负责制、鉴定文书规范、虚假鉴定的处罚等配套制度，吸收现在两种鉴定模式的长处，逐步建立并完善新的医疗损害鉴定制度。

案例讨论

【案例1】2018年1月31日下午，林丽叶因“突发右侧胸闷、胸痛约半小时”到医院就诊，诊断为支气管哮喘，给予吸氧、解痉平喘等治疗。2018年2月3日，林丽叶死亡。林丽叶家属对医院诊疗存有疑问，申请过医疗事故技术鉴定。南宁市医学会作出医疗事故技术鉴定，认为医院未进一步追踪复查，未完善心脏彩超、血气分析及肺功能等检查，医方诊疗行为存在不足，但不属于医疗事故。林丽叶家属不服，向广西医学会申请进行医疗事故技术鉴定，广西医学会审核该病例资料后认为患者死亡原因不明，暂不受理此争议。后家属向法院申请医疗损害司法鉴定，鉴定意见为：被告的诊疗行为存在一定过错，该过错行为与患者死亡的后果之间存在一定的因果关系，建议原因力为次要原因。

【案例2】沈涛因左上眼睑肿胀2个月到某医院就诊。诊断左眼甲状腺相关眼病，对其进行左眼眶药物注射。因无明显好转，该院再次对其左眼上眶周进行注射。之后沈涛左眼视力下降，最终诊断为左眼视神经萎缩。经医疗损害司法鉴定，考虑其眼部损伤与第二次操作直接相关，医院存在在操作中未尽到谨慎注意义务的过错，其原因力为同等原因。一审法院认为眼眶周注射为盲穿，存在损伤血管、神经等的可能性，为可预见但无法完全避免的并发症，综合考虑患者自身疾病因素判定医疗机构承担10%的赔偿责任。判决后，沈涛不服，认为医院应当按照原因力为同等原因而承担50%的赔偿责任，遂提起上诉。二审法院审理后驳回沈涛诉讼请求。沈涛仍不服，提起再审申请，经审查，四川省高级人民法院裁定驳回沈涛再审申请。

【讨论】

1. 案例1中当事人为何反复进行医疗纠纷技术鉴定？
2. 案例1中医疗事故技术鉴定与医疗损害司法鉴定的意见为何会出现冲突？
3. 如果你作为受理案例1的法官，如何理解两种鉴定意见之间的冲突？
4. 鉴定意见的冲突对当事人维权有何影响？
5. 案例2中沈涛因何不服一审与二审判决？
6. 案例2中鉴定意见中的原因力大小是否就代表医疗损害责任比例？
7. 如果你是受理案例2的法官，该如何处理鉴定意见？

知识链接 / 医疗纠纷技术鉴定及鉴定意见的审查判断

证据的审查判断是对证据材料进行分析、鉴别，从而作出判断，找出它们与案件事实之间的客观联系，确定其证据能力有无和证明力大小的必经程序。医疗纠纷技术鉴定的审查判断，遵循《最高人民法院关于人民法院民事诉讼中委托鉴定审查工作若干问题的规定》的规定。需要对鉴定机构的资质、业务范围，鉴定人的专业能力、从业经验、业内评价、执业范围、鉴定资格、资质证书有效期以及是否有依法回避的情形进行审查判断。对鉴定意见书的审查判断，包括：①是否具备《最高人民法院关于民事诉讼证据的若干规定》第三十六条规定的委托法院的名称，委托鉴定的内容、要求，鉴定材料，鉴定所依据的原理、方法，鉴定过程的说明，鉴定意见，承诺书。②鉴定意见和鉴定意见书的其他部分是否矛盾。③是否存在不确定性表述等。

知识拓展 /

原因力是指多种原因导致同一损害中，各因素对损害的发生或损害扩大产生的作用力。根据《最高人民法院关于审理医疗损害责任纠纷案件适用法律若干问题的解释》第十二条规定，鉴定意见可以按照导致患者损害的全部原因、主要原因、同等原因、次要原因、轻微原因或者与患者损害无因果关系表述原因力大小。其中，全部原因是指损害后果完全由医疗过错行为造成；主要原因是指损害后果主要由医疗过错行为造成，其他因素起次要作用；同等原因是指损害后果的造成，医疗过错行为和其他因素的作用难以确定主次；次要原因是指损害后果主要由其他因素造成，医疗过错行为起次要作用；轻微原因是指损害后果绝大部分由其他因素造成，医疗过错行为起轻微作用；无因果关系即损害后果与医疗过错行为无关。

原因力并不等同于医疗损害责任。原因力是医学专家或鉴定专家基于医学知识，对各因素在损害发生或损害扩大过程中的作用力进行的事实分析。而医疗损害责任是法官结合过错程度、原因力、医疗水平，以及是否具备法定免责因素等对赔偿责任予以的综合判断。

本章小结

医疗纠纷的解决特别依赖鉴定已经成为不争事实，医疗行为是否有过错？医疗过错与损害后果之间是否具有因果关系？甚至通过医疗行为的诊治是否具有损害后果？损害后果的程度？鉴定都起到了至关重要的作用。加之我国目前鉴定存在的“二元化”，不同的鉴定意见反映了医疗质量和医疗安全的不同侧面，需要同学通过学习，学会如何选择有利的鉴定方式，学会提供相应的鉴定材料，甚至在管理中避免医疗过错的出现，提升医疗质量和医疗安全的管理。

（邓　虹）

第十四章　医疗纠纷的法律责任与救济途径

学习目标

1. 掌握　医疗损害责任的归责原则；医疗损害民事责任的赔偿范围及标准。

2. 熟悉　医疗纠纷的救济途径。

3. 了解　我国医疗纠纷发生的原因。

医疗纠纷，是指基于医疗行为，医方（医疗机构）与患方（患者或者患者近亲属）之间产生的因对治疗方案与治疗结果有不同的认知而导致的纠纷。《医疗纠纷预防和处理条例》将“医疗纠纷”定义为医患双方因诊疗活动引发的争议。医疗活动的不确定性和高风险性、医患双方医疗知识的不对称性和地位的不平等性，使得医患关系是极易产生纠纷的社会关系。作为人类社会的客观现象，纠纷的发生有其合理的一面。人类社会只有承认纠纷的存在及价值，才能正视自身的客观需求和发展契机，并发现和遵循社会运行的客观规律。

第一节　医疗纠纷的法律责任

一、民事责任

医患双方基于医疗卫生服务，一般通过医疗服务合同（特定情况下通过医疗准合同）的设立、变更、终止，形成具有医学伦理性的民事法律关系。医患法律关系包括3种情形：医疗服务合同法律关系、无因管理关系和强制诊疗关系。《中华人民共和国民法典》(简称《民法典》)第一百七十六条规定:“民事主体依照法律规定或者按照当事人约定，履行民事义务，承担民事责任。”第一百八十六条规定:“因当事人一方的违约行为，损害对方人身权益、财产权益的，受损害方有权选择请求其承担违约责任或者侵权责任。”这是我国关于民事责任的总体规定，也适用于医事活动。医事民事责任可以分为违约民事责任和侵权民事责任。

（一）民事责任的分类

1. 违约责任　有学者认为，医患之间是一种医疗服务合同关系。患者到医疗机构挂号，表示该合同已成立，在医疗机构或医生和患者之间产生相对应的权利义务关系。因此，双方在医疗过程中发生的纠纷属于合同纠纷，产生的责任自然属于违约责任。2017年12月14日实施的《最高人民法院关于审理医疗损害责任纠纷案件适用法律若干问题的解释》第一条第三款规定:“当事人提起的医疗服务合同纠纷案件，不适用本解释。”也就是如果仅仅是在医疗服务合同的履行过程中发生的违约责任，没有造成患者的固有利益损害，不是医疗损害责任纠纷案件。但依据《民法典》规定，在医疗活动中，当事人一方不履行合同义务或者履行合同义务不符合约定的，应当承担继续履行、采取补救措施或者赔偿损失等违约责任。

2. 侵权责任　按照民法的理论，行为侵犯了绝对权利，则构成侵权责任。导致医疗损害发生的医疗人员的过失行为侵害了患者的生命权、身体权和健康权、隐私权、知情同意权、个人信息等，这些权利是人身权这种绝对权。所以，医疗机构及其医务人员应承担侵权责任。

3. 侵权与违约责任的竞合　如前所述，医疗关系是一种契约关系，或者合同关系。如果一方有过失，造成了患者的损害，属于违约行为，应当承担违约责任。但是，过失的医疗行为侵害了患者的健康权、生命权等绝对权力，又是一种侵权行为，应当承担侵权责任。这种情况下，构成了侵权责任与违约责任的竞合。按照责任竞合应有利于受害人选择的原则，应选择侵权责任。

（二）医疗损害的民事责任

我国对医疗行为引起的患者损害问题的称谓有一个不断发展的过程。1987年，卫生部发布的《医疗事故处理办法》将医疗行为引起的患者身体损害称作“医疗事故”“医疗差错”“医疗意外”。《医疗事故处理办法》明确规定对“医疗事故”承担一定的补偿责任，“医疗差错”和“医疗意外”不承担赔偿责任。2002年2月20日，国务院颁布的《医疗事故处理条例》明确规定了“医疗事故”的概念，抛弃了使用“医疗差错”和“医疗意外”的概念。2003年1月6日发布的最高人民法院关于参照《医疗事故处理条例》审理医疗纠纷民事案件的通知明确规定，《医疗事故处理条例》施行后发生的医疗事故引起的医疗赔偿纠纷，诉到法院的，参照《医疗事故处理条例》的有关规定办理；因医疗事故以外的原因引起的其他医疗赔偿纠纷，适用民法通则的规定。最高人民法院就审理医疗纠纷案件的法律适用问题答记者问中认为：根据我国的法律和行政法规的规定，医疗纠纷可以分为两类，一类是医疗事故侵权行为引起的医疗赔偿纠纷案件，另一类是非医疗事故侵权行为或者医疗事故以外的其他原因而引起的医疗赔偿纠纷案件。这样就形成了医疗损害的适用法律的“二元化”，即医疗事故引起的医疗损害和非医疗事故引起的医疗损害，引起了法律适用的混乱。

《中华人民共和国侵权责任法》第七章使用了“医疗损害责任”的概念，终结了我国医疗侵权民事责任称谓不统一的问题。这一概念包含了医疗事故的损害责任，也包含了非医疗事故的医疗损害责任，是我国法律对医事民事责任最权威的界定。根据《中华人民共和国侵权责任法》，也就是现行《民法典》“侵权责任编”的规定，医疗损害责任是医疗机构及其医务人员有过错的造成患者在诊疗活动中受到损害，由医疗机构承担赔偿责任。

二、行政责任

（一）医事行政责任与医事民事责任的区别

医事行政责任与医事民事责任的区别是：①医事行政责任是基于不平等主体之间的法律关系即医事行政法律关系发生的；而医事民事责任是基于平等主体之间的法律关系即医事民事法律关系发生的。②医事民事责任的形式是恢复性的，如赔偿损失等；而医事行政责任的形式既有恢复性的，如行政赔偿，也有惩罚性的，如行政处罚和行政处分。③医事民事责任的追究机关和追究法律程序具有单一性，主要是通过人民法院和依据民事诉讼法；而医事行政责任的追究机关如前所述具有多元性，且追究程序亦具有多样性。④医事民事责任是医事民事法律关系中一方当事人对另一方当事人承担责任；而医事行政责任主要是违法行为人向国家承担责任。

（二）医事行政责任的构成要件

1. 行为违法性 行为违法性是指行为人的行为客观上违反了医事行政法律规范的规定或违反了医事行政法律义务，是构成医事行政责任的必要条件之一。违反医事行政法律法规行为包括作为和不作为。作为是指行为人以积极的身体活动直接做了法律所禁止的事，自然要导致法律责任。不作为是指行为人以消极的身体活动，在能够履行自己应尽义务的情况下不做法律规定应做的事，也会导致法律责任。前者如医师未经亲自诊查、调查就签署有关医学证明文件，隐匿、伪造或销毁医学文书及有关资料，出具与自己执业范围无关或与执业类别不相符的医学证明文件等。后者如医师应当如实向患者或其家属介绍病情而未如实介绍，进行实验性临床医疗应当经医院批准并征得患者本人或者其家属同意而未经批准为之。

2. 行为的危害后果　行为的危害后果是指违法行为侵犯他人或社会的权利和利益所造成的损失和伤害，包括人身的损害、财产的损害、精神的损害。行为的危害后果是否成为承担医事行政责任的条件需要法律规定。这里有两种情况：一是在某些情况下，法律规定没有造成危害后果的医事违法行为也要承担医事行政责任。如《中华人民共和国献血法》规定，医疗机构的医务人员违反本法规定，将不符合国家规定标准的血液用于患者的，由县级以上地方人民政府卫生行政部门责令改正。这里需要指出的是，在法律规定没有造成危害后果的医事违法行为也要承担医事行政责任，所谓“没有造成危害后果”是指没有造成现实的危害，但违法行为肯定会对人体健康和社会健康造成危害，如前述将不合格的血液用于患者，瞒报、缓报、谎报传染病疫情，只不过这种危害结果是潜在的。

3. 因果关系　因果关系是指违法行为与危害结果之间的必然联系。医事违法行为是原因，行为的危害后果是结果，如《艾滋病防治条例》规定，医疗卫生机构未依照规定履行职责，对临时应急采集的血液未进行艾滋病检测，对临床用血艾滋病检测结果未进行核查，或者将艾滋病检测阳性的血液用于临床是原因，造成艾滋病传播、流行或者其他严重后果是结果，因此依法对负有责任的主管人员和其他直接责任人员依法给予降级、撤职、开除的处分，并可以依法吊销有关机构或者责任人员的执业许可证件。

4. 医事行政责任的主观要件，过错是医事行政责任的主观条件　由于过错的形式不同，医事违法行为人承担医事行政责任的形式也不一样。一般来说，医事行政违法中医疗事故系过失所致。这里应当注意的是，过错只有在法定前提下，才是构成医事行政责任的条件。如果法律法规有明确规定，主观过错故意或者过失及其程度为承担行政责任的必备条件时，主观过错才成为该行政责任的必要条件，否则只要在客观上某一行为被确定为违法即可构成医事行政责任，而不必考虑主观因素。

三、刑事责任

（一）医疗事故罪

《中华人民共和国刑法》（简称《刑法》）对医疗事故罪做了专门的规定，即“医务人员由于严重不负责任，造成就诊人死亡或者严重损害就诊人身体健康的，处三年以下有期徒刑或者拘役”。根据1997年《刑法》中医疗事故罪的规定，我们可以从以下几方面对医疗事故罪进行解析。

根据《刑法》第三百三十五条规定，医疗事故罪的犯罪主体是医务人员，理论界对此已经达成共识。但有关医务人员的范围，是否应包含行政后勤人员，实践中尚有争议。我们认为，医院的党政管理人员及后勤辅助人员既不能一概地被排除在医疗事故罪的主体范围之外，也不能笼统地被涵盖其中。对于这两类人员是否属于医疗事故罪的主体，我们应该从他们与医学诊疗活动有无直接关系来加以认定。如果他们直接参与了医疗活动，对诊疗活动的后果产生了实质性地影响，那么无论是党政管理人员还是后勤辅助人员，则应被判定为属于医疗事故罪的主体范畴；反之，则应被排除在外。

医疗事故罪的主观方面是“严重不负责任”的过失心态，包括疏忽大意的过失与过于自信的过失。而对于医务人员的这种主观过失心态的认定，则主要体现在注意义务和注意能力的判定上。

医疗事故罪中的危害行为是指医务人员在诊疗护理工作中的严重不负责任的行为。所谓的“严重不负责任”，指医务人员在医疗活动中，任意违反国家医疗、卫生、药品、防疫以及相关的医药行政管理法规，不认真履行、不完全履行或完全不履行其职责，从而造成了患者人身伤害或死亡的结果发生。据此，“严重不负责任”的行为应该包含两种样态：作为与不作为。开错或配错药品、输血不符合卫生规范等行为属于前者；而无理由拒诊、不及时对患者进行抢救则属于后者。

医疗事故罪中的危害后果是造成就诊人死亡或者严重损害就诊人身体健康。为了更好地指导司法实践，最高人民检察院、公安部在《最高人民检察院、公安部关于公安机关管辖的刑事案件立案追诉标准的规定（一）》第五十六条中明确规定了“严重不负责任”与“严重损害就诊人身体健康”的立案追诉标准。这为综合考察医务人员的医疗过失程度、危害后果的严重程度及二者之间是否存在刑法上的因果关系提供了更加细化的标准。该条规定：医务人员由于严重不负责任，造成就诊人死亡或者严重损害就诊人身体健康的，应予立案追诉。具有下列情形之一的，属于本条规定的“严重不负责任”：①擅离职守的；②无正当理由拒绝对危急就诊人实行必要的医疗救治的；③未经批准擅自开展试验性医疗的；④严重违反查对、复核制度的；⑤使用未经批准使用的药品、消毒药剂、医疗器械的；⑥严重违反国家法律法规及有明确规定的诊疗技术规范、常规的；⑦其他严重不负责任的情形。本条规定的“严重损害就诊人身体健康”，是指造成就诊人严重残疾、重伤、感染艾滋病、病毒性肝炎等难以治愈的疾病或者其他严重损害就诊人身体健康的后果。

（二）非法行医罪

非法行医罪是指未取得医生执业资格的人非法行医，情节严重的行为。本罪的主要构成特征是：①本罪侵犯的客体是国家对医疗工作以及医疗从业人员的管理制度，及就诊人的生命和健康权利；②本罪的主体是一般主体，即已满16周岁且具有刑事责任能力，未取得医生执业资格而非法行医的自然人。主体既可以是中国人，亦可以是外国人。最高人民法院《关于审理非法行医刑事案件具体应用法律若干问题的解释》规定：具有下列情形之一的，应认定为刑法第三百三十六条第一款规定的“未取得医生执业资格的人非法行医”：①未取得或者以非法手段取得医师资格从事医疗活动的；②被依法吊销医师执业证书期间从事医疗活动的；③未取得乡村医生执业证书，从事乡村医疗活动的；④家庭接生员实施家庭接生以外的医疗行为的。

本罪的客观方面表现为未取得医生执业资格的人，非法开展诊疗护理等医务活动，情节严重的行为。司法实践中，非法行医的行为表现多为作为的方式，如自己挂牌行医或在药店坐堂看病、挂靠于某些机构开业行医、在医疗单位冒充医生从业、在街道集市上摆摊看病、流串行医等。“情节严重”主要指在没有基本医疗知识的前提下非法行医，延误治疗时机导致病情加重；非法行医时间较长，屡教不改，又非法行医的；非法行医使多人身体受到严重损害，致人伤残或死亡的等等。情节往往是反映行为的社会危害性及其程度的重要指标。故上述最高人民法院《关于审理非法行医刑事案件具体应用法律若干问题的解释》对如何认定“情节严重”亦提供了明确的标准，即具有下列情形之一的，应认定为刑法第三百三十六条第一款规定的“情节严重”：①造成就诊人轻度残疾、器官组织损伤导致一般功能障碍的；②造成甲类传染病传播、流行或者有传播、流行危险的；③使用假药、劣药或不符合国家规定标准的卫生材料、医疗器械，足以严重危害人体健康的；④非法行医被卫生行政部门行政处罚两次以后，再次非法行医的；⑤其他情节严重的情形。该罪客观方面除了表现为“情节严重”外，还包括“严重损害就诊人身体健康”和“造成就诊人死亡”两种情形。为了解决司法实践中认定“严重损害就诊人身体健康”缺乏明确标准的这一局面，上述司法解释对“严重损害就诊人身体健康”作出了如下规定：具有下列情形之一的，应认定为刑法第三百三十六条第一款规定的“严重损害就诊人身体健康”：①造成就诊人中度以上残疾、器官组织损伤导致严重功能障碍的；②造成三名以上就诊人轻度残疾、器官组织损伤导致一般功能障碍的。与此同时，该司法解释明确了如若非法行医行为并非是造成就诊人死亡的直接、主要原因的，可以根据案情，将这种行为认定为非法行医罪中规定的“情节严重”。这样既避免了放纵犯罪现象的产生，又符合刑法中犯罪行为与危害结果之间因果关系的基本理论。

本罪的主观方面是故意。即行为人明知自己没有医生执业资格，为了牟利而非法开展诊疗护理活动。行为人虽有牟利的故意，但对非法行医所造成的危害结果却大多出于过失。如果行为人积极追求或放任就诊人死亡结果的发生，则应以故意伤害罪或故意杀人罪论处。

第二节　医疗纠纷的救济途径

《医疗纠纷预防和处理条例》（简称《条例》）明确了医疗纠纷的处理原则、途径和程序等内容，《条例》第二十二条规定，发生医疗纠纷，医患双方可以通过下列途径解决：①双方自愿协商；②申请人民调解；③申请行政调解；④向人民法院提起诉讼；⑤法律、法规规定的其他途径。

一、双方自愿协商途径

医患双方协商的途径，体现了医患双方依法处分民事权利、确认民事义务的自主权。协商的主体是医疗机构和患者。医疗机构应设立专门的部门处理医疗纠纷，通过院内医疗纠纷处理程序，组织专家讨论，委托专家咨询以及双方共同申请医疗损害技术鉴定，进行医患协商，协商成功的须双方签订调解协议书。医患双方协商解决可以在医疗损害鉴定之前，也可以在医疗损害鉴定之后。如果医疗机构或者患者一方表示不同意协商，则可以选择其他解决的途径。

协商解决医疗纠纷的缺点主要包括：①难以真正公平、公正地解决纠纷。因医患之间信息不对称，患方谈判能力低下，往往会损害患方的合法权益；或者个别案件中患方为达到自己的不合理要求往往采取极端行为，又会导致医方利益受损。②发生医疗事故的纠纷中，不利于全面追究相关主体的法律责任。③协商解决的过程中容易引发道德风险，并且医疗责任保险制度相排斥。所以，有些地方对协商解决医疗纠纷的赔偿范围作出了一定限制，如北京市《关于加强医疗纠纷人民调解工作的意见》（京司发〔2010〕735号）规定，自2011年5月30日起，公立医疗机构发生的医疗纠纷，患方索赔金额1万元以下的，可以通过医患双方协商解决；索赔金额1万元以上的，应当通过北京市医疗纠纷人民调解委员调解或诉讼方式予以解决。

二、申请人民调解途径

《条例》明确规定了人民调解的途径，确立了医疗纠纷人民调解机构的法律地位和人员资质，并在调解流程和人员培训上作出了规定。医疗纠纷人民调解委员会是政府出资建立的调解机构，提供免费调解服务，具有可持续性，是医患双方之外的第三方公益性中立机构，与医患双方当事人不存在行政关系和利益关系，聘请专业人员参与调解医疗纠纷，客观地分析和评估，具有鲜明的中立性、公平性、权威性，有助于医患双方充分沟通，调解成功率较高。调解是在医患双方自愿选择和法律法规的指导下有程序地进行。双方达成调解协议的可经法院进行司法确认具有法律效力。未达成协议的可直接向人民法院提起诉讼。各地政府有医患协商调解限额规定的，超出赔偿限额以上的医疗纠纷案件，可以直接申请人民调解的途径。医患双方也可以直接向人民法院提起诉讼。

三、申请行政调解途径

行政调解也是多渠道解决医疗纠纷的途径之一。医疗纠纷发生后，医患双方当事人可以向主管行政部门提出调解申请，由行政部门组织医患双方当事人进行自愿调解。该行政调解不是行政处理、行政裁决和行政处罚，也不是行政机关和行政相对人之间的争议纠纷，是解决医疗纠纷的一种诉讼外的民事活动。行政调解所达成的协议，是双方当事人契约的合意结果，没有行政的强制力。依据《最高人民法院关于执行〈中华人民共和国行政诉讼法〉若干问题的解释》第一条规定，调解行为以及法律规定的仲裁行为不属于人民法院行政诉讼的受案范围。医患双方未达成调解协议的，可以向人民法院提起民事诉讼，而不是行政诉讼。

四、向人民法院提起民事诉讼途径

民事诉讼是我国法律赋予公民保障自身民事权益的途径，具有权威性、公正性和国家强制力。《中华人民共和国民事诉讼法》第三条规定：“人民法院受理公民之间、法人之间、其他组织之间以及他们相互之间因财产关系和人身关系提起的民事诉讼，适用本法的规定。”医患双方在自愿协商、人民调解、行政调解不成的情况下，可以向人民法院提起民事诉讼，寻求法律保护。但协商、调解不是向人民法院提起民事诉讼的必经程序。医疗机构和患者也可以直接向人民法院提起民事诉讼。

五、法律法规规定的其他途径

除上述4种明确规定的途径外，按照人民调解法规定的相关人民调解组织，以及目前社会上存在的一些有偿或无偿的社会调解机构，如社会团体建立的调解机构和仲裁机构、保险公司建立的调解机构、司法部门组织的多元调解机构等。这些调解机构在获得相关部门及法律法规的认可，也是一种解决医疗纠纷的途径。医疗机构和患者也可以通过法律、法规规定的其他途径来解决医疗纠纷。除政府举办的医疗纠纷人民调解委员会之外。医患双方也有权利自愿选择到这些机构进行调解，如果能够调解成功，也不失为一种解决医疗纠纷的好办法。上述调解途径未达成协议的，仍然可以向人民法院提起诉讼。

第三节　医疗纠纷的预防机制

一、贯彻落实医疗质量安全核心制度，保障医疗安全

1999年，美国医学研究所发表了一份具有里程碑意义的报告，即《人类：建立一个更安全的卫生系统》，逐渐开始有更多人注意到不安全医疗照护问题的严重性。该报告在2项过去研究的基础上，推算出美国医院不良事件死亡率，预计每年至少造成44 000人死亡，甚至可能造成多达98 000人死亡。研究表明，在高收入国家，平均有十分之一的患者在医院接受医疗照护时会经历不良事件。而在低收入和中等收入国家，高达四分之一的患者在医疗照护过程中受到伤害，医院的不安全医疗照护每年引起约1.34亿起不良事件，造成约260万人死亡。据最新估计，患者受伤害带来的社会成本每年可达1万亿~2万亿美元。贯彻落实医疗质量安全核心制度，保障患者安全是减少医疗纠纷的根本措施。发展安全文化对于改善患者安全至关重要。政策和立法干预可以为安全文化的蓬勃发展提供有利的环境，然而，安全文化最终都必须渗透进卫生工作者、管理者和卫生保健组织领导人的态度、信念、价值观、技能和行为中。强大的安全文化不仅对减少患者伤害至关重要，也是保证卫生工作者工作环境安全的关键环节。

二、提高医师告知意识，把握告知重点内容

2020年全国医疗损害责任纠纷案件大数据报告中，医方因未尽告知义务而败诉的案件数量为460件，占比19%，与2019年相比下降4%。通过分析2020年的3047份二审判决书可以看出，医疗机构对告知义务的履行意识明显提高。因此，重视医患沟通，提高医方告知意识十分必要。

对于告知的内容，《中华人民共和国医师法》《民法典》《医疗机构管理条例》《医疗事故处理条例》以及《病历书写基本规范》等相关法律法规已明确规定，但是对告知的限度和标准，暂无明确的规章制度界定，这往往也成为诉讼案件争议的焦点。通过对诉讼文书的分析发现，医方应更加关注对患者产生实质性影响的告知行为。实质性影响可包括2类：一类是告知的内容影响患者选择权，包含病情变化、特殊治疗的医疗风险、替代医疗方案及费用等。因告知不足导致患者无法进行选择或者选择了自己

无法承受的诊疗，一旦合并医疗技术过失，在损害责任的认定中，往往要承担较高责任程度的赔偿。另一类是告知的内容涉及患者重要病情信息，未告知可能导致患方机体痛苦。此类案件多因患者病情突然变化导致不良结局后家属难以承受，如新生儿在重症监护室的病情变化，应就患儿情况及时与家属沟通，如医方不存在其他医疗过失，医方可能承担一定的告知侵权责任，并予以患者家属一定补偿。

实践中，提高医师告知意识的方式包含典型案例培训、专题讲座、案例模拟等形式培训，但是想要从根本上提高临床医务人员的认识，首先要加强对临床一线医师的培训和指导；其次要增加临床医学生在医患沟通方面的培养深度和广度，在知情告知方面，不仅要加强法律、法规等方面的教学，更要采用模拟演练等方式让医学生认识、了解到告知的重要性，为日后临床工作奠定基础。

三、推广“提前介入”谈话机制，促进第三方见证下医患沟通

“提前介入”谈话机制是指对于病情危重的患者，或者存在潜在医疗纠纷可能的患者以及其他临床科室认为需要第三方参与谈话的情形，由科室提出申请，在第三方见证下进行的医患沟通。第三方见证下的医患沟通地点均为具备录音、录像设备的较为正式的会议室。以医院行政管理部门为主体的见证，侧重于表明院方对患者的重视，从而减少患者及家属的顾虑，并通过对诊疗风险、费用、替代方案等细节问题的告知，让患者及家属充分了解相关情况，作出适合自己的选择；律师见证更侧重于通过法律的视角促进医患双方沟通的全面性并出具见证书，以保证医患沟通的真实性。从文献对不同模式的研究探讨来看，2种模式均可达到有效避免医疗纠纷的效果。

四、关注病历书写规范，完善纠纷闭环管理

病历资料是医疗诉讼案件的重要证据之一，鉴定机构往往在医患双方认可病历的真实性、有效性的基础上进行评议，其中对于医方是否已充分尽到告知义务的判定主要依赖于病历资料的记载。因此，在知情告知方面，关注病历书写规范尤为重要。建议从以下2个层面完善知情告知方面的病历书写问题：第一，病情说明告知。及时关注患者病情变化，涉及检验检查危急值及时处理，及时与患者家属沟通，记录病程，涉及患者对治疗方案作出选择的，须特殊记录医患沟通记录，患者及家属签字确认。第二，手术、特殊检查、特殊治疗说明告知。首先，须明确诉讼中针对上述事项的风险告知，以知情同意书内容记载为准。仅在病程记录中对上述事项进行风险告知，鉴定机构及法院认定告知不足的可能性大。其次，须体现接诊患者的特殊性。特殊风险告知、替代诊疗方案建议填写在知情同意书的特殊位置。此外，针对病历书写存在的共

性问题及时归纳、总结，将相应问题及时反馈科室，全员宣贯，在一定程度上可避免同类问题再次发生。

本章小结

本章主要讲医疗纠纷的法律责任与救济途径，医疗纠纷发生有多重因素，主要有社会政策原因、医疗机构未尽到注意义务、告知义务及患者自身认知不到位等因素。发生医疗纠纷后，医疗机构和患者可以采取5条途径解决争议：双方自愿协商，申请人民调解，申请行政调解，向人民法院提起诉讼，法律、法规规定的其他途径。通过调解或民事诉讼解决争议，若认定医方有责任，医疗机构应当承担违约或侵权的民事责任。另外，发生医疗纠纷后，医疗机构或相关医务人员也可能承担行政责任或刑事责任。

本章重点介绍了医疗纠纷的预防机制，作为医疗机构，应贯彻落实医疗质量安全核心制度，保障医疗安全；医师应提高“告知”意识，把握“告知”重点内容；对高危患者或有纠纷倾向的患者，可在第三方见证下进行医患沟通；应关注病历书写规范，完善纠纷闭环管理；最后，在临床教学工作中要有保护患者隐私权意识。

（李若男）

第十五章 医药商业贿赂与纠正医疗行业不正之风

学习目标

1. 掌握 医药商业贿赂的基本界定；医疗行业不正之风的典型表现。
2. 熟悉 医疗行业不正之风对医患关系的影响。
3. 了解 医药商业贿赂的法律责任。

构建和谐医患关系的基础在于建立起医患间的信任关系。商业贿赂、“红包”、不合理医疗检查、欺诈骗保等行业不正之风有悖医疗机构工作人员职业道德要求，会对医疗行业形象、信誉产生巨大负面影响，进而也对医患关系的反向发展起着推波助澜的作用。加强医院行风建设是提升医院社会认同度、人民信任感的重要途径。要教育引导广大医务人员弘扬和践行敬佑生命、救死扶伤、甘于奉献、大爱无疆的崇高职业精神，塑造医术精湛、医德高尚、医风严谨的行业风范，使之内化为精神追求、外化为自觉行动，从而为人民群众营造一个和谐、诚信的医疗服务环境。

第一节 医药商业贿赂

医疗行业不正之风是指医疗行业内存在的，有悖法律法规、行业自律规范或职业道德要求且损害医疗行业形象、信誉的惯习性职业行为。医药商业贿赂是医疗行业不正之风的典型之一。

一、医药商业贿赂的基本界定

商业贿赂是不正当竞争行为的一种，指经营者为销售或购买商品而采用财物或者其他手段贿赂对方单位或者有关个人的行为。我国有关反商业贿赂的规定散见于各法律、法规、规章之中，如《中华人民共和国刑法》(简称《刑法》)《中华人民共和国反不正当竞争法》(简称《反不正当竞争法》)和《关于禁止商业贿赂行为的暂行规定》等法律规范对商业贿赂均有涉及，构成了我国反商业贿赂的通用条款。商业贿赂所涉及的财物和其他手段囊括了一切可以用金钱计算数额的财产性利益，如提供劳务服务、会员服务、代金卡（券）、负担旅游度假、免除债务等。在商业贿赂事件中，对上述财产性利益的输送往往十分隐蔽，常见的情形即假借促销费、宣传费、折扣、佣金、捐赠资助之名行贿赂之实，也因而成了执法与司法实践的重点关注。

医药商业贿赂是发生在特定领域、特定主体间的商业贿赂形式。本章探讨的医药商业贿赂，主要指在医药购销或医疗服务活动中，医药生产经营企业及其代理人为谋取不正当利益，采用财物或者其他手段贿赂医疗机构及其从业人员的行为。当前我国医药商业贿赂主要表现为以下两种情形。

第一，收受回扣。不同于折扣，回扣的显著特征在于账外暗中，即医药产品生产经营企业及其代理人为谋取不正当利益，违反财务会计制度规定以非明示方式退还给医疗机构及其从业人员一定比例的财产性利益。医疗机构及其从业人员收受的回扣包括但不限于以下形式：①索取、收受生产经营企业及其代理人以各种名义所送的礼品、礼金、有价证券和支付凭证等财物；②接受生产经营企业及其代理人报销的应当由医疗卫生机构或其工作人员本人支付的费用；③参加由生产经营企业及其代理人负担费用的各项宴请、娱乐和社交活动等。

第二，披着“合法外衣”进行的利益输送。医药行业中假借学术会议、科研协作、学术支持、捐赠资助活动进行利益输送的不当行为频繁发生。国家允许医疗机构与医药生产经营企业在合法、合规的前提下开展交往活动，但若超出适度、合理的商业惯例标准，则容易被认定为存在商业贿赂。如医院工作人员参加在名胜、景区等铺张奢侈地点举办的推广活动，或者接受资助机构向其个人支付的任何资金等。

二、医药商业贿赂的法律责任

（一）民事责任

医药商业贿赂行为所引发的民事责任主要包括两类：一类是医疗机构以工作人员或代理人收受回扣为由提起合同效力确认之诉，另一类是其他有竞争关系的生产经营企业因纯经济利益受损而提起侵权之诉。对于第一类合同纠纷，若当事人在医药购销合同中未约定反商业贿赂条款，即使法院认定存在行贿受贿事实，也不当然判定合同无效或可撤销，需要结合是否损害国家利益等因素做进一步判断。而对于包含反商业贿赂条款的合同，当事人可按约定解除合同并主张违约金。对于第二类侵权纠纷，《反不正当竞争法》第十七条规定，经营者的合法权益受到不正当竞争行为损害的，可以向人民法院提起诉讼。因不正当竞争行为受到损害的经营者的赔偿数额，按照其因被侵权所受到的实际损失确定；实际损失难以计算的，按照侵权人因侵权所获得的利益确定。经营者恶意实施侵犯商业秘密行为，情节严重的，可以在按照上述方法确定数额的一倍以上五倍以下确定赔偿数额。赔偿数额还应当包括经营者为制止侵权行为所支付的合理开支。

（二）行政责任

在医药商业贿赂案件中，对医疗机构及其从业人员作出的行政处罚主要为申诫罚、财产罚和资格罚，适用的具体条款如下。

《反不正当竞争法》第十九条规定，经营者违反本法第七条规定贿赂他人的，由监督检查部门没收违法所得，处十万元以上三百万元以下的罚款。情节严重的，吊销营业执照。

《中华人民共和国药品管理法》（简称《药品管理法》）第一百四十一条规定，药品上市许可持有人、药品生产企业、药品经营企业或者医疗机构在药品购销中给予、收受回扣或者其他不正当利益的，药品上市许可持有人、药品生产企业、药品经营企业或者代理人给予使用其药品的医疗机构的负责人、药品采购人员、医师、药师等有关人员财物或者其他不正当利益的，由市场监督管理部门没收违法所得，并处三十万元以上三百万元以下的罚款；情节严重的，吊销药品上市许可持有人、药品生产企业、药品经营企业营业执照，并由药品监督管理部门吊销药品批准证明文件、药品生产许可证、药品经营许可证。《药品管理法》第一百四十二条规定，医疗机构的负责人、药品采购人员、医师、药师等有关人员收受药品上市许可持有人、药品生产企业、药品经营企业或者代理人给予的财物或者其他不正当利益的，由卫生健康主管部门或者本单位给予处分，没收违法所得；情节严重的，还应当吊销其执业证书。

《中华人民共和国医师法》第五十六条规定，违反本法规定，医师在执业活动中有下列行为之一的，由县级以上人民政府卫生健康主管部门责令改正，给予警告，没收违法所得，并处一万元以上三万元以下的罚款；情节严重的，责令暂停六个月以上一年以下执业活动直至吊销医师执业证书：①泄露患者隐私或者个人信息。②出具虚假医学证明文件，或者未经亲自诊查、调查，签署诊断、治疗、流行病学等证明文件或者有关出生、死亡等证明文件。③隐匿、伪造、篡改或者擅自销毁病历等医学文书及有关资料。④未按照规定使用麻醉药品、医疗用毒性药品、精神药品、放射性药品等。⑤利用职务之便，索要、非法收受财物或者牟取其他不正当利益，或者违反诊疗规范，对患者实施不必要的检查、治疗造成不良后果。⑥开展禁止类医疗技术临床应用。

（三）刑事责任

医疗机构从业人员索取或收受他人财物，构成犯罪的，通常以受贿罪或非国家工作人员受贿罪论处。适用的具体条款如下。

《刑法》第一百六十三条规定，公司、企业或者其他单位的工作人员，利用职务上的便利，索取他人财物或者非法收受他人财物，为他人谋取利益，数额较大的，处三年以下有期徒刑或者拘役，并处罚金；数额巨大或者有其他严重情节的，处三年以上十年以下有期徒刑，并处罚金；数额特别巨大或者有其他特别严重情节的，处十年以上有期徒刑或者无期徒刑，并处罚金。公司、企业或者其他单位的工作人员在经济往来中，利用职务上的便利，违反国家规定，收受各种名义的回扣、手续费，归个人所有的，依照前款的规定处罚。《刑法》第三百八十五条规定，国家工作人员利用职务上的便利，索取他人财物的，或者非法收受他人财物，为他人谋取利益的，是受贿罪。国家工作人员在经济往来中，违反国家规定，收受各种名义的回扣、手续费，归个人所有的，以受贿论处。

区分受贿罪与非国家工作人员受贿罪的关键在于判断行为人是否具有国家工作人员的身份。非国家工作人员无法单独构成受贿罪。具有国家工作人员身份的行为人收受或索取他人财物构成犯罪的，也不当然构成受贿罪，还需要进一步明确其在实施犯罪行为时，是否属于处理公务并利用了组织、领导、监督、管理上的职权便利。如是，则构成受贿罪；如否，则构成非国家工作人员受贿罪。以医疗机构中的医务人员为例，2008年，最高人民法院、最高人民检察院联合印发的《关于办理商业贿赂刑事案件适用法律若干问题的意见》规定，医疗机构中的国家工作人员，在药品、医疗器械、医用卫生材料等医药产品采购活动中，利用职务上的便利，索取销售方财物，或者非法收受销售方财物，为销售方谋取利益，构成犯罪的，依照《刑法》第三百八十五条的规定，以受贿罪定罪处罚。医疗机构中的医务人员，利用开处方的职务便利，以各种名义非法收受药品、医疗器械、医用卫生材料等医药产品销售方财物，为医药产品销售方谋取利益，数额较大的，依照《刑法》第一百六十三条的规定，以非国家工作人员受贿罪定罪处罚。

第二节　其他医疗行业不正之风的典型表现

一、收受"红包"

医疗机构工作人员在与患者交往中的不正之风集中体现为以各种名义索取、收受患者或其家属等相关人员的"红包"。我国《中华人民共和国医师法》第三十一条明确规定，医师不得利用职务之便，索要、非法收受财物或者牟取其他不正当利益。结合实践中频发的收受“红包”现象，多地已印发处理医务人员收受“红包”行为的暂行规定，并对有关规则予以细化。如《吉林省医务人员收受“红包”处理规定（试行）》规定，医疗机构工作人员的父母、配偶、子女利用该工作人员职权或职务上的影响，收受与其履行职务有关的单位或个人赠送的“红包”的，视为该工作人员本人收受。在“红包”返还问题上，《广西壮族自治区医疗卫生机构及其工作人员廉洁从业规定》规定，对于无法拒收的“红包”，医疗机构工作人员应在限期内如实报告、上交的。无正当理由逾期不报告、不上交的，也视同收受“红包”。

二、不合理医疗检查

不合理医疗检查指医务人员违反相关法律法规、诊疗技术规范，实施损害患者及人民群众利益的医疗检查行为（包括各类影像学检查、实验室检查、病理学检查等）。实践中常见的不合理医疗检查包括但不限于以下几种情形：无依据检查、非必要重复检查、违反行政管理规定实施检查行为以及违反知情同意原则实施检查行为。从损害结果角度看，实施不合理医疗检查不仅会导致医疗资源浪费、医疗费用大幅攀升，更不利于改善人民群众就医体验，甚至会对其健康权益产生危害。

三、擅自外出会诊与牟利转介患者

医师外出会诊是指医师经所在医疗机构批准，为其他医疗机构特定的患者开展执业范围内的诊疗活动。会诊建立了一条优质医疗资源的互通渠道，在实践中具有现实需求。但应当注意的是，医师未经所在医疗机构批准，擅自外出会诊的行为不利于监督、管理会诊行为，可能引发患者、医师、医疗机构合法权益受损的后果，因而被《医师外出会诊管理暂行规定》明令禁止。与之相似的，转诊制度建立的初衷是提高医疗资源利用效率，但如果医师以牟取个人利益为目的介绍、引导患者到指定医疗机构就诊，则既浪费了医疗资源，又增加了患者生命健康权受损的风险，因此也被坚决禁止。

四、患者隐私保护不足

《中华人民共和国基本医疗卫生与健康促进法》第三十三条规定，医疗卫生机构、医疗卫生人员应当保护患者隐私。但实践中，医疗卫生人员在提供医疗服务过程中，过分关注疾病本身而忽视对患者隐私权的保护是共性问题。如在医疗机构的排号系统或床位前直接公示患者完整姓名，或是在实施暴露患者隐私部位的检查或治疗时，未确保环境的私密性。

五、欺诈骗保

在国家及地方医保局公开的欺诈骗保典型案例中，不乏被取消定点资格的医疗机构以及被判处刑事责任的医疗机构工作人员。定点医疗机构及其工作人员所实施的欺诈骗保行为主要如下：①分解住院、挂床住院；②违反诊疗规范过度诊疗、过度检查、分解处方、超量开药、重复开药或者提供其他不必要的医药服务；③重复收费、超标准收费、分解项目收费；④串换药品、医用耗材、诊疗项目和服务设施；⑤为参保人员利用其享受医疗保障待遇的机会转卖药品，接受返还现金、实物或者获得其他非法利益提供便利；⑥将不属于医疗保障基金支付范围的医药费用纳入医疗保障基金结算；⑦造成医疗保障基金损失的其他违法行为。

案例讨论

【案例1】2021年7月，一名网友在社交平台发布视频称，称某肿瘤医院消化内镜微创外科主治医师李某向患者索要红包还嫌弃少。视频显示，一名医生模样的男子在拿到患者给出的现金后称，“你这个算给得少的”。

【案例2】2005—2019年，被告人王某民利用自己担任某医院院长的职务便利，在医院采购药品及医疗器械等方面为他人牟取利益，先后收受他人财物合计约242万元。如2011—2013年，帮助某医疗设备公司中标医院多层螺旋CT机采购项目，事后王某民收受了公司代理人给予的一半的销售利润，数额约11.6万美元。

【案例3】2020年2月5日，某市卫生健康局执法人员获悉有微信群传播某新冠肺炎确诊病例病历资料截图，随后开展调查发现，医院麻醉科执业医师徐某私自将患者电子病历首页拍照发到同学微信群后被广泛传播，严重影响患者及其家人正常工作、生活和身心健康。

【案例4】2020年7月，医疗保障局执法人员在进行现场监督检查时发现县中医院骨伤科住院患者苏某患膀胱癌术后，治疗只须自行膀胱冲洗，但却住入中医院骨伤科跨科进行治疗。此外，还发现医院为其安排了大量的辅助检查。该院因涉嫌利用过度医疗检查手段骗取医保基金，于2020年7月28日被立案调查。

【案例5】北京某医药咨询有限公司上海分公司在推广药品过程中，以组织召开相关会议的形式或者直接对临床主治医师以上级别的医生支付讲课费，从而增加医生的处方量。后查明，在该公司举办的若干次会议中，相关医生近六次未讲课，却领取讲课费用。

【讨论】

1. 上述案例体现的行业不正之风会对医患关系带来何种影响？谈谈你的理解。

2. 选择上述1个案例，分别从医院管理和行政执法角度谈谈可以采取什么措施纠正不正之风。

本章小结

本章主要讲述医疗行业不正之风与医院行风建设。医疗行业不正之风是影响医患和谐关系的主要原因之一。典型的医疗行业不正之风表现为商业贿赂、收受“红包”、不合理医疗检查、擅自外出会诊、牟利转介患者、患者隐私保护不足及欺诈骗保等。为建立起医患间的信任关系，纠正上述医疗行业不正之风并加强医院内部行风建设势在必行。

（霍　婷）

第十六章　安宁疗护的法律问题

学习目标

1. 掌握　安宁疗护的界定；预先医疗决定是对患者自主权的尊重。

2. 熟悉　预先医疗决定在我国的推广和发展；预先医疗决定的合法性和法律效力问题。

3. 了解　预先医疗决定的由来和国外相关立法；安宁疗护在我国的发展；患者安宁疗护的医疗决策；意定监护制度；预先医疗决定在我国落实途径的探讨。

现代医学技术的发展，呼吸机、体外循环设备给了人类延长生命的希望，医疗设备在维持生命的同时，也增加了疾病终末期患者的痛苦，这种情况下，是继续进行延命医疗还是进行安宁疗护，就关系到疾病终末期或临终患者的医疗决策问题。中国传统文化讳言死亡，人们往往在疾病终末期或临终时才思考关于死亡的问题。实践中，很多人在接近临终前实际上已经没有了意识，也没有思考的能力了。这也给医学界带来一个两难的抉择。面对大量身患不可治愈疾病而全无意识的临终患者，是否可以不使用或撤除生命支持系统来缩短他的临终过程？更多关注疼痛等症状管理，实现尊严死。这也是实践中面临的难题。

第一节　安宁疗护的界定和发展

一、安宁疗护的界定

安宁疗护的拉丁文是hospitium，源自于拉丁词根hospes，含有主人好客、款待与欢迎的意思，原是要让旅途劳顿的人感到安适，演变到现在成为关怀照护的哲学，让人安宁地走完自生至死的最后一程。在安宁疗护运动的影响下，建立了许多安宁疗护的医院。这些医院以临终者最后阶段的人的价值尊严和安适为目标，努力与患者进行交流，直到患者生命的最后一刻。

1990年，世界卫生组织对安宁疗护作出了定义："对治愈性治疗已无反应及利益的末期病患之整体积极的照顾。此时借着缓解疼痛及其他不适症状，并同心理层面、社会层面、灵性层面的照顾，协助病患及家属获得最佳的生活质量。"其后，世界卫生组织又对安宁疗护作出进一步解释："安宁疗护肯定生命的意义，但同时也承认死亡的自然过程，人不可加速死亡，也不需要无所不用积极地英雄式地拖延死亡过程，医疗团队协助病患，缓解身体上的痛苦症状，同时提供病患及家属心理及灵性上的支持照顾，使病患达到最佳的生活质量，并使家属顺利度过哀伤期。"

2002年，世界卫生组织最新定义安宁疗护为针对面对罹患威胁生命疾病的患者与家属的一种医学照护方法，通过早期确认、准确评估、控制身体病痛和提供心理、精神上的需求来预防并缓解患者的痛苦，以提高患者及家属的生活质量。此定义中强调，安宁疗护以团队照顾的方式满足患者及家属的需求；提供患者病痛及其他身、心、灵痛苦症状的缓解，并协助家属在患者临终期及患者死亡后的哀伤期的调适。

2017年，国家卫生健康委员会发布了《安宁疗护中心基本标准（试行）》和《安宁疗护中心管理规范（试行）》，确定了安宁疗护是为疾病终末期患者在临终前通过控制痛苦和不适症状，提供身体、心理、精神等方面的照护和人文关怀等服务，以提高生命质量，帮助患者舒适、安详、有尊严离世。安宁疗护实践区别于一般的医疗服务，是以医生、护士、药师、营养师、心理师、社工、志愿者等多学科协作模式的服务。强调安宁疗护以临终患者和家属为中心，以多学科协作模式进行，主要内容包括疼痛及其他症状控制，舒适照护，心理、精神及社会支持等。

二、安宁疗护在我国的发展

近些年，国家卫生健康委员会及相关部门积极推动，出台一系列政策文件，推动发展安宁疗护事业。实践中一些综合性医疗卫生机构已经开设了专门的安宁疗护病房，招募志愿者组成团队为疾病终末期患者提供安宁疗护。

2015年11月，国务院办公厅转发的《关于推进医疗卫生与养老服务相结合指导意见的通知》中，明确提出建立健全医疗卫生机构与养老机构合作机制，整合医疗、康复、养老和护理资源，为老年人提供治疗期住院、康复期护理、稳定期生活照料以及临终关怀一体化的健康和养老服务。支持养老机构开展医疗服务，养老机构可根据服务需求和自身能力，按相关规定申请开办老年病医院、康复医院、护理院、中医医院、临终关怀机构等。鼓励医疗卫生机构与养老服务融合发展，统筹医疗卫生与养老服务资源布局，重点加强老年病医院、康复医院、护理院、临终关怀机构建设，提高基层医疗卫生机构康复、护理床位占比，鼓励其根据服务需求增设老年养护、临终关怀病床。2016年12月，国务院印发《"十三五"卫生与健康规划》，提出提高基层医疗卫生机构康复、护理床位占比，鼓励其根据服务需求增设老年养护、安宁疗护病床。完善治疗、康复到长期护理服务链，发展和加强康复、老年病、长期护理、慢性病管理、安宁疗护等接续性医疗机构。支持养老机构按规定开办医疗机构，开展老年病、康复、护理、中医和安宁疗护等服务。2017年3月，国家卫生健康委员会首次就老年健康问题制定国家级专项规划，联合12部门印发《"十三五"健康老龄化规划》，明确提出推动安宁疗护服务的发展。2017年，国家卫生健康委员会印发《关于安宁疗护中心的基本标准和管理规范（试行）的通知》《关于印发安宁疗护实践指南（试行）的通知》，明确了安宁疗护中心的准入标准、服务管理和操作规范，促进机构规范化建设。修改《医疗机构管理条例实施细则》，在医疗机构类别中增加了"安宁疗护中心"，进一步加强安宁疗护机构管理。

2017年，我国在北京市海淀区、吉林省长春市、上海市普陀区、河南省洛阳市、四川省德阳市开展了第一批全国安宁疗护试点工作。2019年6月，国家卫生健康委员会发布已启动第二批全国安宁疗护试点，第二批试点扩大到上海全市和北京市西城区等71个市区，将尽快把安宁疗护在全国全面推开，推动全国安宁疗护试点工作扎实开展。

第二节　安宁疗护与预先医疗决定

医学技术的发展使患者的生命在终末期可以得到维系和延长。而这样临终状态下，生命的维持带给患者的可能是身体的痛苦和临终的折磨。实践中，在不可治愈的伤病末期或临终时的特殊病况下是否采用生命支持系统或其他医疗措施来延缓生命，是否采用安宁疗护的方式度过人生的最后阶段，这些都需要患者个人依据自己的意愿作出谨慎的决定。个人在作出重大的医疗决定时，都会希望可以根据自己的意愿行事，如果已经没有能力表达意愿，那自己的真实想法也希望他人能够知晓并且得到尊重，这也是患者的自主权在医疗中的体现。在疾病终末期，通常患者身体日渐衰弱，自主意识也减弱，有时已经丧失自主决策的能力，正是为了更好地保护患者的自主性，在医疗实践中出现了预先医疗决定（advance directive）。

预先医疗决定使患者的真实的医疗意愿能够在意识清楚时得到明确表达，可以说是患者自主权利的延伸，目的是患者在失去自主表达和做决定的能力后，依旧能够使人知晓其真实意愿。

一、预先医疗决定的由来和国内外相关立法

预先医疗决定的概念最早由美国伊利诺伊州一位律师提出。在1969年的一份法律期刊上，路易斯·库特纳律师提出可以参考财产法规定允许个人在生前对身故后的财产处理做好安排，也允许个人提前声明在自己无法自主表达个人意愿时想要得到的医疗要求，也就是个人在特殊病况下对其生存意愿的预先决定，这种预先决定也被称为生前预嘱（living will）。

1972年，美国安乐死协会印制了第一份生存意愿书表格，但不具有法律约束力。直到1976年，美国加利福尼亚州通过了《自然死亡法》。这是第一部通过预先医疗决定所表达的生存意愿合法化的法律，这部法律明确了临终患者有权利拒绝使用生命支持系统。在美国，目前几乎每一个州都有类似的法律规定，其中很多都以简洁的语言描述了生存意愿书，这可以说是预先医疗决定最早的形式。但是实践中生存意愿书的内容通常过于简单，为确保明确知晓意愿人的真实想法和帮助其落实意愿，促使逐渐产生了预指医疗决策人。美国宾夕法尼亚州在1983年最先以法律明确了预指医疗决策人，实践中通常由患者的配偶、成年子女、成年兄弟姐妹或其他近亲属来担任患者的医疗决策人。其后美国国会在1990年通过了《患者自决法案》，该法案大力推广了预先医疗决定。该法案规定，患者可以用预先医疗决定书来保护自己自愿放弃治疗的自主选择权。其后在1993年通过的《统一医疗决定法案》中，美国统一规范了各个州关于预先医疗决定的相关规定，弥补了实践中各州之间地域规范的差异和冲突。美国的《患者自决法案》和《统一医疗决定法案》2部法案的宗旨都是保护患者的自主性权，并且立足于以预先医疗决定的方式保护患者放弃治疗的自主选择。

在欧洲，直到1997年《欧洲人权和生物医学公约》才首次规定预先医疗决定，欧洲各国对于预先医疗决定的制度规定也不尽相同。预先医疗决定在有些国家没有法律约束力，如意大利、土耳其、法国、希腊；而在有些国家则有很高的法律约束力，如比利时、德国。另外，对于预先医疗决定的时间效力方面，不同国家也有不同，如法国规定必须每3年更新一次预先医疗决定书，而奥地利规定每5年更新一次。

在亚洲的国家中，新加坡在1997年7月实施了《预先医疗指示法》，规定疾病终末期的患者有权提出不使用或撤除生命支持系统，并且患者的预先医疗指示附随在患者的医疗档案之中，医务人员只能在患者陷入昏迷的情况下，才被允许查询患者是否签

署了预先医疗指示。

二、预先医疗决定在我国的推广和发展

2009年成立的“选择与尊严”公益网站提出，临终时的急救措施和生命支持系统的使用加重和增加了患者的痛苦，患者身体完全被机器控制而缺乏生命尊严，同时临终使用生命支持系统需要投入巨大的医疗资源和社会精力。基于此，该网站率先提出“临终不插管”倡议，并且在网站上提供了拟写的生前预嘱的参考样本，倡导个人在身体健康或意识尚清楚时签署生前预嘱，表达自己在无法治愈的伤病终末期或临终状态时需要或不需要哪种医疗护理。

2013年，北京市民政局批准成立了“北京生前预嘱推广协会”，该协会致力于推广生前预嘱在实践中的应用，并提出总的嘱咐原则：“如果自己因伤病导致身体处于‘不可逆转的昏迷状态’‘持续植物状态’或‘生命末期’，不管是用何种医疗措施，死亡的来临都不会超过6个月，而所有的生命支持治疗的作用只是在延长寿命而存活毫无质量时，希望可以停止救治。”可以说这一原则体现了对患者自愿放弃有创救治的自主决定权的尊重。

三、安宁疗护与预先医疗决定

对于疾病终末期的临终患者而言，如果他们已经不愿意继续忍受疾病和医疗干预的痛苦，认为采用安宁疗护是符合自己最佳利益的选择，那么个人选择应该得到尊重。尊重患者的自主权除了被用来拒绝医疗中的家长主义做法外，也用于患者选择使用预先医疗决定，预先安排自己在某些特定医疗情形下的医疗决策。实践中，预先医疗决定也是个人设立的在自己疾病终末期选择采取安宁疗护的意愿表达或者指示，预先医疗决定使患者的真实的意愿能够在意识清楚时得到明确表达，可以说是患者自主权利的延伸。

（一）预先医疗决定的合法性问题

我国目前没有法律法规禁止或者支持公民用预先医疗决定书提前表达自己的医疗意愿，因此预先医疗决定本身并不违反任何现有的法律法规。在诊疗过程中，患者方有知情同意权和医疗自主权。《中华人民共和国民法典》（简称《民法典》）第一千二百一十九条规定了患者的知情同意权，要求医务人员在诊疗活动中应当向患者说明病情和医疗措施。需要实施手术、特殊检查、特殊治疗的，医务人员应当及时向患者具体说明医疗风险、替代医疗方案等情况，并取得其明确同意。《中华人民共和国

医师法》和《中华人民共和国基本医疗卫生与健康促进法》等法律也对患方的知情同意权有相关的规定。这说明患方有在知晓病情和医疗措施的情况下表达医疗意愿的权利，并且如果患者有明确的意愿表达，即法律意义上的意思表示，则医疗机构和医务人员应当尊重其意愿。预先医疗决定可以理解为是患者提前行使了自己的知情同意权和医疗自主权，假设了自己已经对某种情况下自己的病情和可能有的措施充分知情的情况下，提前表达了自己对不使用或者停止已经使用的某种或某些医疗措施的意愿。在自己丧失意识不能够表达意愿的情况下，诊疗过程中发生了自己预先医疗决定中假设的某种情况，期望自己在预先医疗决定中表达的医疗意愿和希望接受的医疗服务可以实现。

预先医疗决定涉及的是疾病终末期极为重要的决策，务必确保预先医疗决定是设立人的真实意思表示。首先，设立人应该具有可以表达自己意愿的相应的行为能力，意识清楚，可以明确表达自己的意愿。其次，设立人要充分知晓且充分理解预先医疗决定涉及的内容。设立预先医疗决定一定是设立人的自愿行为，没有受到外界的影响、指引或暗示的情况。最后，在形式上，最好是自书，有签名和日期。打印的版本要有手写的签名和日期。如果需要他人代笔的，书写人要与设立人没有利害关系，并且最好有2个以上无利害关系人作为见证人在场。这样在形式上保证是设立人真实意思表示。

（二）预先医疗决定的法律效力问题

预先医疗决定虽然是合法的，自然人可以通过预先决定的形式来表达自己的意愿。但按照我国目前的法律，预先医疗决定在我国尚不能够被认为是生效的法律文件，也不具备相应的强制法律效力。预先医疗决定只是表达了自己的某种医疗意愿，希望在自己没有自主意识的时候自己的意愿可以实现。预先医疗决定不是生效的法律文书，不管以任何形式表现，包括经过公证的预先医疗决定书，目前在法律效力方面是一样的。实践中想要实现预先决定的安排，需要得到亲人的支持。我国法律规定了在需要征得患者明确同意时，如果不能向患者说明，也就是不能够取得患者明确意思表示的情况下，应当向患者的近亲属说明，并取得明确同意。按照我国目前法律规定，在患者病重昏迷且不可以逆转地临近死亡的情况下，采用或者放弃使用生命支持系统的决定权从患者本人转移到了患者近亲属。通常在近亲属做决定时，家庭成员间也常常有分歧和纠结。这种情况下，如果患者有预先医疗决定书，亲属可以知晓患者生前意愿，可以更好地作出决定，既帮助实现了患者个人的意愿和自主权，同时对亲属纠结的内心也是一种平复。但需要说明的是，在这种情况下，近亲属的意见在法律上仍然是占主导地位的。

第三节　疾病终末期患者的医疗决策问题

一、患者安宁疗护的医疗决策

急救技术以及维持生命的医疗措施可能会使疾病终末期患者长期处于不死的状态，这也使得疾病终末期患者及家属产生对医疗的高度期待。不断出现的延命医疗很多时候将疾病终末期患者置于一个艰难的境地，使患者在承受极端不适的治疗手段的同时慢慢死去。但是医疗有其局限性是事实，如果死亡已经无法避免，延命医疗也会给患者带来伤害和痛苦，那么放弃疾病终末期的延命医疗，采取安宁疗护是更为人性化的医疗决策。

安宁疗护的医疗决策关系到患者生命，必须完全和充分尊重患者的自我决定权。逃避死亡是人类的本能，在进行涉及一个人生命的重要决策时，一定要是本人的真实意愿，因此实施安宁疗护的前提是要确保是终末期患者本人的真实意愿，需要患者明确表示对医疗抢救和生命支持系统等治疗手段和措施的医疗意愿。如果患者是有意识能力的成年人，有按照其自由意志作出拒绝或者终止延命治疗的明确意思表示，医师应依其自主的决定，不实施延命医疗或终止延命医疗。在患者的自主决定权上，患者自己的决定相比医生的法定治疗义务更具优越性。当然，也要指出一点，不管患者作出怎样的医疗意愿，只要是其个人真实的自我意愿，都应该尊重，并且也要防止患者可能“被安宁疗护”的情况。

但是如果末期患者意识不清，不能够作出明确的意思表示，那又该如何？一般情形下患者没有预先准备，也没有预先医疗决定，那在这样欠缺本人明确的意思表示时，患者的决定权就转移到了近亲属，由近亲属决定要怎么做符合患者的最大利益。虽然患者是单一的个体，但基于在家庭群体之中患者和其他成员之间的紧密关系，患者和近亲属应该是利害与共的，不能取得患者明确意思表示时由近亲属参与医疗决定是合理的也是必要的。这也是我国目前法律认可的医疗决策模式。

但是在实践中，亲属的决定多出于情感，很难出于理性。出于对亲人离世的情感上的不舍和对现代延命医疗的高度期待，患者的近亲属也会纠结不定，坚决地表示拒绝为其亲人实施延命医疗的人毕竟不多。即便患者本人之前有预先医疗决定，鉴于预先医疗决定没有必然的效力，实践中在这种情况下，最后的决策还应当是近亲属的意见。因此，在我国现有法律框架下，如何保护和落实患者医疗决策的自主权至关重要。

二、我国目前法律框架下预先医疗决定落实途径的探讨

（一）意定监护制度保护个人的自主权

意定监护制度，是指具有完全民事行为能力的成年人在自己意思能力健全时预先选定自己的监护人，并且自我决定监护的设立和监护的内容等相关监护事项的监护制度。在法律上意定监护的效力优于法定监护。

意定监护尊重和保护个人在有意识能力时选择自己丧失意识能力后的监护人的权利，监护的内容包括人身照顾和财产管理等事宜。让个人可以在法律的框架内以自我意愿来自主选任自己日后可能需要的监护人，待本人丧失意识能力后，由其选择的监护人按照被监护人即本人的意愿处理相关事宜。意定监护比法定监护更尊重和保护个人的自主，平衡个人的个体独特性，尊重个人的自主意愿。

意定监护制度在我国也一直是学理上探讨的热点问题。2013年修订后的新《中华人民共和国老年人权益保障法》在立法上确立了老年人意定监护制度。2017年公布实施的《中华人民共和国民法总则》把我国的意定监护扩展到了所有成年人，这一规定也被2020年的《民法典》在总则编中完全吸收。意定监护是指具有完全民事行为能力的成年人，可以与其近亲属、其他愿意担任监护人的个人或者组织事先协商，以书面形式确定自己的监护人。协商确定的监护人在该成年人丧失或者部分丧失民事行为能力时，履行监护职责。意定监护人的监护职责当然可以包括帮助意愿人落实其预定的医疗意愿和相关医疗事项的决策。意定监护制度的设立体现了我国尊重个人意志和自主权利的立法趋势。

医疗实践中已经有基于老年人意定监护制度的医疗救治授权书的实际应用。医疗救治授权书是个人在身体状况尚可，意识尚清的时候，授权他人对自己日后意识不清，但须紧急救治时作出妥善医疗方案的文书。医疗决策授权基于法律规定的意定监护，是具有法律意义和效力的授权。从实质而言，这种涉及医疗救治决定的授权属于预先医疗决定的范畴。实践中一些公证机构也对类似的授权书进行公证，以保证授权的真实有效和授权人的医疗意愿符合法律的相关规定。

（二）确定医疗事项监护人的必要性和可行性

如前所述，在我国，目前个人的预先医疗决定在其丧失意识能力后最终是否能够落实取决于其近亲属的认可和支持。也就是说，患者本人仅仅立有预先医疗决定，那个人的自主医疗意愿最后能否得到实现还是不确定的。基于此，为充分保障个人的医疗自主，可以通过意定监护制度在自己意识清晰的时候确定做自己的医疗事项监护人，

在自己丧失意识后落实自己的预先医疗决定和处理相关医疗事务。根据我国意定监护制度，确定自己的医疗事项监护人是合法有效的，可以说是保障个人的医疗意愿能够落实的有效途径。

基于我国法律已经确立了意定监护制度，在我国推行和使用意定监护就于法有据，并且是可行的。一个成年人可以在自己的亲属范围内或者亲属范围外自己认可的人中确定监护人。在此要明确一点，基于意定监护旨在保护个人的自主权，实践中如果一个人已经选择了自己的意定监护人，那么意定监护人的监护范围也就包括医疗相关事项，但是如果该意愿人又特别确定了在紧急医疗情况下或某些特殊医疗情形下处理自己医疗事项的监护人，那么针对这些情况下的医疗决定，医疗事项监护人的医疗决策应该优先于其他意定监护人。

（三）医疗事项监护人的条件

医疗监护人是指接受意愿人书面授权，在意愿人丧失意识能力后代替其表达医疗意愿的人。虽然充分信任是协商、选择和确定医疗监护人的前提，但是鉴于医疗事项涉及一个人的医疗决策，医疗决策可能涉及有创医疗甚至关系生死，为保证监护人能够作出符合意愿表达人最佳利益的决定，在程序上应该格外严格，授权文书的形式和内容要符合法定的生效要件，并且被指定的医疗决策人都要求应当具备一定的法定条件。

为了更好地保护个人的自主权，不宜过多限制个人选择确定意定监护人。但是基于医疗事项监护的特殊性，为了更好保证监护人能够作出符合患者真实意愿和最佳利益的医疗决策，建议医疗事项监护人应该具备下列必要条件：十八周岁以上的完全行为能力人；具备对医学常识的基本的认知和理解能力；可以是患者的近亲属，也可以是患者近亲属以外的愿意担任其医疗事项监护人的其他人。另外，还要特别对监护人的范围作出必要的限制，除了意愿人法定继承人之外，不能够是因意愿人死亡而可能获得任何利益的人。并且在权限上要严格依照意愿人的授权的范围，权限也可以就限制在听取医生的告知和代替签署知情同意书；依照患者预立的医疗决定内容，作出符合患者真实意愿的医疗决定。

案例讨论

【案例】2015年3月9日，张某在某三级甲等医院做胃癌根治术。术后出现不完全性肠梗阻后，对症治疗。2015年5月4日张某因胸闷、喘憋再次至某三级甲等医院住院治疗。入院后查CT结果显示恶性病变复发或转移，医院采取了姑息对症治疗。因张某肿瘤晚期，全身多发转移，合并间质性肺炎，预后极差，医院向家属交代病情，家属表示理解。2015年5月12日，为明确张某胸腔积液性质，医院为其进行胸膜腔穿刺，当日下午，张某左上肢青紫，行超声检查后，心内科会诊考虑急性冠脉综合征，根据医生建议服药后，患者胸闷、气短症状稍减轻。5月13日，患者状况差，仍有胸闷、喘憋症状，左上肢青紫症状明显好转。9时40分患者心率增至200次/分，心电图示快速房颤，呼吸困难。针对上述病情，医生与患者亲属进行了交流。在患者家属表示认同后，给予静脉注射吗啡10mg，11时左右心律转为窦型，血压平稳，心率约100次/分，患者呼吸状况好转，可平卧入睡，医嘱继续密切观察病情变化。2015年5月14日3时和17时，患者呼吸困难，医生2次予皮下注射吗啡10mg。张某在日间喘憋明显，伴烦躁不安，考虑心力衰竭、呼吸衰竭，经药物治疗后症状无缓解，于22时35分出现意识丧失、心率下降、呼吸减慢，给予药物治疗后，患者生命体征无缓解，于22时42分死亡。

通过该案件计划讨论癌症终末期患者的用药、患者及患者家属的需求和患者意愿、患者的最佳利益等相关问题。

【讨论】

1. 本案中，某三级甲等医院在对张某使用吗啡过程中的方法、用量有无不妥？某三级甲等医院在对张某的诊疗过程中是否存在用药过错？和患者死亡之间是否有因果关系？

2. 本案中，医生应该怎样和患者还有患者家属沟通病情？注射吗啡等镇痛类、镇静类药物，医务人员告知时应注意什么？

3. 实践中恶性肿瘤终末期患者可能会有怎么样的治疗需求？患者家属对患者的治疗会有哪些需求？患者个人和家属对治疗的需求会不会不一致？如果不一致的情况下，医生怎么办？

4. 除了医疗措施之外，恶性肿瘤终末期患者可能还会有什么需求？患者家属可能还会有什么需求？

5. 恶性肿瘤终末期患者处于昏迷状态，丧失意识，谁能够代表患者的最佳利益？这种情况下，医生怎么办？

6. 对于恶性肿瘤终末期患者的医疗，怎样的医疗方式是更好的方式？

本章小结

安宁疗护不是帮助疾病终末期的患者死亡，而是帮助他们在死亡来临之前有意义地活着，并且还要考虑生活的质量。安宁疗护就要采取一些必要措施，让患者利用自己的身心潜力继续生活。实践中，预先医疗决定是个人提前设立的在自己疾病终末期选择采取安宁疗护的意愿表达或者指示，预先医疗决定使患者的真实的意愿能够在意识清楚时得到明确表达，希望在丧失自我表达能力时可以得到实现，是患者自主权利的延伸。在我国目前法律框架下，预先医疗决定没有必然的法律效力，但基于我国的意定监护制度，个人可以选择确定自己信任的医疗事项的监护人，通过监护人落实自己的预先医疗决定。

（睢素利）

第三篇

医患关系与医患沟通

Part 3

第十七章　医生职业素养与医患沟通

学习目标

1. 掌握　医生职业素养的原则和内容；良好的医患沟通为何会使患者、医生和社会受益。

2. 熟悉　医生职业素养的定义；沟通艺术与职业素养的关系。

3. 了解　医生职业素质的历史。

第一节　医生职业素养

职业是重要的社会生活领域，职业决定着一个人的谋生方式，决定着一个人的生活方式，更重要的是会塑造着他的爱好、性情、人格、思维方式和价值取向等。医生与普通公众一样也是人，而非上帝，所以医生的知识、技术和判断也会犯错。医生与普通公众的区别不在于他的始终正确性，而在于他无论从个人修养还是职业责任都区别于普通公众。人的素质，是指人的基本品质结构，包括思想、知识、身体、心理品质，它是人的知识技能、行为习惯、文化涵养品质特点的综合，是影响一个人一生发展的关键因素。进入21世纪以来，随着现代科学技术的迅猛发展，医学得到了前所未有的进步，医疗技术发生了根本的改变。医学科技的进步对医生的专业技能素质提出了越来越高的要求；医疗职业出现的信任危机、医患关系的紧张、医学终极目标的模糊等问题，则迫切要求医生提高专业技能以外的职业素养。特别是医学模式和社会价值观的巨大转变，都要求医生应具有深厚的人文素质。医学服务的对象是人，而医生职业素养的高低不但关系着医学的发展和进步，还关系着社会的和谐与稳定，所以研究探讨医生的职业素养具有重要意义。

一、医生职业素养的定义

职业素养，是指职业内在的规范和要求，是在职业过程中表现出来的综合品质，包含职业道德、职业技能、职业行为、职业作风和职业意识等方面。职业素养在职场中具体量化表现为职商（Career Quotient，CQ）。职业素养是个体行为总和构成的，职业素养是个体内涵而个体行为是外在表象。

随着人们对医学领域职业素养的关注程度不断提高，有关医生的职业素养这一概念的定义也层出不穷。这些定义从直截了当的陈述到兼容并包的论述不一而足。从全球范围来看，虽然在文化和治疗传统上存在巨大差异，但医生们都认同共同的职业价值观。所以默里（Murray）认为，每一种文化都知道疾病的存在；同时，每一种文化都为诊治患者未雨绸缪。疾病和夭折对个人和家庭的生活构成了巨大困扰，使人们身心俱损。疾病使得医学必不可少。当我们共同经历疾病、爱、怜悯和救死扶伤的过程时，医学所发挥的特定价值以及医生的美德总是洋溢其间。有鉴于我们共通的人性、我们对疾病的共同经历以及我们对人际关系的重视，我们对于医学的价值和医生的美德得出了相似的结论也就不足为奇了。

传统理念认为拥有良好职业素养应成为每一名称职医生应有的性格特点，这就引出了一个问题——职业素养是性格特征吗？这一传统理念告诉教育工作者要筛选一些具备良好职业素养的人，监督他们的日常行为，如果他们的表现不符合或不具有专业素养就淘汰他们。这种淘汰方案常导致那些看到医学生或同事行为不符合专业要求的时候，医生不能及时指出他们的错误。很多医学生由于性格使然，不知如何解决某个难题（而非他们能力不足），而他们也常常担忧自己的行为有朝一日会因为不符合职业素养标准而被批评。因此，当看到同行不专业的行为时，医生常常缄默。

一系列新理念正悄然在西方医学界形成，即应用一些有用的范例去帮助医学生，将他们对医学职业素养的承诺传递给患者。医学实践的精神压力很大也很复杂。在日常工作中，来自职业素养的挑战也随处可见。医生必须致力于信奉职业素养的价值观。除了将职业素养看作一种固有特征以外，它更是一种真实的能力。视职业素养为一种能力，这就意味着我们应将那些在工作中偶尔犯错的人看作是一种表现失误而非性格缺陷，应采用教育方式使其改变，而非严格管束，甚至于淘汰他们。

二、医生职业素养的历史沿革

从《希波克拉底誓言》开始，医者的职业素养就被区别于普通公众。在中世纪的英国，随着“有学识的职业”（指神学、医学、法学3种职业）的出现，人们提出作为精英人士的“专业人员”应当对社会公众承担起特定责任的说法。1912年，路易斯·布兰代斯（Louis Brandeis）大法官把“专业”一词定义为向社会提供一种服务，其具有如下要素：①作为一种行业，适合者必须接受过必要的、初步的、具备智力因素的培训。“专业”包括知识和一定程度的学习，与一般的技能截然不同。②作为一种行业，其出发点在很大限度上是利他的，而不仅仅是为自己；③作为一种行业，收入多寡并不是社会公认衡量其成功与否的指标。

20世纪初，美国现代医学教育改革的先驱弗莱克斯纳（Flexner）进一步拓展了“专业人员”的定义，除人道主义和服务外，还增加“专业水准”和“自律”这两项要素。弗莱克斯纳认为，就本质而言，专业涉及智力活动和大量的个人责任。它的原始素材来源于科学和学习，通过对这些原始素材的加工，形成切合实际的和明确的结果。从教育学的角度来说，它具备可沟通的技术，倾向于自我组织。在动机上，它日益显示出利他主义的特质。随着科学成为医学治疗手段的基础，掌握专业技能是成为一名良医的基本责任，其重要性超越了怜悯心和精心治疗。20世纪80年代初，美国医学会医学教育委员会发布了一项报告——《医学教育未来方向》。该报告提出了医学生培养应加强医学人文素质教育，促进了美国日后的医学人文教育事业发展，开展医学人文素质课程的医学院校数量增加。1993年，经过世界医学教育高峰会议的集中讨论，提出了一套医生培养目标，其中包括医生要有对待患者热心关怀，富有同情心，减轻患者痛苦，做出色的沟通，有思想见地，掌握社会学、行为学知识，不断学习，成为不断追求卓越的医学人才。国际医学教育专门委员会（Institute for International Medical Education，IIME）制定了本科医学教育的《全球医学教育最低基本要求》（*Global Minimum Essential Requirements*，GMER）。GMER提出，“全球医学教育最低基本要求+地区和国家要求医生具备的能力=医学院毕业生的能力”。其定义了7大领域60项核心技能，其中包括职业价值观、态度、行为和道德，特别强调了沟通技巧和批判性思维这些需要加强的医学人文素质内容。世界医学教育联合会（World Federation for Medical Education，WFME）也针对医学实践能力、医学伦理学课程和社会科学中医学生需要具备的能力进行了制定，其中包括知识、技能、态度、价值和行为，保持医疗能力、获取研究的前沿信息、伦理行为、尊严、诚实、利他、服务他人、遵守职业规则、正直、尊重他人。美国医学院协会（American Association of Medical Colleges，AAMC）在《为21世纪培养医生》的报告中也作出了关于医学人文素质对于医生及医疗事业重要性的说明，报告提到，缺少医学人文素质的医生，在参与医疗实践及其整个医学生涯中往往会失去智力挑战的能力和应对这种挑战的能力。1993年，英国总医学委员会（General Medical Council，GMC）发布报告——《明天的医生》。该报告指明要避免忽视医学生医学人文素质的发展，并且要将医学人文素质培养作为医学课程和实践教育的必要学习模块，达到医学与人文的融合与渗透。2002年，美国内科学基金、美国医师学院基金和欧洲内科医学联盟共同发起和倡议的《新世纪医师职业精神——医师宣言》，确立的基本原则包括：将患者利益放在首位的原则；患者自主的原则和社会公平原则。

我国医生职业素养教育落后于西方国家，2012年，为了贯彻落实《国家中长期教育改革和发展规划纲要（2010—2020年）》中的教育改革精神，紧跟《中共中央国务院关于深化医药卫生体制改革的意见》中的医疗体制改革步伐，奋力推进临床医学教育的综合改革，教育部、卫生部共同组织实施了“卓越医生教育培养计划”。该计划旨在培养一批适应时代的高素质应用型医学人才，强化医学生临床实践能力的培养，提倡早临床、多临床、反复临床，同时强调培养医学生关爱患者、尊重生命的职业操守和高尚的医学人文素质。医学人文教育是“卓越医生教育培养计划”的重要组成部分，良好的人文素质是卓越医生的必备条件，因此备受关注。将人文教育纳入到“卓越医生教育培养计划”中，有助于医学生树立正确的价值观念，培养正确的思维方式和行为方式；形成积极向上的职业态度，牢固树立尊重生命、爱护生命的理念；有助于培养临床沟通技巧，建立彼此包容、和谐关爱的医患关系。

课堂互动

天堂的入口排着长长的队伍，一名虔诚的男子站在其中，等待与圣彼得（耶稣门徒）交谈后进入天堂。足足等了1个小时后，一名身穿白衣、胸佩听诊器的男子径直走过队伍，越过圣彼得后直接走进天堂。见到有人插队，虔诚的男子十分气愤地质问圣彼得：“为什么那名医生能越线直接进去？”“他吗？”圣彼得说，“那是上帝——他老以为自己是医生。”

——大卫·托马斯·斯特恩（David Thomas Stern）

请讨论大卫·托马斯·斯特恩这段话是否构成对医生的道德绑架？谈谈自己对这段话的看法。

三、医生职业素养的原则和内容

美国内科学委员会（American Board of Internal Medicine，ABIM）公布的《职业素养》明确了职业本养的关键原则，即专业水准、诚信、职责、利他主义、尊重以及其他人道主义精神（如怜悯和同理心）、荣誉和正直。大卫·托马斯·斯特恩（David Thomas Stern），简称“斯特恩”，他认为，职业素养应包括临床能力、沟通技巧和伦理学修养，在此基础上弘扬并明智地应用职业素养的原则：专业水准、人道主义、诚信和利他主义。专业水准，始自对能力的承诺、对伦理学原则的理解、关于法律界限的知识以及沟通技巧，而这些独特的原则涉及超越普通标准的承诺；诚信，指的是要符合规定的医患关系以及职业（医生）与社会之间的契约关系所隐含的要义，它包括自律、标准设定、利益冲突处理、职责或自由接受服务以及责任；利他主义，则要求由患者的最大利益而非自我利益来指导医生的言行尊重、怜悯和同理心，再加上荣誉和正直，构成了完整的人道主义。

我们认为，在斯特恩概括的职业素养四原则中忽略了“职业热情”。当然，对于基于大学通识教育为基础的美国式医学教育，这似乎已经不需要提及，但是对于我国基于高中毕业生的医学教育体制，则尤为重要，而且这一原则的保证，是所有其他原则达到最佳效果的前提保障。如果将职业热情加入职业素养的原则中，可以用图17-1表示职业素养的架构。

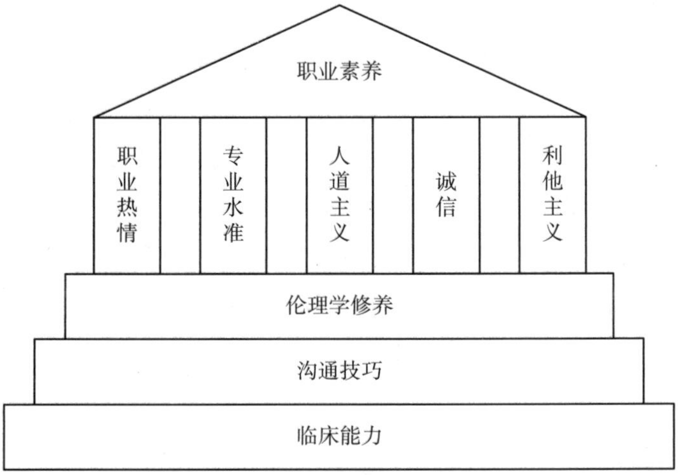

图17-1 职业素养架构

（一）职业热情

医生对自己的职业必须充满着热情。热情是一个医生重要的特质，这种特质可以将一个普通医生（ordinary doctor）与一个被患者喜欢的医生（favorite doctor）区别开来。医生是一个压力很大的职业，时间长了很多医生就会开始有职业倦怠。如何在职业生涯中始终保持对职业的热情，这是很重要的。患者往往不喜欢对自己的职业不再感兴趣，或者倦怠了的医生。患者永远希望自己医生对职业生涯充满渴望，有饱满的热情，希望自己的医生能热情地帮助自己。所以，始终保持对职业的热情是比较有挑战性的。通常，年轻的医生还会有饱满的热情，但是随着职业时间增长，是否能保持这种热情就尤为重要了，这往往需要医生不断地学习和激励自我。

（二）专业水准

第一，专业水准应做到遵守职业规范，但又不是仅符合最低的标准，专业水准一词在本质上是指通过持续的、审慎的努力，超越普通的预期值。所以其包含了终身学习的概念。终身学习是自我发起的一整套活动和寻求信息的技能，它的激活取决于每个人自身是否有持久的学习动机，以及是否有能力认识到自身的学习需求。

许多医生认为，他们的学位、文凭、执照、职称对建立良好的医患关系很重要。但实际上，这些只是在医生同行中显得更为重要。患者更看重的是医生的实际知识和职业素养。当患者第一次去看外科医生的时候，他最不看重的就是这个医生是否毕业于名校。患者更看重的是，这名外科医生做了多少例成功的类似手术。患者想知道这个医生的手术是否安全。患者也不在意医生告诉他们“我不知道这个东西，我要做些研究或者调查，查询资料后再告诉你”，或把患者推荐给另外一位更专长于某方面疾病的医生。

第二，专业水准的另一种表达方式是通过减少医疗失误，提高患者安全性。医生必须协助建立、支持和维护促进医疗质量持续改善的机制。为改进医疗质量，医生与其他医疗卫生专业人员一道，必须制订出更好的医疗质量测评指标，并利用这些指标对所有参与者、组织和负责提供医疗卫生服务的体系的绩效开展常规评估。专业水准还表现在推动科学知识和技术的应用。《新世纪医师职业精神——医师宣言》也指出，医生必须坚持科学标准，推动研究，并基于科研证据和医生个人经验生成新知识。此外，医生有责任捍卫和维持其医学知识和技术的完整性，确保这些知识和技术在应用上的一致性。

第三，医生必须具备非常缜密的逻辑思维能力。临床诊断实际上非常类似于刑事侦查，需要医生根据蛛丝马迹的线索作出临床判断和决策。医生如果没有缜密的逻辑思维训练，没有建立基于证据的“循证医学思维模式”，则很容易成为机械的教条主义者，或是在临床实践中思维混乱，漏洞百出。

第四，医生要具备承受压力的能力。医生越是在紧迫情形下，越不能手忙脚乱，必须在压力下冷静作出判断。医生的职业生涯是伴随着错误的，但是医生必须知道如何正确对待错误，要正视错误，敢于承认错误，并通过与患者或家属的道歉与沟通达成谅解，这也是需要训练的。

第五，医生必须具有良好的领导能力。医生往往要与护士等医疗辅助人员形成一个团队，而医生要担负起“船长责任”，有良好的领导力去团结每名成员。另外，现代医学更加强调多学科合作，医生还必须与其他兄弟科室的医生正确处理同事关系，成为其他医生心目中受尊重、受爱戴的同行。

第六，医生要格外注重诊疗的完全性和彻底性。在医生生涯中，任何一个环节的错误都可能酿成灾难性后果。患者都希望自己的医生没有忽视自己健康的任何一个方面。如果医生对患者比较关注，注重细节，那么会增加患者对医生的信任。特别是医患首次见面时，如果患者可以得到比较完整的、细致的照顾，能帮助患者减少以后看病的紧张感觉。如果医生拥有以上特质，肯定会为未来建立长期、良好的医患关系打下基础。当然，拥有这样医生的患者最终也会更高兴、更健康。与此同时，当知道对患者提供了帮助，患者病情好转或治愈等，医生也会从这个过程中得到精神上的回报与满足感。

（三）人道主义

人道主义，泛指一切强调人的价值，维护人的尊严及权利的思潮和理论。人道主义是起源于欧洲文艺复兴时期的一种思想体系，提倡关怀人、爱护人、尊重人，是一种以人为本、以人为中心的世界观。法国大革命时期又把人道主义的内涵具体化为自由、平等和博爱。人道主义应包括尊重、同理心和怜悯。

课堂互动

行医是性命攸关的大事……疾病的治疗过程也许可以完全超脱个人感情，但患者的诊治则必须是完全人性化的。在医患之间形成密切的人际关系的重要性不言而喻，因为有相当数量的患者在接受诊断和治疗时直接取决于这种关系……医生的必备素质之一便是对人性的关注，因为诊治患者的秘密就存在于诊治患者的过程中。

——弗朗西斯·韦尔德·皮博迪（Francis Weld Peabody）

请讨论并谈谈自己对弗朗西斯·韦尔德·皮博迪这段话的看法。

尊重，是指以尊敬、敬重和尊严的心态对待他人。在医学上，敬业精神通常认为是有适当的行为举止，尊重别人以及处事的能力。当患者认同医生的行为处事方式和感到医生能尊重患者的时候，患者对该医生会有更大的信任感。在医学上，尊重特别强调尊敬患者对于自身事务或医疗决策的选择权和自主权。医生必须尊重患者的自主权。医生必须诚实地对待患者并使患者在了解病情的基础上有权对将要接受的治疗作出决定。只要这些决定和伦理规范相符合，并且不会导致要求给予不恰当的治疗，那么患者的这种决定就极为重要。尊重包括对他人的文化、年龄、性别和残疾的感受和反应。这对医生提出了新的要求，因为尊重的表现在不同的文化中差异盛大。无论如何，尊重已成为人道主义的一个基本要素，它标志着对每一个人、每一个人信仰、价值体系的承认。此外，每一位医生还应尊重医疗机构或其他卫生保健机构的事、学生、制度、体系和程序。

同理心（empathy）亦译为“共情”，泛指心理换位、将心比心，亦即设身处地地对他人的情绪和情感的认知性的觉知、把握与理解。同理心主要体现在情绪自控、换位思考、倾听能力以及表达尊重等与情商相关的方面。同理心是一种既能理解他人的观点、内在经验和感情，又不至于过度介入他人情绪的能力。被他人理解是一种基本的人类需求，也是医患关系的支柱，但同理心不仅是理解他人的一种能力。就理解来说，它是指设身处地以患者的眼光看待世界，同时又不至于丧失自我的角色和责任。而且，同理心要比理解更进一步，同理心是多维度的，包括了通过沟通实现理解的能力。还有学者在同理心的定义中增加了情绪层面，即同理心包括进入或参与他人的经历和感情的能力。作为医生，对患者丝毫感情的感受，能够理解并敏感地觉察是非常重要的，觉察到以后给予必要的关心，这些都是富有同理心的表现。还有一项发表在*Academic Medicine*上面的研究称，那些富有同理心的医生的糖尿病患者在血糖的控制上，比那些相对较少同理心医生的患者做得更好。研究表明，医生如果对患者的需求有同情心，他们的患者更有幸福感，患者觉得更信服医生，更愿意按照医生的医嘱治疗，当然治疗效果就比较好。所以富有同理心是好医生的一个特质，能够敏锐地感知、感受到患者的需要，并给予必要的关心。

怜悯，是指一个人为他人所遭受的苦难或不幸动容并立志于使之解除的一种感情或情绪。在医学上，疾病造成了有待慰藉和帮助的特殊需求，但不需要医生过滥的情绪参与，因为这样做反而会损害对患者的职业责任。

（四）诚信

诚信，是指一方证实其行为的合理性并承担相应责任的程序和过程。诚信水平的多重性包括对患者的责任，即须履行规定医患关系的社会契约；对同事的责任；对职业的责任，即须遵守医学界享誉多年的规则；对社会的责任，即须解决公众的健康需求。责任是诚信最个人化的行为表现。而在我们关于诚信的定义中，居中心地位的是自律。只有自律才能使医生们保持诚信。自律的范围很广，从专业能力和法律、伦理行为到经济行为都包括在内。鉴于在医学实践中不可避免会出现利益冲突，在维护职业素养时，这一方面的问题处于日益重要的地位。与保险业和制药公司的财务往来越来越多、对成本问题的关注以及医生与实验室和评估机构的关系越来越密切，都使这一问题更加严峻。要完全杜绝利益冲突是不可能的，因此多数组织建议应公开这种关系的存在并通过外部机构加以监督，以确保患者和同事不致产生不必要的疑虑。

除此之外，诚信还应该包括坦率（forthright）。患者希望医生在告知病情的时候，能直接坦率地告诉他们所有的健康信息，而且用通俗的语言而不是用晦涩难懂的医学术语。当患者感觉到他的医生是直截了当地告诉他们事实，这样患者能对影响他们生活与健康的医疗抉择作出较好的决定。坦率是很重要的一种素质，医生不能绕弯子，或者根本不坦率地告诉患者这是什么东西。实际上，患者是不喜欢这样绕弯子的医生的。

（五）利他主义

在医学上，利他主义要求以患者的最佳利益而非医生的利益作为行为的出发点。在行医过程中各类经济往来和组织安排不可避免地会对医生的利他主义构成潜在挑战，所以呼吁医生要把患者的利益置于自我利益之上。

课堂互动

请讨论医生上班时是否可以上微信？并阅读《医师报》（2018-01-25）文章《“上班不上微信”是一种专业态度》，谈谈自己如何理解利他主义和患者至上。

2017年美国芝加哥WMA大会上，在各专业医学权威的见证下，《日内瓦宣言》进行了第8次修改。宣言中有这样一句：“我将给予我的老师、同事和学生应有的尊重和感激之情。”实际上，希波克拉底在2400年前就说：“我会像尊敬自己的父母一样，尊敬我的老师。”这句话告诉医生，应当抱着向患者学习的心态去做医生，因为确实是患者教会我们成为医生的，没有他们就没有我们。如果你是一名外科医生，我相信你很可能出过错误，甚至于由于你的经验不足，导致患者不得不二次推回手术室，甚至于患者最终死在手术台上。你可能也会内疚，但是你不应该忘记这个患者，他教会你在哪里今后应该注意和更加小心。所以医生应该抱着“感恩”的心态去看待患者，他们是我们的衣食父母、授业恩师。所以，我国香港、台湾地区医院医务人员在查完房、换完药后都往往会以一句“谢谢”结束。

尊重人不仅是尊重患者、家属，还有自己的同事。你身边打交道的人很多，都要保持尊重别人。当然，特别是对患者。患者是弱者，来看医生是希望医生能对待他像一个独特的个体，一个特别的人，而不是一个医学问题，或者是办公室的一个器械。因为患者是有感知的，是有情感的，希望被医生特殊对待，所以医生表现出尊重和特别的照顾对患者很重要，也反映一个好医生应该拥有的一种素质。另外强调一下，一个医生如果能用一种简单的语言来解释患者的疾病状态、健康状态，让患者能听得懂、理解得透彻，患者就会感觉到自己被尊重。有时候医生用的医学术语太复杂，患者听不懂，会感觉是不是自己的文化水平不高，会受到轻视。如果医生用一般的街坊语言来解释，患者就理解得好，也不会感觉自己文化水平不高，这也是对患者的一种尊重。

第二节　医患沟通

一、医患沟通的概述

（一）沟通与医患沟通

1. 沟通含义　沟通原意是指挖沟使两水相通。《左传・哀公九年》："秋，吴城邗，沟通江淮。"现代意义上的沟通译自英文"communication"，也有人译为"传播"，意指信息的传递、交流等。从一般意义上讲，沟通是指信息发送者凭借一定渠道，将信息发送给既定对象，并寻求反馈以达到相互理解的过程。它可以是通讯工具间的信息交流，也可以是人与机器间的信息交流，还可以是人与人之间的信息交流。沟通是人际间通过全方位信息交流，建立共识、分享利益并发展关系的过程。沟通不是通常说的"交流"，也不是单纯的"技巧"，其核心内涵是人与人的相互理解和信任，包括口头语言、书面语言、肢体语言及环境语言。环境语言是指人们有目的安排在特定空间内的文化物体场景及物理环境等知觉与感觉信息，如房屋结构、家具陈设、书画花草及温度等。

2. 医患沟通含义　医患沟通是现代医学运用沟通学理论，建立良好的医患关系、医学与社会关系，以医学与社会交流现象和规律为研究对象的应用型学科。医患沟通（doctor-patient communication）的含义：在医疗卫生和保健工作中，医患双方围绕诊疗、服务、健康及心理和社会等相关因素，将医学与人文相结合，通过医患双方全方位信息的交流，使医患双方达成共识并建立信任合作关系，为患者提供优质的医疗服务，达到维护健康、促进医学发展的目的，是医疗卫生领域中的重要实践活动。

（二）医患沟通目的

1. 良好的沟通使患者受益 提到医学的使命、医务人员的职责，我们往往会毫不犹豫地回答“治病救人、救死扶伤”。这种医学使命下医务人员的工作重心是“病”而非“人”，发生在医患之间的对话自然只围绕患者的症状。因此患者常常抱怨没有得到医生的关注，感到被忽视、不受重视。其实对于患者来说，医生的专业水平无须质疑，所以好医生是能够满足他需求的医生，而不一定是可以治愈其疾病的医生。如果医生没有满足患者的需求，患者的就医满意度自然不会高。美国特鲁多医生的墓志铭很好地诠释了医生的职责，“有时去治愈，常常去帮助，总是去安慰”。可以看出，好的医生一定要让患者得到身心上的舒适，而非绝对健康，这也是全人医学模式的体现。当医生重视患者的感受，尽量去探寻患者的需求，并让患者感觉到医生为之而努力，患者就医满意度也必然会随之提高。

医生获取患者需求的途径自然是医患沟通。尽管科技发展导致人们的各类交际都可以通过网络开展，但医患之间的沟通仍需要面对面进行。掌握医患沟通的技巧能够帮助医生在接触患者的有限时间内，发现患者的需求并进行回应。这样不仅能够提高患者就医满意度，还能建立医患之间的信任关系，为后续治疗打好基础，提高医嘱遵从率。

医患沟通获取患者需求的同时，还能更好地判断患者的疾病状况，提高诊断准确率。依据更为准确的诊断，医生可以为患者提供更加切实有效的治疗。而面对严重病情或其他医疗危机时，良好的医患沟通将引导患者及其家属更好地渡过难关。此外，有多项研究结果表明，有效的医患沟通对具体疾病具有一定的治疗作用。可见，良好的医患沟通不仅能够提高患者的就医满意度，还有助于改善患者的健康状态。

2. 良好的沟通使医务人员受益 医务人员的工作性质决定了面对生老病死成为他们工作的日常。也许会有一些人说，见多了就习惯了，能够在死亡面前保持冷静才能表现出医务人员的专业性。然而医务人员也是人，他们在这样的工作环境下承受着巨大的精神压力，严重透支了个人情感。有研究表明，医生出现精神问题和精力衰竭的可能性都很高，且这些问题更容易出现在自我管理能力、沟通交流能力缺乏的医生身上。当医务人员面对工作压力时，既不能自我疏解，也无法帮助患者，这种束手无策的感觉会进一步加重工作压力带来的心理问题。而当他们能够通过医患沟通帮助患者改善现状，他们本人也会得到职业满足感，在执业中实现自我的价值，从而有效减少疲劳，避免精力衰竭。当然，医患沟通对患者健康的改善作用也在一定程度上降低了医务人员的工作强度。工作中的自我实现和获得职业认同是保持职业激情的最好方式。

医务人员的工作压力还有一部分源于医疗投诉或诉讼。患者维权意识增强的同时，医疗投诉、诉讼的发生频率也随之提高。直接因医疗技术导致的投诉、诉讼只占总数的一小部分，更多的则是由于医生缺乏沟通意识或沟通技巧引起的投诉或诉讼。伤害发生后，患者一方面希望了解伤害的原因，另一方面更希望看到医方处理事件的积极态度。而患者想得到的积极态度主要表现在医务人员的表情、语言等方面。通过医患沟通技巧的培训，医务人员能够使用恰当的表情、用语表达对患者的关切，以到达尽早化解医疗纠纷的效果。可见，医患沟通对于降低医务人员职业倦怠感，减少投诉、诉讼具有一定的正面作用。

3. 良好的沟通使社会受益 有效的医患沟通提高了诊断的准确率，更是让患者在就医的过程中少走弯路，省去很多不必要的检查、治疗费用，间接起到了节省医疗资源、提高医疗效率的作用。这一点特别体现在我国目前重点推行的全科医师制度。在基层开展全科医师制度是降低医疗成本非常必要的措施。疾病中九成以上是常见病、多发病，在基层对患者提供预防、健康指导、慢病管理追踪等服务需要全科医师发挥作用。而全科医师制度对医务人员的医患沟通能力提出了更高的要求。只有全科医师重视医患沟通、掌握沟通技能，与患者建立起信任关系，把医患变成熟人，患者才会逐渐从三级医疗分层、分流到基层医疗中，实现医疗的真正下沉和回归基层。

面对治愈无望的患者，医患间的深入沟通也能引导患者及家属接受并选择适合的医疗方案（如安宁疗护），使患者能够安然度过最后时光，患者家属能够尽快走出亲人离世的阴霾。医生通过医患沟通引导患者家属珍惜与患者相处的生命末期，不仅能让患者了无遗憾地走到生命重点，更能减少由此发生的医患纠纷。这在人口老龄化进程加快的国情下，具有较大的社会意义，符合健康中国战略的要求。

医患沟通同时使医患双方受益，形成良性循环。当医疗行业中人人具备成熟且扎实的沟通技巧时，一方面能够促进医学模式由生物医学模式向全人医学模式的转化；另一方面有助于增进医患间的信任，解决医患间信任危机的社会问题，有效缓解医患关系的紧张状态。可见，良好的医患沟通不仅能够降低医疗成本、提高医疗效率，还有利于推动医疗体制改革、医学模式转化，缓解医患紧张关系，满足了健康中国战略要求。

尽管医患沟通对整个医疗领域的进步具有积极意义，但想要真正起到如此深远的影响，导致全行业的变革，仍有很长的路要走。当前的现状是，对医疗专业技能的培训十分重视，对医学人文类的教育力度不够。医务人员从学生时代起就不断学习着各类医学专业课程，毕业后只是一名准医生，以住院医生身份边干边学，接受临床实践培训，逐渐成长为可以独立工作的医师。在整个学习实践过程中。对医疗专业技能的培训质量有严格把控，而医学人文类的教育则相去甚远。在校期间，医学生对人文素养类课程的重视程度远远低于医学专业课程，由于缺少实践辅助，老师的教学效果也差强人意，人性关怀的意识没有扎根于内心深处。走出校园后，与患者接触的机会变多了，却没有系统的培训，只能依靠个人逐渐摸索。但要成为一名优秀的医学人才，与人交流的能力和与人合作的能力是必须具备的能力要素。

（三）医患沟通的作用

沟通是一门艺术。所谓："良言一句三冬暖，恶语伤人六月寒。"积极有效的沟通好似一扇大门，其背后蕴藏着无穷的智慧和力量。在医疗服务的过程中，最基本环节是诊断、治疗及相关服务。医患沟通需要在这些环节中发挥作用。

1. 医患沟通有利于更好地诊治疾病　医生收集患者尽可能多的疾病相关信息，进行分析研究后作出较为准确的诊断报告。这里的沟通以询问病史和体格检查为主，一般而言，交流越多，获得的有价值信息就会越全面，诊断正确率相对也越高。患者病情是变化的，诊断也应是动态的才能确保治疗是正确和及时的，需要医护人员随时与患者和家属沟通，以获得好的疗效；维护患者知情权，征求患者及家属对治疗方案和费用的选择意见，增强医患合作性与患者的依从性；促进医患互动，增强患者信心与抗病能力。

2. 医患沟通有利于医患关系的和谐　随着现代医学科技的发展，医学仪器在医疗活动中的作用越来越多，医患关系出现了"物化"趋势，医患间的"失语"状态使医学本身的人性化特征渐趋隐失，医学的发展出现了不应有的失衡状态。加强医患沟通正是扭转医患关系的"物化"和"失衡"状态的有效途径，需要科学完善的医患沟通制度和规范，指导医护人员的行为。

3. 医患沟通有利于妥善解决医患矛盾　我国当前的医患关系紧张是多种因素造成的，医患矛盾加剧、医患纠纷频发的背后，有相当部分的原因并非是医学技术服务因素，而是医患沟通渠道不畅、医患交流的质量缺乏专业水准。加强医患沟通，建立医患信任机制，是改善医患关系的有效手段。国内外医疗行业的经验是医患沟通途径经济成本最低、社会效益最好的一种解决问题的方法。此外，医学的发展趋势是医患双方共同参与对抗疾病，这将会对医患沟通提出更高的要求。

4. 医患沟通有利于医学知识的传播　随着社会的发展，社会民众的生活节奏加快，工作压力增大，人们的心身问题不断显现，迫切需要医学指导人们学会调整心理状态以适应社会。社会民众患病后，由于欠缺医学知识，亟须了解疾病的相关知识，实现"知情"后的自律管理，而医患沟通正是患方知情的重要途径。

二、医患沟通的内容和方法

（一）医患沟通的内容

在医患沟通过程中，医务人员应该明白的是，一般情况下，医患之间存在着知识差距，信息不对称是影响沟通的重要因素。沟通者需要将沟通的信息进行合理的组织，以简洁、清晰的方式表达要求，并利用反馈机制以确保信息的传递准确无误。医患沟通的信息内容主要包括3个方面：其一是事实部分，即解决是什么的问题。如关于疾病症状表现是什么，诊断是什么，所用药物、治疗方案和副作用是什么，须注意的问题是什么等。其二是论证部分，即解决为什么的问题。目的是促进患者理解即将采取的治疗措施的意义，理解需要被动配合或主动参与治疗的必要性与重要性等。准确有力的论证，有利于患者接受医务人员的建议，实施有效的行为。如要求做腹部手术的患者戒烟，因为吸烟引起的咳嗽将影响伤口的愈合。关于手术过程中的各种意外事件的沟通，数据的应用将有利于沟通。如医生告诉患者手术过程中可能会有麻醉意外，但同时应告知意外的实际发生率，以减轻患者的焦虑。其三是发展趋势，即此后健康将怎样发展的问题。这一部分沟通针对未来，使患者在一定程度上了解即将发生的事件与变化，减少不确定性心理，增强患者的安全感。

（二）医患沟通的方法

良好的语言表达能力是医护人员职业胜任力的基本要求。在繁杂的临床工作中，医护人员需要熟练运用安慰和鼓励性语言、解释性语言、积极的暗示性语言等方法，做好医患间的交流工作，避免伤害性语言，更要讲究语言技巧。

1．运用得体的称呼　称呼是建立医患良好沟通的起点。称呼得体，会给患者良好的第一印象，为以后的交往打下互相尊重、互相信任的基础。医护人员称呼患者的原则是根据患者身份、职业、年龄等具体情况，力求恰当表达出对患者的尊重。但在治疗和护理的关键环节上，必须直呼其名，如术前核对手术患者、输液核实给药等。这样做的目的是核实患者信息，保证治疗准确无误。

2．通俗表达医学术语　过多的专业术语会影响患者对医生所传达信息的理解。需要医生通俗地表达专业知识，以保证患者能够清楚自己的患病信息、治疗方案的选择。建议医生多用图片或模型给予形象的解释说明。

3．善用语言交流技巧　态度亲切和蔼，语气平缓是良好沟通的基本条件。处在病痛中的患者更脆弱和敏感，生硬的话语会使其产生悲观或激动的情绪；随和亲切的语气会使患者感到关怀和温暖。多倾听，积极回应。医护人员在交流中如果能够对患者的陈述有更多的倾听，有助于准确、全面地收集患者信息，了解患者真实状态，进而赢得患者的信任与合作。倾听患者及家属的讲述，回以鼓励性语言，或以非语言技巧鼓励对方继续，适时地表示肯定，合理用“嗯”“对”表示理解。也可用略有不同的语言重复患者或家属刚说过的话，使对方感觉自己的观点被重视。医护人员要有意识地使用保护性语言，避免因语言不当引起不良的刺激。向预后不良的患者告知病情要谨慎，可以先和家属沟通，以期得到患者家属的配合。

表达同理心。同理心就是站在他人的角度来理解其处境、感受和观点，如“如果我是您也……”，同理心也可以通过表情或触摸等方式表达。

掌握提问技巧。在与患者交流时，应多用“开放式”提问，适当用“封闭式”提问，避免“审问式”提问。“开放式”提问可以使患者有主动、自由表达自己的可能，便于全面了解患者的病情、感受和想法。“封闭式”提问的回答“是”与“否”，便于医务人员快速有效地了解情况。通常医生可根据医患谈话内容交替使用这两种方式。在沟通中要随时注意患者的情绪变化，随之调整沟通方式。

4. 恰当地使用非语言技巧　一般情况下，医护人员使用非语言行为促进与患者的交流，与其他的交流并无本质差别。当用语言表达时，借助非语言行为的强调和补充功能，能够促进交流效果。在特定情况下，如在重症监护病房、面对失语患者、面对表达能力不强的儿童或面对失去了正常表达能力的精神病患者等，非语言行为的使用就成为沟通的主要方式。

5. 不评价他人诊疗工作　由于每个医院的条件不同，医生的技术水平不同，对同一疾病认识可能有不同，因而对同一疾病的处理方法也有可能不同，更何况疾病的诊断和治疗是一个复杂的过程，故不要随便评价他人的诊疗，否则会导致患者的不信任，甚至引发医疗纠纷。

课堂互动

1位恶性肿瘤患者家属找医生咨询情况时，医生对患者家属说：“今天没时间，明天再来吧”。患者家属对医生的这种态度有了不满意的情绪。向患者家属交代病情时简单地说：“是恶性肿瘤，只能死马当作活马医”，而不做详细的解释。这位患者术后死于多脏器衰竭，患者家属对本来是正常的医疗程序提出疑义，导致长达数月之久的医疗纠纷。

本案例中，医生应当如何与患者沟通？

三、影响医患沟通的因素

（一）社会因素

1. 医疗资源分配不均　我国医疗资源与庞大的人口数量相比严重不足，且分布不均衡。欧美发达国家床护比为1∶2甚至1∶3，我国只有1∶0.4，三级综合医院仅有1∶0.33。拥挤的医院、紧张的工作导致医务人员忙于应付，没有足够的时间了解患者的需求。医生抱怨工作太累，患者抱怨医生交流太少。加之医疗设备的大量使用，医患关系的物化程度增加，有的医生为节约时间，只做最基本的问诊后，就直接开单让患者去做检查，只说“怎么了”“去检查吧”“下一个”的“三句话”医生。医患沟通在这种条件下难以得到有效的开展。

2. 社会转型期加剧了医患间的不信任 医患间基于契约关系所构建的信任体系，有助于建立和谐的医患关系。患者将自己生命健康托付医生，医生承载着患者的信任，医与患是利益共同体，双方彼此依托。但是，在目前社会转型期，以人际信任为基础来构建体系信任也不够稳固，医患信任中也存在着危机。低度信任社会人与人之间情感交流的信任关系不容易建立，使平等地位的陌生人之间交流存在信任障碍，构建患方对医方的信任体系也变得更为困难。医疗过程中患者对整个医疗体系持怀疑态度，对医院管理制度和医生诊疗态度不满、对医生治疗方法的怀疑等心理，都会对构建信任体系产生消极的影响。

3. 媒体的不公正引导 公正的舆论导向对于良好医患关系的构建十分重要。然而，非公正的舆论不仅助长了个别患者的非理性行为，也影响了人们对医疗行业的评价。个别媒体为博人眼球，罔顾医疗活动的特殊性和科学性，在医疗纠纷尚未调查清楚前就发表偏颇报道。这些不良炒作在一定程度上激化了医患矛盾。

（二）医方因素

1. 医学的特殊性 医学具有高科技、高风险性，且其发展也有局限性，有许多未知的领域需要通过临床实践不断探索和总结。因此，医务人员很难全面认识每个患者与疾病相关的所有状况，也不可能预知患者可能出现的还未被认识的病症。医患沟通中存在的这些不可能全面告知患方的情况，一旦出现，患者及其家属就难以理解，就可能导致医患关系恶化，引发医疗纠纷。

2. 医疗机构管理水平有待提高 在现实医疗环境中的医疗资源相对不足。医疗资源的紧张使每个医生精力有限，但医学模式的转变及患者权利的保障又要求医生对患者身体、心理、行为等各个方面进行综合管理，维护患者权利。医疗机构管理者需不断充实和更新管理理念，及时将先进的管理手段应用到医疗机构发展过程中，并善于总结经验。医疗机构管理层应坚持依法治理、科学管理的工作原则，将构建和谐医患关系当作首要任务。

3. 医务人员缺乏沟通技巧 医学的服务对象是人，医学本身蕴涵着丰富的人文精神，医学与人文融为一体才能更有效地为人类服务。医学人文精神强调尊重患者的情感世界，尊重患者意愿。由于一些医务人员缺乏人文精神，对患者没有同情心，缺乏关怀、关爱，在医患沟通中不能敏锐地觉察和尊重患者的心理感受，不能根据患方的情绪和心理反应运用不同的语言和非语言的沟通方式使患者获得精神、心理的慰藉和改善，影响了医患沟通的效果。

（三）患方因素

1. 健康意识与维权意识不断增强　随着社会的进步与国家法律的不断完善，公民的法制意识不断提高，患者在追求疾病诊治结果的同时，维权意识和自我保护意识也越来越强。除了对医务人员的技术水平有更高的要求外，对其职业道德和服务质量也提出了新的要求。医务人员侵犯患者权利时，患者的首选解决方案由协商、调解转向提起诉讼，过度维权也在一定程度上限制了医务人员与患者的坦诚交流，并不利于良好医患关系的形成与发展。

2. 对医疗工作的特殊性缺乏应有认同　绝大多数患者及家属对医学专业的了解带有一定片面性，这种认识上的缺陷成为医疗纠纷的导火索。人们对医疗工作缺乏必要的理解与宽容，甚至个别人试图将医疗纠纷作为获取不正当经济利益的工具，有其深刻的社会原因。加之医疗卫生事业发展与社会经济的快速发展不相适应，医疗保健制度不完善与风险分担机制不健全，看病难、看病贵问题在某些地方较为突出。在期望值过高的情况下，患者一旦出现治疗效果不满意，便会造成医患关系紧张甚至纠纷。

本章小结

职业是重要的社会生活领域，职业决定着一个人的谋生方式，决定着一个人的生活方式，更重要的是会塑造一个人的爱好、性情、人格、思维方式和价值取向等。职业素养，是指职业内在的规范和要求，是在职业过程中表现出来的综合品质，包含职业道德、职业技能、职业行为、职业作风和职业意识等方面。职业素养在职场中具体量化表现为职商。职业素养是个体行为总和构成的，职业素养是个体内涵而个体行为是外在表象。视职业素养为一种能力，这就意味着我们应将那些在工作中偶尔犯错的人看作是一种表现失误而非性格缺陷，应采用教育方式使其改变，而非严格管束甚至于淘汰他们。掌握良好交流沟通艺术是医生职业素养不可或缺的重要部分。医生必须拥有非常娴熟的沟通艺术，特别是说话的语言技巧和倾听别人说话的能力。良好的沟通使患者受益，使医务人员受益，使社会受益。

（王　岳）

第十八章　临床沟通技巧

学习目标

1. 掌握　临床工作中常见的医患沟通技巧。
2. 熟悉　有效沟通的原则。
3. 了解　与特殊人群的医患沟通技巧。

第一节　临床工作中常见的医患沟通技巧

一、医患沟通的准则

1. 身心统一准则　不但要考虑人的自然属性，还要考虑人的社会属性，要把患者看成是身心统一的社会成员。患者就医的需求从单纯的生理需求向生理、心理、社会综合型需求转变。患者不仅需要优良的医疗技术服务，还需要从心理上得到关怀、尊重。应对了现代医学模式的转变，同时对医疗服务提出了更深层次的要求。在医疗卫生服务中，一方面要尽可能满足患者治愈身体疾病的需求；另一方面要对患方心理给予尊重、平等、关爱、同情等精神慰藉。在进行医患沟通时，要从整体层次进行沟通，对患者情况全面了解。应积极引导与鼓励患者全面客观地描述其症状与感受，同时如实告知疾病带来的其他影响，以便双方全面沟通，从而提供更全面、整体的医疗服务。医患沟通的重要目的就是给患方更多人文关怀，促进其身心健康与和谐。医务人员应把握好尊重医学科学与实施人文关怀的尺度，将医学科学作为沟通的基础，将人文关怀作为沟通的目标，客观真实地反映诊断、治疗、风险及预后，即理性传达医学科学信息，从而使患方全面、正确地认知医疗相关信息。

2. 真诚守信准则　诚信是医患沟通的基础和根本。医者要主动去赢得患者的信任，患者也应该信任医者，这既是对医者的尊重，也是获得良好治疗效果的需要。医务人员只有在医疗服务的环节中，言行举止更真诚、更守信，才能获得患者的信任和配合，增强患者的依从性，也使患者更加尊重医务人员。医患沟通中的诚信，不仅是话语的真实，更是医务人员恪守医德、遵章守法的行为和优良医疗能力的综合体现。医务人员对患者是否有同情心，是患者愿意和医务人员沟通的关键。如果患者感到医务人员缺乏同情心，他就不会信任医务人员，不能与医务人员进行有效的沟通。即使有沟通，也是仅限于单纯的看病层面，而不会涉及深层次的内容。而从有效沟通层面上获取的信息才是真实可靠的。

3. 维护患方权益准则 医患沟通作为医疗行为的重要组成部分，在维护患者权益方面发挥着其他医疗行为不可替代的作用。医患间通过传递一系列重要信息，能够直接保护患方的平等医疗权、疾病认知权、知情同意（选择）权、个人隐私权、医疗赔偿权、监督医疗过程权及免除一定社会责任和义务权等。因此，医务人员必须将维护患方合法权益作为重要的职业操守，并在医患沟通中加以实现。

4. 保密准则 在整个诊疗过程中，医务人员有责任满足患者的要求，更不能随便泄露其隐私或取笑、歧视患者。一旦医务人员对患者的隐私显示出鄙视、不屑的神情，会严重损伤患者的自尊心，从而影响进一步的医患沟通。

5. 共同参与准则 诊疗活动中需要医患双方的全程参与和良好沟通互动。保持畅通的信息沟通渠道，是有效沟通的前提。医患谈话是一个双向沟通的过程，医务人员把需要了解的内容及时反馈给患者，同时可采用目光接触、简单发问等方式了解患者是否听懂等，以决定是否继续谈下去和如何谈下去。医务人员要耐心倾听患者的意见，让患者参与决策。根据患者的综合情况（疾病、家庭、社会经济等因素）设计多种诊疗方案，向患者及家属进行较全面地介绍，让其积极参与治疗方案的选择。

案例讨论

【案例】一位只有小学文化水平的农民患者，因患梗阻性黄疸住院。术前，医生为了让他明白手术方案，特意画了一张图，告诉他是胆管堵了，胆汁往上回流，所以身上发黄，这次手术就是让胆汁改道，并画出了术中可能选择的4条路径。患者听完后感动得哭了，他说过去从来没有一个医生告诉他怎么做手术，这次一下子就听懂了。

【讨论】医患沟通的最终目的是使患者对疾病信息有明确的、详尽的了解。案例中的医生在术前的沟通中，通过画图的表达方式，使患者对治疗方案更加明了，完全达到了这一目的，其沟通是有效的、良好的。同时，在沟通过程中，医生遵循了平等和尊重原则、合作与引导原则，在医学知识的基础上，平等地与患者共同讨论疾病问题，而不是一味地迫使患者尊重医生的决定，在对患者尊重的同时，也促进了医患关系的和谐。

二、医患沟通基本技巧

1. 倾注医学人文善意 临床医患沟通中，医疗措施和人文言行两者不能缺一。医疗本身是技术性的，但如何给予则是由人文态度决定的，医方的人文言行更应该主动显示善意，体现人道与仁爱的医学人文精神。这种善意具体到临床工作中即要给予患者适宜身心和经济能力的医疗方案、体现共情和关怀的医学照护、基于诚信和尊重的医患沟通、恪守伦理和法规的医言医行。只有表达了善心善意，才能使患者及亲属感受到医方给予的温暖、尊重及诚意的负责态度，同时注意维护患者身体隐私权。

2. 规范医生的职业语言 医生的语言须具有职业性。职业语言的内容包括医学专业知识和技术方案、医疗过程相关知识和信息、医院制度及卫生政策法规等。医生的语言要专业规范、明确说明、通俗易懂且不能随意化。医方向患方交代诊疗方案、判断病情及预后时，要恰当说明医疗服务风险性和不确定性，让患者及亲属获得医疗风险心理承受力是相当重要的医患沟通目的。在跟患者交谈时应吐词清晰，语调亲切，用语文明，倾听认真，热情耐心等；在诊室就座应端庄大方，站立仪态高雅。多使用礼貌用语如："您好""请坐，请稍候！""请问您感觉哪儿不舒服？""我为您做一下身体检查，请您配合！"等。

世界卫生组织的一名顾问曾经作过调查，发现患者诉说自己的症状时，平均19秒就被医生所打断。这反映了一种居高临下的态度，不仅妨碍着医患双方交往的顺利展开，而且直接关系到主诉的准确和医疗的质量。每一个患者都是独特的，让患者切身感受到你对他的重视和关心，从而为医患双方密切合作、为正确的诊断治疗创造先决条件。成功的倾听并不是靠"耐着性子"，而是通过学习、修养和锻炼获得的一种素养。它要求我们有尊重和关爱患者的情感，有耐心、专注倾听患者诉求的态度，有正确运用自己的专业知识把握患者陈述的能力，还要有透过现象把握本质的智慧。

3. 增进医患间的信任友情 人与人的情感产生意味着信任的建立。正当的医患友情有益于提高诊疗效果，有益于妥善处理医患矛盾。多一点对患者关注的神情，给患者一种真正被重视的感觉，让患者在最初与你接触的瞬间对你产生信任感与好感。当你知道这位患者的姓名后，应该轻念他的名字，以拉近与他的距离。"中国小儿外科之父”张金哲院士在谈医患关系时，提到20世纪40年代的《克氏外科学》（*Sabiston Textbook of Surgery*）的扉页上，大字印着：“先交朋友，再做手术。”因此，医务人员应主动多接触患者及亲属，通过言行努力表达爱心，催化医患产生信任友情。当遇到患方情绪失态，医方须控制自我情绪，要谅解患方过激言行。但医务人员也要防止与患方过度友情交往，保持理性和冷静是实施正确医疗方案的前提条件，也可以避免不恰当的医疗行为。

4. 重视患方的利益　患者亲属是患者的直接利益人，患者对亲人的信任度最高，受其影响最大。如果医务人员能注意指导患者亲属，并与其密切合作，使他们能配合医务人员与患者进行积极沟通，对诊疗效果会起到事半功倍的效果。在医疗服务和处理医患矛盾中，医务人员应高度重视患方利益人的作用，并及时与利益人建立良性的沟通关系。同时注意维护患者身体隐私权。

5. 关注患方的文化背景　患者来自四面八方，如果医务人员无针对性，而仅以医患沟通的一般方法和服务模式，将无法了解他们文化的差异性和丰富的个性化需求，难以达到医患沟通的目的。因此，医方需要高度注重患者的文化背景，尽可能多地熟悉和了解不同地域、民族及宗教等文化表现与内涵，掌握应对不同文化背景患者及亲属的方法和技巧。研究并探索个性化的医疗服务是医患沟通今后的发展趋势。

6. 积极与媒体友善地沟通　近些年来，一些媒体特别关注与医院相关的信息，但却未能客观、全面地反映实际状况，常使医院和医务人员的社会形象受损。其部分原因是医院与媒体沟通的信息不足，甚至躲避媒体。医院应该主动与媒体沟通，树立正面形象，使媒体在报道医患纠纷时能站在中立的位置上。此外，医院还应通过媒体积极进行医学知识的普及与健康教育，以产生更广泛的医患沟通效果。

7. 形成沟通的书面信息　长期以来，医院以书面病案为主的各类医疗文档的管理体制比较健全，但一般局限在医疗技术等相关文档管理的范围内，而医患沟通系统化、规范化的文档建设则普遍欠缺。医疗机构中必须履行各种知情同意书、执行谈话签字制度、特殊检查、特殊用药同意书、输血同意书、麻醉、术前谈话记录、病危通知书等。患方自动放弃治疗要求出院或拒绝抢救等均在详细写明后果的前提下要求患方签字。这些知情同意书及谈话签字制度，是医学沟通的一种文件形式，一方面能使患方行使自己的知情权、选择权，另一方面也使医务人员的医疗行为得到有效保护，保证了医疗安全。

三、几种常见的沟通方法

1. 介绍患者病情时需注意的问题　在谈话中，医生应该避免使用一些绝对化的语言，如没关系或没希望之类。绝对化的回答，往往会带来麻烦，如一个肠瘘患者，经人工胃肠外治疗数月，没有改善，医生就告诉其家属，患者没希望了，自动出院。一年后，该患者出现在医生面前，不但肠瘘愈合，而且恢复了工作。他虽然康复了，但对医生产生了不信任感。在向家属介绍病情时，不要只提及患者病变的局部情况，而忽视全身。如一个股骨骨折的患者就诊，有大腿肿胀、活动障碍等，医生只说骨折后，可能造成残疾等，却没有提全身可能出现的情况。结果患者在摄片过程中出现面色苍白、血压下降等变化，经检查发现有脾破裂，差点抢救不及。疾病随着时间及其他因素的改变而出现各种不同的变化，若不注意病情发生的变化，就可能因无思想准备而慌乱。如颅内血肿患者就诊时由于出血量少，可以没有症状与体征，如果仅把当时的情况告诉家属，而不提醒疾病可能发生的变化，当出血量增加，病情变化就为时已晚了，抢救成功的概率就下降了。对各种资料的收集，必须遵循由近及远，由重到轻的原则，绝不能漫无边际，贻误病情。

2. 术前或重大检查、操作前谈话　术前谈话是医生与患者交流的重要组成部分，也可成为一定的法律依据，但绝不是医生推卸责任的依据。其目的主要是让患者对自己或家属要经受的手术有一个完整的了解，通过认真地对手术利弊的权衡，作出是否同意手术的决定。术前谈话应该注意谈话的范围、谈话的完整性，把可能出现的意外情况提出后，还应把出现意外后的可能结果讲明白，如可能出现的一般结果是什么，最严重的结果是什么。若术后可能导致患者残疾，也应讲清楚可能的程度。在术前谈话中，医生应注意科学性，不要遗漏应有的内容，也不要夸大手术的危险性。

3. 病情危重通知　患者家属对患者情况的突然恶化或突然死亡，往往难以接受，容易产生更多的责任和意见。在此类谈话中，应该向家属讲清病情危重的原因，可能发生的严重后果，但作为医务人员，一定会全力抢救患者的。

4. 入院宣教和出院指导　对于住院的患者，医护人员都要进行入院宣教和出院指导，包括护理、预防、饮食、康复锻炼中的注意事项等，宣教的内容应具有一定的目的性和知识性。但为了有效与患者沟通，达到宣教的预期效果，须带有一定的情感性，表现出对患者的理解和关心，宣教的效果才能更好。医疗机构中必须履行各种知情同意书、执行谈话签字制度、特殊检查、特殊用药同意书、输血同意书、麻醉、术前谈话记录、病危通知书等。患方自动放弃治疗要求出院或拒绝抢救等均在详细写明后果的前提下要求患方签字。这些知情同意书及谈话签字制度，是医学沟通的一种文件形式，一方面能使患方行使自己的知情权、选择权，另一方面能使医务人员的医疗行为得到有效保护，保证了医疗安全。

第二节　与特殊人群的医患沟通

一、与儿童和老年患者的沟通

（一）与患儿沟通的要点

医务人员所接触的患儿各不相同，其家庭背景也千差万别，千篇一律地对待患儿及家长显然行不通。医务人员要从患儿和家长的具体情况出发，在整个医疗过程中，充分考虑到患方的愿望和实际经济状况，找到切实有效的切入点，有针对性地进行认真、积极的沟通，给患方更多的决定权，以达到较好的医疗效果。

1. 根据不同患儿特点进行沟通　儿童在不同的年龄阶段心理发育不同，在患病时的反应也不同，医务人员要有童心，培养爱患意识。依据各年龄段的特点，通过不同的方式进行有效的沟通，给予患儿关爱、尊重。

2. 解读患儿的体态语言　婴幼儿患病不能诉说感受，小儿科也被称为“哑”科，他们通过面部表情、声音、身体活动同成人建立联系，达到与成人的相互理解。医务人员在接诊时，有时要以看和听的方式为主，解读患儿的体态语言。在医患交流中，患儿的体态语言能否为医务人员正确解读，是实现良好的医患沟通，达到理想沟通的基本保证。婴幼儿患病后，在语言上往往不能准确自我表达，有些患儿由活泼好动变为无精打采，对父母的依赖性增强。医务人员应从患儿的面部表情、动作、态度中进行细致的临床观察，及时发现病情变化，发现病症所在。

3. 克服患儿的恐惧心理　儿童在就医时会产生不同程度的医疗恐惧，而且年龄越大，医疗恐惧程度越高。医生在见到患儿和家长时应面带微笑，态度和蔼可亲，照顾细心周到，消除陌生感，营造一个轻松、和谐的就医气氛，使家长有被尊重的感觉。医护人员声音柔和、亲切地称呼患儿的名字。在查体时，一些患儿耐心有限，医生应尽量缩短查体时间，可通过观察患儿的表情来判断其感受，注意细节，如查体前搓暖双手，查体结束后为患儿盖好被子等。医务人员还应注意满足患儿“皮肤饥饿”的需要，如搂抱婴幼儿，抚摸患儿的头部，轻拍他们的上肢和背部，使之获得亲切、友好的满足感，增强患儿的信任感和安全感。医生应与住院的患儿主动交谈，帮助熟悉环境，安排合理的生活作息制度，并为他们介绍小伙伴，鼓励他们积极参加集体活动，消除紧张恐惧心理，主动配合疾病的治疗。

（二）与老年患者沟通的要点

1. 针对患方的医学与健康教育 告诉老年患者和家属有关疾病的知识及良好的生活、饮食习惯对老年疾病的预防和治疗都具有重要的临床意义。特别要向患者及家属说明老年人的解剖和生理特点。应使老年人和家属充分了解自己，客观认识疾病，坦然面对衰老和死亡的生物学自然过程。

2. 适度告知患方治疗中的风险 老年疾病中的急、难、危、重病占相当比例，其风险不言而喻。如老年人的急性冠脉综合征、急性左心衰竭、急性脑出血等，因其起病急、危险性大、死亡率高，在治疗过程中，随时有可能出现危及生命的意外。所以在救治过程中，临床医生要根据每个患者的具体情况和特点，具体问题具体分析，并及时充分告知患者及家属治疗中可能出现的风险及严重程度。

3. 给予患方治疗方案的知情选择 知情同意是临床医患沟通的重要项目，贯穿医疗工作的始终。在某些情况下，同是老年患者，却常因疾病不同、患病基础情况不同、患者的抵抗力不同，采用的治疗方案也不尽相同。医生应及时与患者及家属进行良好、有效地沟通，让患者及家属了解疾病的进展情况及治疗方案，给患者及家属充分的知情权，以征得患者及家属的理解和配合。

4. 引导患方配合治疗 在老年疾病的治疗过程中，患者及家属对疾病的理解程度和所采取的态度对疾病的治疗效果和预后恢复都会产生直接的影响。医生有责任做好患者和家属的心理疏导工作，用通俗易懂的语言与非语言交流方式和患者及家属及时沟通，告知所患疾病相关的医学知识及诊疗方法，以赢得患者及家属的理解和配合。

二、与急、危重患者的沟通

（一）急、危重患者及家属的心理特点

急诊入院后紧张的抢救过程及突然离开熟悉的环境和亲人，极易产生焦虑和恐惧情绪。在进入监护室的2~5天会先后产生否认、孤独及忧郁情绪。由于急、危重患者是在重症监护室里进行治疗，患者家属只能在规定的时间里，短时间地访视患者，其余时间只能在监护室外等待。这种长时间的等待，决定了患者家属对能够及时了解患者病情及其转归十分渴望，并容易产生焦虑、烦躁，甚至是猜疑、愤怒的情绪。了解急、危重患者及家属的心理特点后便可“对症下药”，使沟通达到事半功倍的良好效果。

（二）与急、危重患者及家属的语言沟通

1. 针对恐惧、焦虑孤独等负性情绪 避免在患者面前谈论病情，特别在患者极为痛苦时，更应对其进行安慰和鼓励，这对于增强患者抗病的信心、减轻焦虑情绪和战

胜恐惧都有着很大的作用。面对患者的发怒，医生应充分理解其过激行为，切不可训斥患者，应鼓励其合理宣泄，给予充分的精神支持，并使其感觉到你感同身受，这样既可让其感受到医院的温暖、安全，也可加深其对医生的信任。

2. 面对家属质疑和愤怒　面对家属质疑和愤怒，应及时找出家属愤怒的原因，不急于与其辩白和争论，也不要急于否认，等待其情绪宣世后，找好沟通时机。事的背后藏着情，先处理情，再处理事，能用“情”解决的事，不要只用“理”来解决。

3. 面对患者产生的依赖情绪　应了解患者产生此情绪的原因在于对自身身体状况的不自信，沟通中可以强调让患者尝试简单的恢复训练，为其建立“我办得到”这一信念。适时转移患者注意力，避免让其想起不愉快的回忆，从而进一步克服忧虑。

4. 应鼓励意识清醒的急、危重患者把自己的想法说出来　切不可对患者看法直接给予评价，而是在交谈中引导患者从客观的角度自己进行评价。根据谈话中发现的问题，适时与患者谈论病情当前的治疗情况，并告知下一步治疗计划，关键在于让患者明白该怎样配合，为其树立信心。

（三）与急、危重患者的非语言沟通

非语言沟通是指运用一切非语言信号所进行的人际沟通（包括身体动作、体态、语气语调、空间距离等）。微笑是人间最美好的语言，自然而真诚的微笑具有多方面的魅力，能使患者消除陌生感，增加信任感、安全感，营造出安全、可信赖的氛围，从而达到有效交流的目的。

医生的衣着及各种动作、姿势也是一种“无声的语言”。医生的形象显得干练、精神，便可给患者带来安全感。然而重症监护室里患者更渴望得到尊重，有时一个极细小的动作便可对其造成心理伤害，甚至延误病情。例如，医生倾听患者诉说时，频繁改变姿势，会让患者觉得医生不耐烦，从而伤害患者的自尊心。

非语言的医患沟通体现了“医学既是科学又是艺术”这句话的含义。医生的手能够温暖患者的心。外科巨擘裘法祖教授曾经在为一位患者进行腹部查体时，使这位患者落泪。因为此前他曾先后看过6位医生，没有一位医生对他进行过查体。

三、与精神疾病患者的沟通

（一）针对患方的医学与健康教育

针对患方的医学与健康教育应围绕患者最关心的问题以及容易产生误解的问题。

1. 精神障碍的病因　临床常见的精神障碍多数病因不明。遗传是最重要的致病因素，精神刺激是重要的发病诱因，但都不是决定性的病因。针对这方面的知识和患者

及家属进行沟通，有利于减轻家属的负疚感，避免受所谓的“断根”治疗的诱导。

2. 特殊措施的必要性 少数严重精神障碍可能出现暴力行为、自杀风险、拒食拒药等，为了保护他人的安全、挽救患者的生命，需要违背患者的意愿对其进行隔离或约束。这些内容在入院前的知情同意过程中就应进行沟通，并要按照医疗规范，在执行之前告知患者，在实施后及时告知家属，并对患者进行心理辅导，减轻医疗行为的心理影响。

3. 正确对待不同的治疗方法 现代精神医学提倡治疗方法的合理融合，依据不同的疾病及某种疾病的不同阶段，治疗方法的组合变化和侧重，要充分考虑每种方法的适用性、优点和局限。

（二）适度告知患方治疗中的风险

1. 暴力、自杀（自伤）、躯体疾病的风险 这些精神科治疗中特有的风险，应当作为治疗决策的组成部分，和患者及家属进行认真沟通。针对这3类风险评估有专门的项目和工具，有些内容需要家属的密切配合。评估结果和防范措施是沟通的重点，必要时应签署书面沟通文件。

2. 药物治疗的风险 新型抗精神病药物和抗抑郁药的安全性和有效性，都经过严格的医学科学试验的验证，只要合理、规范地使用药物，罕见危及生命的不良反应。常见的不良反应及其发生概率，在药品说明书上都有明确的标示。向患者告知的重点是药物不良反应的表现、发生概率、发生后如何处理等。这些在治疗开始时就应向患者告知，特别要告知不良反应发生后的处理方法。

3. 电休克治疗的风险 无论患者、家属，还是公众，都认为电休克是一种残忍的治疗方法。融合现代医学科技的电休克治疗，在适应证范围内的疗效和安全性应该有一定的保障。患者和家属拒绝电休克多缘于误解。坦诚、客观地进行解释和说明，是取得患者和家属理解的基础。

（三）给予患方治疗方案知情选择

由于部分患者拒绝治疗，非自愿治疗是精神科的一个特殊而又常态的问题。传统观念导致一些医生和家属在治疗决定权上很强势，有些家属甚至自作主张，随意改变治疗方案，这些做法都可能损害患者的利益。

（四）引导患方配合治疗

1. 强调治疗依从性问题 多数精神疾病呈慢性病程，需要长期治疗，比如首发精神分裂症需要2~5年的维持治疗，复发精神分裂症则需要长期乃至终身服药，而这正是患者及家属难以接受的，因此患者经常会病情刚刚好转就停止用药，结果造成病情波动。研究表明，精神分裂症复发的首要原因是过早停止治疗。不同的抗精神病药、抗抑郁药的疗效很少有明显差别，规范、足够的疗程是治疗的关键，因此，对于治疗依从性的沟通是治疗决策中非常关键的步骤。

2. 劝说不愿接受治疗的患者 深入了解和理解患者不愿接受治疗的真正原因，然后因人而异、因事而异地进行耐心解释和说明。有的患者是因为症状本身的影响，此时应有策略地迂回。比如妄想患者不承认有精神疾病，但承认自己睡眠不好，则可以先从改善睡眠的角度说服其接受治疗；有的患者不能忍受注射的疼痛，愿意口服药物，则可以依据情况改换药物剂型；有的患者因为费用问题拒绝用某种药物，碍于自尊而不愿承认，需要医生充分理解其心理，改换恰当的药物。

四、与不同文化背景患者的沟通

（一）重视情感沟通

与不同文化背景的患者沟通需要医生重视非医疗性沟通或以信任、尊重及共情为核心的人际沟通。作为医疗环境中跨文化沟通能力的主要组成部分，共情与跨文化沟通能力呈正相关。面对跨文化情境，医生在以患者为中心的沟通技巧基础上，应尊重患者的意愿，满足其心理需求，并尊重患者的人格，应表现出友好及开放的态度，建立医患间的尊重与信任，注重倾听患者的感受，将现代医学特征转化为基于患者个体感知、生活经验以及文化信仰等多重要素的情感体验。

（二）注重患者文化背景与习俗

跨文化视域下，医患沟通需要基于患者不同的文化背景、就医经验、文化的敏感度等。无论患者所属的国别与文化程度如何，医生都必须在特殊文化背景下给予患者尽可能充分、没有偏见地引导、沟通与治疗。在问诊过程中，医患沟通可能涉及患者所处环境的习俗及地方道德文化观念等，患者对一些疾病的认知可能非常敏感，容易产生情绪波动。因此，为了有效地与不同文化背景的患者进行沟通，医生应注重培养自身的文化敏感性。文化敏感性包括愿意在与患者沟通互动时使用文化知识，在讨论和建议治疗时考虑文化因素，还包括理解和尊重他人的价值观、信仰和态度。在医嘱时应充分考虑患者的背景，如药物摄入量或饮食建议，从生物医学交流转向基于患者的文化背景和期望。

（三）尊重医患双方在疾病认知上的差异

重视医患双方在疾病认知上的文化差异，增强文化差异意识的管理，如重视患者的肢体语言、使用通俗易懂的语言、尝试理解患者的观点和意见等。由于不同文化背景患者对诊疗决策方案的接受程度不同，医生和患者应该就患者的病情交换意见。医生应尝试用不同的方法解释病情，及时观察患者对医疗信息的理解程度、对疾病的认知程度与期望值，减少由于患者期望过高导致的冲突。在面对患者无法理解疾病的认知上的差异时，医生应尝试寻找多个机会向患者或家属解释病情，及时消除误解，如疾病规律和类似患者的预后等。

本章小结

希波克拉底曾说，医生有三宝，语言、药物、手术刀。医患沟通是临床诊疗当中的重要环节，本章节阐述了医患沟通的准则与技巧，解释了医生与患者的沟通方式，特别是与特殊科室患者的沟通方式。医学生应当熟练掌握临床沟通技巧，运用到实际诊疗场景中，从而使诊疗过程更加有序、高效。

（尹　梅）

第十九章　共情与共情性沟通

学习目标

1. 掌握　医护人员共情的主要内容。
2. 熟悉　有效共情的语言和非语言特征。
3. 了解　共情在医患关系中的作用。

第一节　共　　情

在心理学研究中，共情被认为是人们产生利他行为的主要动机之一。通过共情，我们可以更好地理解他人的感受和需要，能够在情感上在意他人的福祉，并通过帮助他人而获得内在感受的提升。因此，共情在社会交往中扮演了非常重要的角色，使我们能够迅速且自动化地体验到其他个体的情绪状态，能够促进利他与合作行为，增强人的社会适应性。

医疗工作的特点就是医护人员需要与患者进行面对面的交流和沟通，而且只有在患者配合的基础上才能完成工作任务。因此，对于医护人员来说，能否与工作对象建立良好的人际关系就非常重要。而要建立良好的医患关系，医护人员就需要了解患者的所思所想，才能有针对性地给予相应的建议和指导。在面对患者的痛苦和焦虑的时候，如果医生能感同身受地给予情感的支持和安慰，有利于与患者建立良好的医患关系。而在以上过程中，医护人员都需要运用共情能力，表现出共情性的行为。

一、共情的作用

共情主要是指对他人的情感的理解和分享。一般来说，共情包括认知性共情和情感性共情两个维度。认知性共情是指理解他人情感的含义，并且能够从不同角度看问题，如当我们看到一个孩子找不到妈妈在哭泣时，我们能够理解他哭泣可能是因为害怕。而情感性共情主要是指对他人情绪的自我情绪感受，如当成年人看到小朋友找不到妈妈而哭泣，不会也产生类似的害怕情绪，这时候就没有发生情感共情；而当看到朋友因为失去双亲而悲伤时，就很容易产生类似的悲伤情绪，这时候就产生了情感共情。当我们能够理解他人情绪，并且与他人产生情感上的共鸣的时候，就更容易产生关注、同情、希望帮助对方等想法，并且激活安慰、陪伴、支持和帮助等助人行为。共情能力强的人通常也更善解人意、乐于助人。而这一过程，正是良好的、信任的医患关系建立的基础，因此，共情能力一直被认为是医疗工作者的职业胜任力之一。

（一）共情在人际交往中的作用

在人类社会发展历程中，共情具有重要的社会意义，表现在共情是促成人们之间的帮助行为的重要动机因素。因为只有具备共情特质的人能切身感受到别人的需要与苦恼，产生去帮助他人的愿望，并能提供适当的帮助。在社会心理学的研究中，共情一直被认为是人们产生利他行为的主要动力。因此，有研究者称，共情是历史进化的产物，因为人类之所以能够生存下来，主要是因为人类具有相互帮助的能力，而共情就是激发人类互助行为的重要特质。

1．共情能力有助于建立良好的人际关系 日常生活中，共情能力较好的人很少与别人发生无谓的冲突，因为他能够最大限度地理解对方的心情和感受，因此很多时候能够及时判断出对方并不是在贬低或攻击自己，因此能够以比较平和的心态与人相处。即使在与他人产生矛盾和冲突时，具备共情能力的人也常常能够体会到他人的情感和需求，因此不会轻易贬损或者攻击对方，常常能以建设性方式去处理冲突。因为共情能力强的人，可以比较接纳身边人的负性情绪，具有较好的亲和力，可以促进和谐的人际关系。既往研究显示，共情能力与社交能力呈正相关，因此共情对健康的人际交互作用和良好人格特性的形成非常重要。

2．共情能力有助于保持自我的情绪稳定 因为共情使人更容易意识到另一个人的需要以平息自己的情绪。而有学者则认为，共情过程带来的情感共鸣和充分理解可以提升共情者的内在感受，并能缓解孤独。

既往研究显示，那些对他人的痛苦能够产生关注、同情或者有亲近感的人，自己的主观幸福感也较强。因为具有共情能力的人能够体谅他人的困境，关怀身边的朋友、亲戚或者陌生人，从而也能感受到较高的亲密感和愉悦感。高共情特质的个体更容易从与他人的交往中体验到温情和理解，感受到价值和意义，获得支持和滋养，往往具有更高的主观幸福感，生活满意度更高。因此，共情能力是一个人处理好工作、家庭以及友谊等人际关系的必备条件。对于医护人员来说，共情能力是一项必要的职业胜任力。

（二）共情在医患沟通中的作用

1. 有利于建立医患信任关系　人与人的沟通，首先始于情感的沟通。如果医患之间有较好的情感联结，则容易建立信任的医患关系。当患者流露出对于疾病的担忧、经济负担的压力和对死亡的恐惧时，如果能被医护人员准确地理解，并且感到能与医生分享自己的心情时，患者则会感到自己被理解被支持、被接纳，从而也更信任医生，更愿意与医生交流。而信任、安全的医患关系，正是有效医患沟通的基础条件。

2. 有利于医疗信息准确传递　在医患沟通中，医护人员有一项重要任务，就是要让患者准确地理解医疗信息、明白自己的病情、了解不同医疗方案对自己的利弊。在这些信息传递过程中，医护人员要具备一定的共情能力，理解患者当时的情绪和情感状态，才能确保患者在接收信息时处于合适的情绪和认知状态，能够有效接收到来自于医护人员的各种复杂而重要的信息。此外，医护人员通过一些关注、安慰等共情性行为，也可以帮助患者将糟糕的情绪调节到比较平稳的状态，并且通过对患者的生活、阅历和教育背景等方面的了解，可以采用患者个体水平最容易理解和接受的语言方式进行沟通，也有利于患者准确地接收到各种医疗信息。

3. 有利于解决医患间的分歧　在医患沟通过程中，由于医患双方彼此对医疗信息的掌握范围不同、知识背景不同、所处的立场不同，难免会产生各种沟通中的分歧。如医生认为某个方案最适合患者，但是患者认为该方案会影响自己的工作安排而不愿意执行；或者患者根据自己的经验向医生提出用药方案，但是医生却根据自己的医学专业知识拒绝使用。也有时候患者认为，医生应该知道自己得了这种疾病会很焦虑和害怕，但是医生却认为这种疾病并不危险，根本没必要这么大惊小怪。当医患双方产生一些分歧、争执甚至是纠纷的时候，一个缺乏共情能力的医生，可能会因为不能体谅患者而将小事化大；而一个共情能力较强的医生，可能会迅速捕捉到患者的迟疑、困惑和痛苦，准确地描述患者的心情变化，从而也会尽力去处理彼此的分歧。有学者认为，人际冲突主要包括3个方面，分别是争执、消极情绪和干涉行为。而共情能力高的医生，能够尽力去避免争执、努力改善患者的消极情绪，而且尊重患者的选择、不去盲加干涉，自然也就会减少医患冲突的发生。

二、医护人员的共情

医护人员共情是指医护人员能够比较准确地理解患者的情绪和情感，并且把这种理解表达出来，让患者能够感受到被理解、被关注和被安慰。一般说来，医护人员需要拥有较高的共情能力，只有具备利他主义态度、情绪感受能力、情绪理解能力，才能够敏感地识别出需要共情的场合和时机，同时，医护人员需要采取恰当的共情行为，让患者能够感受到医护人员的关爱。关于医务人员的共情行为研究发现，医务人员在一些性别、教育背景、工作价值取向等方面存在共情差异。例如，人们发现女医生的共情水平一般要高于男医生，表现为女医生对患者的共情机会更加敏感，也比男医生表现出更高的共情水平。此外，那些强调以患者感受为中心（患者取向）的专家在共情评分上要高于那些强调以技术为核心（技术取向）的医生，精神科医生的共情水平也高于其他科室的医生。

（一）医护人员共情能力的要素

共情能力与利他行为密切相关，共情能力较高的医护人员通常具备几个特点，如具有利他主义态度，具备对患者情绪的感受能力和理解能力，同时也具有较好的表达共情的能力。

1. 利他主义态度 利他主义态度是一种愿意为他人提供帮助的动机性因素。具备利他主义态度的医护人员，通常会比较容易摆脱自我中心的束缚，愿意从自我关注中走出来去关注他人的需要。一般来说，当医护人员在工作中，如果在需要的时候能暂时走出自我中心的思考状态，从患者视角去理解问题的时候，通常就会更加“包容”和“灵活”，能够主动关注患者的需求。

2. 对情绪的感受能力 对情绪的感受力包括感受自己情绪的能力和体会他人情绪的能力。通常医护人员需要先了解自己的情绪，对自己在不同情绪状态下可能出现的认知风格、行为模式有了解，也需要知道自己在什么情况下容易处于负性情绪状态，这样可以避免产生过多负性情绪，也容易管理自己的情绪。同时，医护人员也需要具备觉察患者情绪的能力，能够通过观察患者表情、姿态、语言、语音语调来判断患者的情绪，从而采用相对适宜的沟通方式与患者建立情感联系。

3. 对他人情绪的理解力 理解他人情绪的能力意味着能够识别他人的情绪。作为医护人员，每天会见到很多患者，要在短时间内识别出患者的情绪未必容易，不过如果能够有意识地去关注和观察患者，通常能够很快识别出患者的简单情绪，如愤怒、难过等。而对于患者的一些复杂情绪，如内疚、羞耻感等，就需要医护人员运用换位思考的方式站在患者的角度和立场去思考问题，这样才能够比较准确地理解患者的情感。

4. 表达共情的能力 当医护人员能够理解和感受患者的情绪之后，还要能够将这种理解表达出来。通常可以通过语言或者非语言的方式来表达对患者情绪的理解。语言的方式可以有“我理解你现在的心理压力很大”“我知道你现在害怕手术”等，非语言的方式可以是用关注的方式与患者进行目光交流，或者采用亲切的面部表情来表达愿意倾听患者等。医护人员需要在了解患者的性格、教育背景的基础上，采用与患者个性因素相适宜的方式来表达共情。

当然，医护人员的共情行为并非越多越好。研究显示，过度共情让医护人员产生过多的情感卷入和心理负担，容易产生情感倦怠，造成共情疲劳。因此，应当提倡医护人员采取一种合理的共情策略，即在心理上保持亲密感与距离感的平衡。当医疗任务难度较小、不太紧急，而患者情感需要特别强烈以至于影响诊断或治疗的时候，可以多采用共情的方式，进行深入的共情，以更好地安慰和帮助患者。在患者病情处于急危重症的时候，医护人员可以适当地减少共情，以避免唤起自己过多的痛苦，干扰抢救工作的顺利开展。因此，医护人员的共情能力包含非常丰富的内容，共情性行为不仅体现在医护人员的具体行为，也包含对待患者的尊重态度和真诚的情感。在医疗工作中，医护人员需要具有一定的灵活性，只有根据多种因素作出综合判断，才能采取有效的共情性沟通行为。

（二）医生的共情表现

医生在与患者面对面沟通的过程中，会有很多机会对患者表示出共情和理解。一般认为，医生在6个方面可以进行共情，如是否给患者提供了表达个人意见的机会，是否将患者视为一个对等的伙伴来对待，是否能表现出对患者的观点的理解，是否尝试站在患者的立场上来考虑，是否对患者的观点表示出了兴趣，以及是否给患者压力等。

1．给患者提供更多表达个人意见的机会　随着疾病谱的改变，慢性病、心身疾病不断增多，患者在疾病管理和康复中可以做的工作越来越多。因此，医生需要意识到，在大多数情况下，医疗工作是在与患者的合作过程中完成的，只有患者的疑问得到澄清才能更好地配合医生。因此，医生是否给患者提供表达个人意见的机会，是共情性沟通行为的一个具体表现。不可避免的是，有些医生常常忽略这一问题。具体案例如下。

患儿家长：“医生，我孩子的疝气手术会怎么做？他这个年龄能做吗？是不是有别的办法？”

医生：“说了你也不懂，这是首选的治疗方案，你要是想做就签字吧。”

在这种情形下，患儿家长的焦虑、困惑等感受和想法都被一掠而过，而医生看似给出了一个最好的医疗方案，但是并不是一个有效的医疗决定，因为患儿家属可能会直接拒绝这样的决定。并且由于医生没有给患者家属一个询问和表达的机会，可能因此引发不满，并失去信任，从而影响后续对医生的配合与依从性。因此，医生应当对患者及其家属的情绪有足够的敏感性，当发现他们存在较大的疑虑以至于影响到医疗决策的时候，应当耐心地给患者一个表达个人想法和意愿的机会，以保证医疗实践的顺利进行。

2. 将患者视为一个平等的合作伙伴 随着疾病谱的变化，越来越多的疾病治疗需要由患者自己去完成，如慢病管理、坚持用药、生活方式调整等，这时候的医患关系就成为一种合作关系，只有医护人员心理上将患者作为伙伴来对待，才能在平等、协商的角度去理解和接纳患者。具体案例如下。

患者："医生，我这次是最后一次进行化疗了吧，我实在是坚持不住了。"

医生："要看这次的检查结果，希望一切都好，还要稍微忍耐一下，咱们一起努力。"

在很多时候，患者的治疗方案已经非常明确，重要的就是看患者的忍耐力和情绪的稳定性，而医生要做的是在患者治疗的道路上加油、鼓劲。医生越能够将患者作为合作伙伴，越能激发患者战胜疾病的信心和勇气。具有共情能力的医生，会将患者作为一个同伴来对待，而不是作为被动、消极的对象来处置。

3. 表达出对患者观点的理解 不少医护人员感到困惑的是，虽然希望能够很好地理解和共情患者，但是不知道该如何去做。事实上，当医护人员能够表现出理解患者的心情和想法，或者是用语言准确描述出患者心境的时候，就是一种有效的共情行为。具体案例如下。

患者："医生，检查还不出结果是不是有问题？我这几天都吃不下睡不着的。"

医生："很担心吧，等结果的时候是让人紧张和担心的，再等一天就可以了。"

在医生与患者的交流过程中，患者有的时候并不是一定要得到一个解决问题的方案，而只是希望自己的感受能被理解和关注。医生如果希望得到患者的信任，就需要让患者感受到来自医生的关注和理解，有的时候连患者没有表达出来的感受都能被医生阐述出来的话，患者会更感到被支持。

4. 尝试站在患者的立场考虑问题 在患者疾病康复过程中，有一种常见的情形是患者虽然知道某些方案对自己是有利的，也认为医生说得非常有道理，但是却无法坚持使用，以至于病情延误。这种患者依从性较低的情形经常也引发医护人员的烦恼和困惑。这时候，如果能够尝试站在患者的立场上去考虑他们的感受和想法，也许就能更多地去理解他们依从性低的原因，这样既能有针对性地帮助患者解决依从性低的问题，又能避免医护人员由于无法理解而产生不满情绪而引发的医患关系紧张。具体案例如下。

患者："为什么我的关节功能还是不好，是不是手术没做好啊。我术后回家也锻炼了，不过担心把伤口弄坏了，又怕疼，不怎么敢动。"

医生：（看着患者，倾听一会儿患者对疼痛的恐惧和不安的描述）"你既怕疼，又担心伤口长不好，现在我理解为什么你没有坚持锻炼了。不过这也是术后康复比较慢的原因。这样，我告诉你几种比较简易的锻炼方法。"

通常医患之间产生不良情绪的情景是在治疗效果不理想的时候，这时候医患双方都容易产生挫折情绪，而双方如果都处于防御的状态，则很难开展真诚、有效的交流。如果医生能够认真地从患者的角度去体察对方的恐惧和困扰，也就能够心平气和地去交流，同时当患者觉察到医生也能够替自己考虑，而不是在指责自己，这时候也更容易放下防御的心态，自觉自愿地配合医生的指导和建议。

5. 对患者的观点表示出兴趣 有时候我们说共情患者，不一定只是在字面上理解患者的话语和表达出来的观点，而是要让患者感觉到自己被关注、被欣赏、被重视。因此，如果一名医护人员能在患者讲述自己的故事或者表达某种观点的时候，表示出真诚的兴趣和态度，那么就能开展更深层次的共情，也就是从精神世界去接近和接纳对方，这种方式会带给患者非常深刻的感受。具体案例如下。

患者："我其实最近没怎么吃药，没心情，觉得这个病好不了了。"

医生："最近没心情是吗，发生了什么事吗？还是想到了什么？如果愿意讲出来的话，我们可以一起讨论讨论。"

生病对于很多患者来说是一件影响人生的事情，所以患者会在精神上和情绪上出现很多波动，如对未来产生恐惧、沮丧、失望等，对自己的治疗也常常感到力不从心，甚至常常想放弃。而这些负性情绪和想法通常是不被家人所接受的，因此患者也会感到孤独和不被理解。如果医生能对情绪低落的患者多一些关注和倾听，则对患者是一种心理的安慰和鼓励。

6. 不给患者施加压力 虽然医疗工作的目的是减轻患者的痛苦，但是治疗本身也不可避免会给患者带来经济上的压力、时间上的困难等种种问题，所以，医护人员需要能够理解患者在生病之外还要承受的人间疾苦，尽量让治疗和康复过程不给患者带来额外负担。具体案例如下。

患者："医生，一定要用这么贵的药吗？我的孩子还在上学。"

医生A："哦，这个药效果最好，赶快决定吧，病情已经耽误了。"（一边低头写字一边说。）

医生B："是啊，这也是一件两难的事情，你看看，目前来说这是效果最好的药物，咱们可以商量一下在现有基础上，延长一点这个药物的使用时间，当然也有疗效相近又便宜一些的药物，看看你的需要吧。"

患者常会因为一些困境而产生内心压力，如经济上的困难、工作无法脱身、孩子无人照看等，并因此想放弃对自己最佳的治疗方案。医生所认为的效果最好的药物，未必对于患者来说是最适合的、最能承担得起的药物，因此，如果按照医生A的做法，单纯把这种压力传递给患者，不算是一种比较好的共情行为。而如果能像医生B，去共情患者的社会性痛苦，那么在拟定治疗方案的时候，就有可能体谅到患者的多重需求，从而与患者讨论一个更适合的治疗方案，以减少患者的心理压力。

第二节　共情性沟通

沟通是人们分享信息、思想和情感的任何过程。这种过程不仅包含口头语言和书面语言，也包含形体语言、个人的习气和方式、物质环境等。一般来说，医患沟通的主要任务有两个，一个是信息传递，另一个是情感交流。而在完成这两个任务的过程中，除了语言沟通的方式，还有一种非常重要的沟通方式，就是非语言沟通。医护人员有效的共情性表达，是指以准确、恰当的方式表达对患者情绪与意图的感受、理解与尊重，使得患者能够感受到这份关心和尊重。因此，医护人员需要有意识地使用一些语言和非语言沟通方式，让患者能够感知到来自医护人员的共情行为，切实提高医患之间的情感联系，促进良好医患关系的形成。

一、共情性语言沟通

（一）语言沟通

语言沟通一般指口头语言进行的沟通，包括一对一的面对面的谈话、电话谈话或者语音谈话等。在人际互动中，语言沟通对于信息的传递、思想的传递和情感的传递都是非常重要的。在医护人员与患者沟通的过程中，语言沟通也是最重要的沟通手段。

（二）医护人员有效共情的语言沟通要点

医护人员在共情患者的时候，也需要通过语言来表达，需要表达的内容有：表达对患者情感和意图的理解，表达对患者意愿的尊重，以及表达对患者的关心和帮助的意愿。

1. 表达对患者情感的理解　有些医护人员能够意识到应该共情和安慰患者，但是不知道该怎么去表达。而去命名或者澄清患者的情绪，常常就是共情患者的基本形式。如：

“拿到复查结果了？是有些失望吗？说说看你怎么想的……”

“看起来这事让你很生气……是不是影响了你的睡眠？……”

2. 表达对患者意图的理解　在心理学中，通常把理解他人想法和意图的能力称为观点采择。医护人员进行观点采择的意义在于，医护人员如果准确理解了患者的意图，就可以为患者提供有的放矢的帮助，并根据患者的期望、愿景选出最适合患者的个性化治疗方案。

而在语言表达中，医护人员可以有意识地将自己对患者的理解表达出来，然后让患者来确认，从而能够准确地了解患者的期待和意图。常用的句式可以是“你想说的是……”“你现在最希望的是……”“你的意思是……”。如：

“你现在犹豫着要不要住院，是担心费用太高吗？”

“你现在最希望的是控制症状，能继续上班对吗？”

“你的意思是，治疗时间可以长一点，但是要副作用最小的方案，对吗？”

3．表达对患者情感与意图的尊重　有的时候，医护人员能够理解患者的情绪，但表现的是不能接纳这种情绪的时候，也常常让患者有被拒绝的感觉。如有的医护人员会说“着急有什么用，生病哪有那么快就好的？”这种情形下，患者会觉得自己的焦虑不安的情绪是错误的，是不被接纳的。而只有认同患者的痛苦是有价值的，也是需要被尊重的，才会引发出医护人员的共情性关注，并更能悉心地照顾患者的感受。如：

“我理解你的感受，我知道这对你很重要。”

“我能理解这种心情，我知道这种事处理起来很难。”

4．通过表达助人意愿来传递对患者的关心　在医护人员与患者交流的时候，有时候患者不太能够准确表达对医护人员的期望，因此会谈很多无关的话题，让医护人员不知道其真实用意。或者有时候当医护人员感受到患者的一些希望的时候，不知道该如何回应。这时候，医护人员可以通过直接表达自己愿意帮助患者的想法，以鼓励患者真实地表达自己的意愿，也让患者能够感受到来自于医护人员的真诚。如：

“你觉得很难跟家人谈这些事情对吗？需要我做些什么吗？”

“如果你有困难就说出来，看看我们能不能帮上忙。”

二、共情性非语言沟通

（一）非语言沟通概述

非语言沟通，是指在人际交往过程中，不使用语言而进行的信息传递过程。与言语沟通相比，非语言沟通主要以个人的行为作为载体，通过眼神、面部表情、躯体动作、语音语调、空间距离、姿势等方式来进行信息交流，此外，服饰、发型等也会影响沟通者的感受。因此，医护人员在与患者进行面对面交流的时候，如果希望与患者建立共情性的、支持性的医患关系，就需要在非语言沟通环节增强自己的行为意识，可以从仪表仪态、表情、躯体姿势等多方面关注自己的非语言沟通行为。

（二）医护人员有效共情的非语言沟通要点

1．端庄素雅的仪表仪态　一个人的仪表、穿着等都是无声的语言，能够体现个体的修养、态度和对沟通场合的重视程度。因此，医护人员可以通过整洁大方的衣着、端庄素雅的仪表，构建一种与医疗环境相匹配的外表美，这样既能够自己保持良好的心情状态，也能让患者感到医护人员对于工作的重视、对患者的尊重，进而产生交流愿望和愉快的交往体验。

2. 真诚亲切的面部表情 面部表情是非语言沟通中最重要的部分之一，大多数时候人们的喜怒哀乐都是通过表情传达出来。在医患沟通中，患者最常关注的也是医护人员的表情。因此，医护人员也应该意识到自己面部表情的重要性，并且尽可能避免经常出现容易引起误解的表情，如表情僵硬、眉头紧皱、神情不耐烦等，以免患者误以为自己疾病的加重或者认为医生讨厌自己，从而影响双方的融洽关系。另外，医护人员也应当有意识地观察患者的面部表情，以便准确了解患者的状况，如皱眉可能表示不同意，瞪大双眼可能表示非常恐惧，双唇紧闭可能表示愤怒等。医护人员如果能将患者的表情与其语言表达等信息综合起来进行分析，有助于及时准确地了解患者的情绪和想法。

3. 共情性倾听 倾听是非语言沟通中一项最常用的技术。随着疾病谱的变化，慢性病越来越多，医护人员需要了解患者在慢病管理过程中的动机、用药方式、困难等因素，才能与患者共同制订适宜的治疗方案。也有医护人员会担心，倾听会造成就诊时间过长，不过有研究显示，如果医生不打断患者的讲话，大约80%的患者讲述病史的时候不超过两分钟就会自动停下来，也就是说，绝大多数患者并不会像医生担心的那样喋喋不休。倾听时，医护人员需要做到的是，身体要朝向患者，要与患者有短暂而适当的目光接触，同时可以适时地点头示意，以表明自己在听，在关注到患者有激动的情绪时可以适当提问或安抚。

4. 恰当的人际距离 在与患者沟通时，医护人员也需要保持恰当的人际距离。既不太远，以免显得生疏；也不太近，以免患者感受到压迫。医护人员通常可以根据性别、年龄、病情严重程度等因素，选择较为适宜的人际距离。对于一些需要肢体接触的检查，应当告知患者或者征求患者的同意。

5. 适当的目光接触 目光接触（eye contact）指的是沟通过程中，交际双方不仅仅把目光“投向”彼此，而且相互有“眼神交流”。它是一个动态的，双向的过程。在与患者沟通过程中，医护人员可以通过间断地、适时地方式与患者保持目光的交流和互动。以让患者感受到医护人员在专注地听自己讲话、关心自己的痛苦、愿意为自己提供帮助。

总之，语言沟通和非语言沟通都是医患交流中非常重要的部分。医护人员只有对自己的非语言行为有足够的敏感性，才可能有意识地选择比较适宜的共情性沟通行为，在了解患者的心理需求及病情变化的基础上，与患者迅速建立安全、信任的医患关系，最终实现患者利益的最大化。

本章小结

医护人员共情是指医护人员能够比较准确地理解患者的情绪和情感，并且把这种理解表达出来，让患者能够感受到被理解、被关注和被安慰。一般来说，需要医护人员拥有较高的共情能力，只有具备利他主义态度、情绪感受能力、情绪理解能力，才能够敏感地识别出需要共情的场合和时机；同时，需要医护人员采取恰当的共情行为，让患者能够感受到医护人员的关爱。

共情性沟通包括语言沟通和非语言沟通。语言沟通一般指口头语言进行的沟通，包括一对一的面对面的谈话、电话谈话或者语音谈话等。非语言沟通是指在人际交往过程中，不使用语言而进行的信息传递过程。与语言沟通相比，非语言沟通主要以个人的行为作为载体，通过眼神、面部表情、躯体动作、语音语调以及空间距离、姿势等方式来进行信息交流，此外，服饰、发型等也会影响沟通者的感受。因此，医护人员在与患者进行面对面交流的时候，如果希望与患者建立共情性、支持性的医患关系，就需要在非语言沟通环节增强自己的行为意识，可以从仪表仪态、表情、躯体姿势等多方面关注自己的非语言沟通行为。

（官锐园）

第二十章　如何与患者谈论坏消息

学习目标

1. 掌握　临床上的坏消息；如何告知坏消息。
2. 熟悉　坏消息的告知模型。
3. 了解　如何对恶性肿瘤患者告知病情。

在医疗场景下，坏消息无处不在，小到客观原因导致的延期手术，大到重大疾病的诊断，甚至非预期的死亡。这些坏消息可能给患者及其家属带来巨大的打击，改变其原有的生活。医务人员作为坏消息的传递者需要具备告知坏消息的技能，尊重患者或家属的情绪，引导他们正确面对坏消息，并妥善处理后续事宜。

第一节　告知坏消息

一、医疗实践中的坏消息

（一）概述

坏消息，即对被告知者期望的目的或将来的情况进行否定的消息。在医疗场景中，坏消息无处不在，小到改变治疗计划、延迟手术，大到确诊重大疾病、医疗意外造成的死亡。如何告知坏消息成为每一个医务人员必备的一项技能。妥善地告知坏消息，有利于减轻坏消息带给患者及家属的焦虑或悲痛，引导医患双方共同面对不利的局面，解决坏消息所带来的问题；反之，不当的告知会加剧患者及家属的负面情绪，导致矛盾激化，甚至使得告知坏消息的人成为患方发泄不良情绪的对象。

本章试图总结出一套切实可行的告知坏消息的方法。通过介绍倾听、提问、共情等沟通技巧在告知坏消息中如何发挥作用，引导医务人员运用科学或已经经过实践检验的方法，更为妥善地处理临床中坏消息告知场景。同时，本章会对SPIKES和SHARE两个国际上较为成熟的坏消息告知模型进行简要介绍，供更多的医护人员在实践工作中参考。

（二）坏消息对患者的影响

坏消息是对于患者及其家属期望的否定，也就是我们常说的事与愿违。这有可能引发患者及其家属的各种不良情绪，包括无助、焦虑、恐惧、沮丧，甚至是愤怒、悲痛欲绝；除了上述心理层面的影响，医疗上的坏消息也可能给患者及其家庭带来诸多现实层面的影响。例如癌症的诊断可能会改变一个人的职业规划，患者不得不放下手头的工作，先治疗疾病；又如家中的主要经济来源者因医疗意外过世，整个家庭都有可能因为医疗上的坏消息陷入窘境。

总之，医学场景下的坏消息会带给人们一系列的情绪反应；同时为了应对坏消息，患者或家属可能还需要为此作出生活上改变。为了帮助患者及其家属妥善处理情绪，共同面对问题，医务人员应当具备告知坏消息的技能。

（三）向患者如实告知坏消息的伦理学之争

由于坏消息有可能给患者及其家属带来巨大的打击，医学史上一直有是否要向患者本人或家属隐瞒坏消息的伦理学之争。对患者本人隐瞒坏消息常出现在隐瞒癌症等重大病情的场景中，对患者及其家属隐瞒坏消息常见于出现医疗差错等场景中。这两种场景下，是否要向患者如实告知坏消息，对于医务人员而言都是重大的挑战。

第一种场景的压力一方面来源于医务人员害怕在患者得知病情后会影响患者的情绪，甚至引发患者放弃治疗、放弃生命的念头；另一方面来源于患者家属，至今为止在肿瘤专科医院或综合医院的肿瘤科中，家属要求医务人员对患者隐瞒病情的场景还是不时发生。在这种情况下，是否要对患者如实告知病情，如何能既不伤害患者，又使得患者权利最大化，本章将在第二节进行专门的论述。

而第二种场景，在面对医疗差错引发的坏消息是否要对于患方进行如实告知，则是对医务人员及其所在的医疗机构更大的挑战。在第一种场景中，医务人员只是信使，坏消息来源于疾病本身，但是在这种场景中，医务人员是坏消息的制造者，如实告知可能带来医患关系的直接对立，但隐瞒不仅侵犯了患者的知情权，还可能在患者得知或怀疑真相时引发更大的矛盾。人非圣贤，孰能无过，现代患者安全理念鼓励在医疗诊疗过程中出现医疗差错，医务人员应当主动上报，并对于因系统问题引发的医疗差错，鼓励不去苛责医务人员，要从系统的角度找出原因，改进流程，从系统上避免差错再次发生。对于个案中医疗差错的受害者而言，医疗机构及其医务人员应当尽可能如实告知坏消息及其原因，及时采取可以避免后果扩大化的措施，勇于承担责任，争取患方的谅解，并邀请患方参与到患者安全文化的建设之中。当然，在如实告知的过程中，不仅需要有担当，也需要有技巧，尽可能达到双方相互的理解，争取患方的原谅。

二、如何告知坏消息

（一）了解告知的对象

好的教师在培养学生时懂得因材施教，医务工作者对于不同的患者也应当采取个性化的方式进行坏消息的告知。例如对于文化水平不高的患者应当尽可能避免使用晦涩难懂的医学术语；对于已经具备充分做好充分思想准备的患者应当选择单刀直入，避免过分铺垫增加患者的焦虑；对于不熟悉的患者在告知坏消息前，应当先通过提问了解患者对于病情的知晓程度，并了解患者是否想亲自知晓坏消息，抑或需要他人陪同、他人代替自己知晓坏消息。总之，医务人员应该先了解自己告知的对象，收集尽可能多的信息，比如患者的性别、年龄、文化程度、家庭背景、既往史、患者个人意愿等信息，再选择恰当的方式与患者进行沟通。

（二）倾听了解患方对坏消息的认知与期待

在对患者的背景有了初步了解后，医生需要通过沟通了解患者目前对于坏消息的认知与期待，从而选择不同的告知方式。“倾听”与“提问”是沟通中常用的技巧，适当使用这两种技巧可以了解患者对于坏消息的知晓情况与期待，从而找到谈话的切入点。

提问分为开放式提问与封闭式提问，开放式提问一般是开放性问题，患者可以根据自身情况说出自己的需求与想法；而封闭式提问一般是闭合性问题，一般是以“是”或“否”为答案的。在问诊的场景下，一般多鼓励使用开放式提问，从而可以获取更多的信息；而告知坏消息需要了解的是患者对知晓坏消息所做的思想准备与心理预期，建议先使用封闭式提问，询问患者之前知晓的程度。比如，要告诉患者确诊恶性疾病，可以先询问患者以下的问题：您还记得之前我们做了哪些检查吗？您知道这些检查的目的是什么吗？如果患者很明确地回答，我们做了一个肿物穿刺，目的是确诊肿物的性质是良性还是恶性。那么，医务人员就可以直接往下进行，告诉患者：结果可能不太好，您想立刻就知道吗？还是需要别人陪同呢？如果患者不清楚检查的项目与目的，可以先为患者解释说明，让患者在有思想准备的情况下再往下进行。

（三）坏消息的告知

通过提问了解了患方对于坏消息的态度与期待后，医务人员将正式对坏消息进行告知。对于已经做好思想准备的患者应当单刀直入，不要因为惧怕患者情绪波动而做过多的铺垫。在告知坏消息后可以通过倾听、共情、安慰、给出希望等方式帮助患者接纳坏消息，过度的铺垫反而会增加这类患者的焦虑。然而，如果患者选择自己不愿意独自承担坏消息，希望可以有他人陪同或者直接委托自己信任的人代替自己预先得知坏消息，则应当尊重患者本人的意愿，暂停坏消息的告知，与患者约定下一次沟通时间与对象。

实践中，有些患者家属要求医务人员对患者隐瞒病情。在法律法规中，原则上患者是知情同意权的主体，应当向患者本人如实告知病情、医疗方案、医疗风险等。

（四）共情与倾听

共情是一种可以感同身受、理解他人的能力。在“父权模式”下的医患关系中，医生是居高临下的技术权威；而在“平等模式”下的医患关系中，医生与患者是合作关系，拥有共同的目标，共同战胜疾病，医务人员是帮助患者解除病痛的伙伴。在这样的医患关系中，共情就成为一项必备的技能。患者在被告知坏消息后，可能出现怀疑、愤怒、沮丧、不知所措，甚至是崩溃等情绪反应。医务人员这个时候要理解和接纳患者的情绪，避免“你别难过”“不要这样。”等否定的回应，而应当理解患者，引导患者接待自己的情绪，比如回应“难过就说出来吧，谁遇到这样的事情都有一个接受的过程”“您这样我非常理解，我家里XX在知道了XXX以后，也是完全接受不了的”。

倾听也是告知坏消息中必要的一种沟通技能。“听”在某种意义上讲比“说”更难，因为“说”是让别人接受自己的逻辑，而“听”是要理解、接纳别人的逻辑。患者在听到坏消息后的表达可以拆解为3个部分——情绪、事实、诉求，医务人员应当学会结构化聆听。对于患者的情绪，我们要接纳，通过共情向患者表示感同身受，允许患者表达自己的情绪。如果患者的情绪过于强烈，可以暂停一会，给予患者一定的时间抒发情绪。患者对坏消息本身的表述，属于事实部分。对于事实部分，如果患方有所怀疑，我们需要进一步的解释，确认坏消息的存在。坏消息必然带给患者负面的情绪，区分事实与情绪的目的是提醒医务人员要把坏消息本身的事件与患者的情绪分离，引导患者排解情绪，正视事实。在帮助患者疏导情绪、确认事实之后，我们还要通过倾听理解患者的实际诉求。这也并非易事。倾听诉求并不能仅仅听患者表面的主张，而要通过患者的表述，结合患者的病情、背景及其他信息，挖掘患者的实际诉求，要听懂弦外之音。

（五）安慰与制订共同目标

在告知坏消息的最后，医师应当尽可能给出希望，即解决方案。对于需要延期手术的患者，应该解释延迟手术的原因，并且给出下一次手术切实可能的方案；如果是由于医疗机构存在问题导致的手术延误，还应当向患者表示抱歉，并积极协调后续补救方案。如果是对于恶性疾病诊断的告知，则应该告知后续有哪些治疗方案。如果预后良好，应当鼓励患者以科学的态度面对疾病、配合治疗，争取最好的疗效；如果受现有医学技术水平所限，大概率无法取得较好的预后，则应当客观地、如实地告知患者事实，建议患者安排好未来的生活，同时询问患者还需要哪些帮助。医生应在自己能力范围内尽可能为患者提供帮助。

安慰，也是坏消息告知场景中常常需要应用的技能。在安慰这个场景中，医务人员首先应当做好自己的心理准备，相比较同情心，患者也许更需要同理心。同情心是一方对另一方施加的怜悯，有一种居高临下的感觉。而同理心，即我们上文所提到的共情，是一种换位思考、感同身受的能力。同理心才是平等的医患关系中，更容易让患者实际获得安慰的沟通技能。在做好心理层面的准备后，医务人员在实际安慰的场景中，切忌“用力过猛”。在患者悲痛的时刻，医生静静的陪伴或是轻轻询问一句“还有什么需要我帮助您的？”带给患者是一种润物细无声的安慰，不会因为表达的过度而给患者带来其他的不适感。

最后，在告知坏消息后，医务人员还要做好自己的心理建设，特别是刚刚入行的年轻医师。医务人员要告诉自己，在坏消息的告知中自己只是一个信使的角色，是坏消息的传递者，不是坏消息本身。医务人员不要把坏情绪带到自己的生活中，传递给身边人。医疗团队中的成员也应当给予彼此相互的支持，这种支持既包括情感上的，也包括实际工作中的。

三、SPIKES模型与SHARE模型

SPIKES模型与SHARE模型是国际上应用比较广泛的两种告知坏消息的模式，前一种主要应用于西方国家，而后一种是东方学者依据东方的情况制作的坏消息告知模型。

SPIKES模型分为6个部分：设置（setting）、患者认知（patient’s perception）、对信息的需求（information need）、给予信息（provide knowledge）、情感和情绪支持（responding to emotions with empathy）、策略与总结（summary）。

SHARE模型分为4个部分：支持性环境的设定（supportive environment）、坏消息的传达方式（how to deliver the bad news）、提供附加信息（additional information）、提供保障和情绪支持（reassurance and emotional support）。

这些经典的模型大体上可以总结为事先准备、事中告知、事后支持3个部分。事先，医务人员应当准备好适合谈话的环境，比如相对比较安静的房间或相对独立的空

间；对于谈话的内容，医务人员应当准备好谈话的提纲，或做好腹稿；了解谈话的对象，并建议家属陪同；在谈话的过程中了解患者已知的内容，并根据患者已知的内容对患者进行坏消息告知；在坏消息告知的过程中，应当如实、客观。告知的语言应当缓和，避免对患者造成过度伤害；事后，应当给出期望，帮助患者从绝望中走出来。沟通模型可以辅助医务人员做好坏消息的沟通计划，有步骤地进行坏消息告知。尤其是对于不善察言观色或新入职的医务人员，沟通模型提供了范本与清单，给出了科学的参考信息。

第二节　向肿瘤患者告知病情

案例讨论

【案例】万医生是北京某三级甲等医院的妇产科医生，在一次门诊看诊中，万医生接诊了一位发现时为宫颈癌Ⅰ期的病例。患者进行了手术治疗，但是在术后，患者却没有按诊疗指南接受放疗，而是进行了没有太多循证医学证据的化疗。追问之下，家属吐露了实情，因为家属向患者隐瞒了恶性肿瘤病情，怕给患者带来过重的心理负担，所以没有听取医生的建议，给患者继续标准的抗肿瘤治疗。后患者肿瘤复发，家属四处求医才来到万医生门诊。万医生对此表示非常遗憾。这个案例让人惋惜，我们常常以爱的名义剥夺了患者对自己生命些许的选择权。

【讨论】

1. 你是否支持将病情如实告知患者本人?
2. 如果告知，你认为应该怎样告知?
3. 如果不告知，请说明理由。
4. 如果你认为有条件的情况下应该告知，你认为应有哪些条件?

一、向患者隐瞒肿瘤病情的渊源

2020年5月28日，第十三届全国人民代表大会第三次会议正式审议通过了《中华人民共和国民法典》(简称《民法典》)，该法第一千二百一十九条明确规定，患者知情同意权的主体是患者本人；但是也再一次明确，对于不能或不宜向患者说明的病情，应当向患者近亲属说明。然而，对于“恶性肿瘤诊断”是否属于《民法典》第一千二百一十九条所规定的“不宜向患者说明”的情况，一直是存在较大争议的问题。这个问题由来已久，不仅仅局限在法律层面上。

早在20世纪70年代中期，在西方开始有人提出：肿瘤患者应当在第一时间知道自己的诊断，并且宣泄自己的情绪。之前，“恶性肿瘤”是一个不能说出口的词，向患者隐瞒诊断是一种善意的谎言。这主要有两个方面的原因：第一，早年恶性肿瘤几乎没有科学的治疗方法，恶性肿瘤相当于绝症，人们确诊恶性肿瘤就像被判处了死刑，生命就进入了死亡倒计时；第二，在古老愚昧的意识中，病耻感让人们感到得病是一件不光彩的事情，得恶性肿瘤会与个人的品格相关联。然而，随着科学技术的发展，先进的诊断技术让恶性肿瘤早诊成为可能，先进的外科手术使得一部分恶性肿瘤变成可以治疗的疾病；并随着这种趋势继续发展，有效治疗、控制恶性肿瘤的手段越来越多，恶性肿瘤逐渐被定义为慢性病，而非绝症；同时，随着世界范围内人权运动高涨，人们逐步意识到，诊疗的知情同意权属于患者本人，越来越多的人开始从不同的角度呼吁，将病情告知患者，患者有对自己生命健康的知情权与决策权。有资料显示，在美国，到了20世纪80年代后期，几乎没有医生会向患者隐瞒患恶性肿瘤的事实。

在中国，向患者隐瞒恶性肿瘤诊断病情，依然是时有发生的现象。几乎每一个有机会接诊肿瘤患者的医生，都遇到过要求向患者隐瞒肿瘤诊断的家属，就像案例中万医生所述。这主要是受中国传统文化的影响，中国人以家庭为单位，隐瞒恶性肿瘤诊断是家人担心自己亲人在得知病情后难以接受，不配合治疗，不能够积极地继续生活而作出的选择。另外，保护性医疗制度对于我国也有一定的影响。保护性医疗制度源于苏联巴甫洛夫学说，是指在诊疗活动中遇到一些如恶性肿瘤等特殊情况，为了避免患者心理脆弱、精神焦虑等消极因素影响治疗效果而向患者隐瞒部分真实病情或治疗手段。

传统的医患关系又称“善良家父模式”的医患关系。在这种关系中，医务人员是主要的医疗决策主体。而现代的医患关系又称“医患平等”或“医患合作”的医患关系。在这种背景下，医务人员提供专业知识，将病情、预后、诊疗措施、医疗风险等情况如实提供给患者，由患者自行选择是否接受治疗，接受何种治疗。而现代的保护性医疗在医患关系中，出现了第三方决策主体，即家属要求医生配合家属向患者隐瞒病情，由家属代替患者进行医疗决策。

二、患者、家属、医务人员对肿瘤患者知情权的态度

传统的医学模式下，医生是医疗决策的主体。医学伦理要求医务人员像一个善

良的父亲一样，运用自己所掌握的医疗原则作出最有利于患者的方案选择。这样的模式下，医生的主观性在医疗决策中会占有很大的比例。比如，有的医生认为恶性肿瘤手术最重要的是减少复发、转移的风险，于是选择的手术方案中最大范围地切除了与肿瘤相关的器官与周围的组织；而换一个医生，可能会选择切除范围小很多的治疗方案，原因是保留部分器官可以保留部分功能，提高患者的生存质量。这两种情况，医生都是从善的角度为患者进行医疗决策，且其中的“善”都与医生个人主观的价值观相关。然而，结合患者个人的实际情况，有可能并不是最符合患者利益或者患者主观愿望的选择。随着世界范围内患者权利运动的兴起，法律逐步完善了对于患者知情同意权的规范，完全由医务人员进行医疗决策的模式已经退出了历史舞台。

目前，在肿瘤病情的告知中，要求向患者隐瞒病情的诉求主要是患者家属提出来的。在中国传统的家文化背景下，父亲往往是一个家庭的家长，所有的决策应当以长辈为重。然而，在当代，由于青壮年受到的平均教育水平高于老年人，且青壮年往往是家庭收入的主要来源，从而出现了儿女要求医生向父母隐瞒病情的情况。也有少部分是夫妻之间要求隐瞒，父母要求向子女隐瞒等情况。其隐瞒的理由，主要是为了避免治疗中出现不良的后果，影响患者的治疗。

但是，在国内多项对于患者的调查中，越来越多的患者希望知道自己的病情、参与医疗决策。例如，在广东省的一项研究表明：98%的患者认为患者有权知道所患疾病及病情；57.9%的患者认为知情同意权属于患者本人，33%的患者认为知情同意权属于患者和家属；26%的患者认为知情同意书应当由患者本人签署，15.9%的患者认为知情同意书应当由家属签字，68.28%的患者认为患者和家属都要在知情同意书上签字。另外一项类似的研究显示：参与调查的患者中，92.28%希望得知得了什么病，72.33%的患者希望得知是否严重，80.48%的患者希望得知治疗方案，53.93%的患者希望知晓预后；60.53%的患者希望得知所有信息，15.45%的患者希望只得知患者认为有必要的信息，13.90%的患者认为只得知医务人员认为有必要的信息，6.18%希望只得知疾病名称，3.93%不希望得知任何信息。可见，从患者的角度而言，绝大多数患者是希望得知所患疾病及治疗、预后等相关信息的。

医务人员和患者家属在决策是否要对患者进行告知时，既应当考虑患者对于疾病的承受能力，也应当考虑患者的主观意愿，毕竟患者才是自己生命健康真正的主人。在法律上，患者是知情同意权的主体，而患者家属经患者本人同意或在其他法律规定的特殊情况下，才是知情同意权的主体。但实际上，我们通过诸多调查发现，多数患者还是希望可以与家属共同获知病情，共同进行医疗决策。

三、从法律与伦理学角度看肿瘤患者病情的告知

（一）伦理学角度

应患者家属要求向患者隐瞒病情，在伦理上的依据是有利于原则与不伤害原则。在家属的立场上，患者得知肿瘤病情会情绪崩溃，不配合治疗，从而有损于自己的生命健康。所以，为了避免患者的负面情绪，对患者本人隐瞒病情才可以让患者毫无负担地接受治疗，不去直面对死亡的恐惧。然而，患者家属的心态是否可以得到伦理学的辩护还有待讨论。一项医疗决策是否有利于患者，不应当由决策人的主观出发点作为评判的依据，而应当看该决策客观上是否有利于患者；一项医疗决策是否不伤害患者，也不应当只考虑一种选项可能的伤害。如果每一个决策选项都可能带给患者不同程度的伤害，应当选择对于患者伤害最小的方式。基于上述观点，我们进行如下层面的分析：

首先，现代医学不断发展，恶性肿瘤从绝症逐步被定义为慢性病，特别是对于发现较早的恶性肿瘤，往往通过医学积极干预可以得到有效的治疗与控制。因此，在这样的背景下，鼓励患者面对病情、积极配合治疗才是最有利于患者的原则，而非让患者在周围都是肿瘤病友的环境中，在迷茫与猜忌中接受各种不明所以的治疗。不仅仅是在早期患者的人群中，目前对于即将走向终末期的患者，医学界也越来越鼓励将病情告知患者，一方面，患者可以安排自己生命"最后一个公里"的生活与身后之事；另一方面，患者有权通过预先医疗照顾计划选择用自己希望的方式离开人世，让自己有一个更为完整的人生。这样才能在客观上符合最有利于患者的原则。

其次，我们必须承认，收到恶性肿瘤诊断对于每个人而言都将是人生中一次重大的打击，无论这个人有多么坚强，或是拥有多少医学知识。社会肿瘤心理学奠基人吉米·霍兰女士在其著作《癌症人性的一面》中，将人们得知癌症诊断的过程总结为"癌症之旅的几个阶段"。第一阶段，当人们刚知道自己患肿瘤时，最初的反应往往是否认、不相信，认为是不是医务人员搞错了；第二阶段，则会进入"躁动"阶段，各种负面情绪涌上心头，患者往往会陷入无助与无望，这个阶段需要有信任的人陪伴，需要医护人员与亲友共同疏导；第三阶段，患者会逐步接受事实，并开始面对病情，接受治疗，吉米·霍兰女士将其称作"乐观"期。可见，恶性肿瘤病情的告知的确会给患者带来巨大的打击，但是只要掌握了规律与技巧，医生、患者家属最终可以通过陪伴、帮助引导患者积极应对、渡过难关。

选择向患者隐瞒病情，一方面，可能剥夺患者接受最佳治疗的机会（如本章开篇案例）。好的治疗是需要医患双方相互配合的，一个不知情的患者很难将配合治疗做到

最好。另一方面，也可能剥夺患者对自己生命健康最终的决策权。许多选择隐瞒患者病情的家属在送走患者后，都表示没有能够让患者按自己的愿望走完人生“最后一公里”，没有听到患者临终的嘱托与遗愿，是他们终身的遗憾。两害相权取其轻，隐瞒实际上对于患者的伤害比告诉更大。

最后，尊重患者自主决策本身也是现代医学伦理的重要原则。每个人都是自己生命、健康权的主体，家属可以选择陪伴、帮助，却不能选择代替。除非患者本人明确表示，希望由某一位家属代替他行使所有的知情同意权，因为这样的代替，是患者自身的选择，本身就是患者自主决策的体现，符合尊重患者自愿原则。

（二）法律角度

《中华人民共和国医师法》第二十五条规定，不能或者不宜向患者说明的，应当向患者的近亲属说明，并取得其明确同意。这条法律规定，家属与患者在知情同意权上是平等的，医务人员只要征询一方的同意即完成了告知义务；同时，还规定应当避免对患者产生不利后果。对于医务人员而言，最妥当的方式是直接向家属告知病情，这样，一方面完成了法定告知义务，另一方面规避了对患者产生直接不利后果的风险。

《医疗事故处理条例》第十一条规定，在医疗活动中，医疗机构及其医务人员应当将患者的病情、医疗措施、医疗风险等如实告知患者，及时解答其咨询；但是，应当避免对患者产生不利后果。该条例保留了应当避免对于患者产生不利影响，但是该法明确了知情同意权属于患者，而非家属。上文已经分析，无论是否向患者告知病情，都会对患者产生不利影响，医务人员应当权衡利弊，选择不利影响较小的，同时应当注意告知的方法和技巧，人为减小对患者的不利影响。

《中华人民共和国侵权责任法》（简称《侵权责任法》）第五十五条规定，医务人员在诊疗活动中应当向患者说明病情和医疗措施。需要实施手术、特殊检查、特殊治疗的，医务人员应当及时向患者说明医疗风险、替代医疗方案等情况，并取得其书面同意；不宜向患者说明的，应当向患者的近亲属说明，并取得其书面同意。此规定不仅仅确认了知情同意权属于患者本人，更不再强调“应当避免对患者产生不利后果”，而是改为“不宜向患者说明的，应当向患者的近亲属说明”。在恶性肿瘤治疗手段越来越多，疗效越来越好，治疗本身越来越需要患者全身心配合的今天，越来越多的人并不认为恶性肿瘤病情属于不宜向患者说明的情况。

《民法典》第一千二百一十九条规定，医务人员在诊疗活动中应当向患者说明病情和医疗措施。需要实施手术、特殊检查、特殊治疗的，医务人员应当及时向患者具体说明医疗风险、替代医疗方案等情况，并取得其明确同意；不能或者不宜向患者说明的，应当向患者的近亲属说明，并取得其明确同意。基本沿用了《侵权责任法》的条文。其中，不能或不宜向患者说明的应向患者近亲属说明则更为强调“不能”。

通过立法内容的变迁，我们也可以看到法律对于患者的知情同意权态度的转变。最早，我们的法律还是倾向于默认患者家属有权和医务人员共同隐瞒肿瘤患者病情的行为。随着时代的发展，立法越来越明确，患者本人才是知情同意权的主体，除非极特殊情况，否则不得非法剥夺患者的知情同意权。

然而，法律不是伦理道德，也不是人情世故。法律是底线，是在遇到冲突问题时解决社会矛盾的准则。理论上，医务人员不应当先将病情告知家属，不应当应家属要求对患者隐瞒病情。但实践中，家属在患者的治疗过程中还是起着至关重要的作用。无论是上文中的调查，还是坏消息告知模型中对家属陪同的建议，我们都不难看出，无论在东方还是西方，绝大多数恶性肿瘤患者希望得知实情，更希望家属参与，与他们共同面对、共同决策。他们希望得到家人精神上的支持与生活中的照顾。因此，医务人员也应当结合实际情况，用最恰当，最有利于患者的方式对患者告知病情，并鼓励家属参与共同决策。

四、如何向肿瘤患者告知病情

无论从患者意愿角度还是患者利益角度，无论是从伦理学角度还是法律角度，我们都认为医务人员应当如实向患者告知病情。然而，这个告知是需要结合患者实际情况的，是需要技巧的。

在告知患者病情时，医务人员首先应当对患者的状态进行评估，确定患者是否做好了接受实情的心理准备。并且无论患者是否做好心理准备，都尽可能鼓励患者邀请自己信任的亲友共同参与到病情的告知与治疗的决策中，医生、患者、家属共同决策将有利于患者正视病情，疏导不良情绪，尽快度过艰难期，积极配合下一步的肿瘤治疗。之后，医务人员可以按照上一节中告知坏消息的方法，有步骤地向患者告知坏消息。最后，与患者及家属沟通制订下一步的治疗计划。对于预后相对乐观的患者，应当给予希望，给予鼓励，帮助患者尽快排解不良情绪，尽早接受治疗；对于预后不好的患者，在给出下一步治疗计划的同时，可以推荐预先照顾计划，或是提供其他力所能及的帮助。

对于坏消息的告知，医务人员不必一次性完成，可以依据患者的接受程度，分步骤分次完成。医学技术是有局限的，受到现代科学水平的制约；然而医学是关于人的科学，其不仅仅具有技术属性，同时具有人文属性。医务人员在临床上，除了要为患者提供好的技术服务，也需要在告知坏消息这种困难情景中，通过语言与行动给予患者更多人文关怀，帮助患者共同渡过难关。

知识拓展

世界卫生组织曾提出了以下医生坏消息告知的7个策略：①医生应预先有一个计划。②告知病情时应留有余地，让患者有一个逐步接受现实的机会。③分多次告知。④在告知病情的同时，应尽可能给患者以希望。⑤不欺骗患者。⑥告知过程中，应让患者有充分宣泄情绪的机会，并及时给予治疗。⑦告知病情后，应与患者共同制定未来生活和治疗计划，并进一步保持密切的医患接触。

本章小结

在本章第一节中，我们对告知坏消息进行了一般性的介绍。首先，我们针对坏消息的界定、坏消息对患者及家属的影响以及是否要对患者及家属进行坏消息告知进行了伦理学层面的论述；之后，我们针对告知的一般性告知方法进行了提炼概括，包括了解告知的对象、倾听了解患方对坏消息的认知与期待、坏消息的告知、共情与倾听、安慰与制定共同目标5个步骤；最后，我们又简单地介绍了两个国际上的坏消息告知通用模型，供学习者参考。

在本章第二节中，我们针对肿瘤患者病情告知这一典型的坏消息告知场景进行了深入的探讨与分析。首先，我们对于向患者隐瞒肿瘤病情的渊源进行了追溯；其次，我们通过对一些社会调查的回顾，学习了患者、家属及医务人员等不同人群对于该问题的态度；再次，我们从伦理学角度与法律角度对于是否要向肿瘤患者如实告知病情进行了论证；最后，我们给出了告知的具体方法建议。

（郑秋实）

第二十一章　如何与患者近亲属沟通

学习目标

1. 掌握　与患者近亲属沟通的渠道、形式和常见模式。
2. 了解　沟通的理论基础；患者近亲属的沟通需求。
3. 熟悉　与患者近亲属沟通不畅的原因。

医患沟通不仅局限于医生与患者本人的沟通，还存在于医生与患者近亲属之间的沟通。医生与患者近亲属沟通非常重要。在实践中，患者近亲属对医疗行为的理解与患者是否能接受治疗、治疗方案的选择、治疗后护理、治疗预期等多种场景息息相关。与患者近亲属沟通的最终目的为基于对患者治疗和康复需要而进行沟通，使患者近亲属理解或接受医疗行为或者医疗结果。因此，医方应当积极主动建立与近亲属的联系，通过沟通建立良好的协作关系，遵循一定的沟通原则，并通过一定的沟通渠道和沟通技巧为疾病的诊断和治疗提供有益帮助。

第一节　与患者近亲属沟通的概述

一、与患者近亲属沟通的理论基础

医患沟通与心理学密切相关。医患之间的沟通是人际沟通的形式之一，医患关系也是人际关系的形式之一，因此医患沟通必然涉及医务人员、患者及其近亲属的心理状态及心理学上的沟通技巧。沟通的本质是一种行为，交流的双方可以通过语言或肢体语言等形式观察对方的行为规律或心理状态。医方可以运用“情绪洞察”“同感回应”“人际敏感”“沟通风格”和“沟通倾向”等技巧的运用，实现影响、激励、共享信息和拉近二者之间距离的目的。由于沟通的环节包括信息的发出、传输和接收，在这过程中可能出现信息的主观性变化，此时同样涉及心理学层面的研究。

医患沟通属于法律上医患关系的范畴，建立在患方的知情同意权和医方的告知义务基础之上。知情同意权的法律依据在《中华人民共和国医师法》《医疗机构管理条例》《医疗机构管理条例实施细则》《医疗纠纷预防和处理条例》中。这也是患方针对知情同意权诉讼的法律依据，在医患双方的沟通过程中，二者均应当自觉守法，在法律固定的医患权利基础之上进行合法沟通。当下，随着患者的权利觉醒和法治的日益完善，诊疗过程中知情同意的主体愈发侧重于患者本身。虽可避免近亲属对患者自身真实意思的过分干涉，但医务人员与患者近亲属的有效沟通往往能够很大限度地影响患者本人的医疗决定，故与患者近亲属的沟通也是医方与患者沟通的重要组成部分。

知识拓展

《中华人民共和国民法典》第一千零四十五条规定，亲属包括配偶、血亲和姻亲。配偶、父母、子女、兄弟姐妹、祖父母、外祖父母、孙子女、外孙子女为近亲属。

二、患者近亲属的沟通需求

伴随社会不断向前，医护工作者的照护观念也在不断革新。在兼顾患者生理、心理、社会需求的情况下，患者近亲属的各方面需求也逐渐引起越来越多医护人员的注意。并且，患者近亲属作为患者社会支持系统里的重要一环，在加强患者康复过程中起着至关重要的作用。

患者近亲属对于沟通的需要根据患者的个人情况、科室管理方式、家庭人员关系、医疗付费方式、近亲属本身情况（性别、年龄组、文化教育程度、与患者关系）等差距明显。但主要集中在以下几个方面：患者的治疗方案与预后评估、住院期间费用、患者目前身体状况和心理状态、患者床位医生和护士的能力与水平、科室管理方式和近亲属配合要求。这说明患者近亲属十分渴望第一时间了解患者诊治情况、日常陪护要求和预后评估状况，并希望医护工作者如实且全部告知实情，而此时忙于救治患者的医生可能无法及时满足患者近亲属的需求。并且大多数患者近亲属在没有任何心理预备的情况下，面对患者突如其来的病情，处在紧张焦虑的情绪中，大大增加沟通不完全、沟通不及时、沟通不到位等诸多问题出现的可能性。

由此看来，患者近亲属的沟通需求具有现实性、紧急性、必要性等特点。故医护人员应在患者及其近亲属在院期间，及时评估患者近亲属需求，分析不同患者近亲属的心理特点，根据近亲属的实际需求采用针对性的沟通方案，以满足近亲属的各项合理需求，同时降低患者近亲属的抑郁、焦虑、创伤性应激、压力障碍等一系列负面情绪的发生率。这对促进其身心健康，及时排除医疗隐患，提高临床工作质量及近亲属就医满意度有重要意义。

第二节　与患者近亲属沟通的内容

一、与患者近亲属沟通的形式

（一）口头语言沟通与书面语言沟通

口头语言沟通是实现实时交换意见的重要途径，可使医患双方的交流更加充分，表达的信息更为丰富，是我们临床最常见的沟通方式。口头语言沟通通过“发送者-传递过程-接受者”这样的沟通链快速完成了一条信息从医务工作者传给患者近亲属的过程，并协助建立友善的合作关系。但口头语言沟通弊端是，沟通链非常容易走样和失真。医务工作者作为信息的发送者，承担口头语言沟通中的编码功能，其编码有误将直接导致信息失真，如对沟通的信息不清楚、缺乏沟通规划（例如沟通目的不明确、沟通对象错误、沟通方法不当、沟通时间不合适等）、非语言沟通和道具沟通方式方法不妥当等。传送过程承担口头语言沟通中的传递功能，也易受外界影响导致信息失真，包括方法本身的限制（例如通电话时看不到面部表情）、环境干扰（例如噪声或其他突然发生的事件）等。患者近亲属作为信息接受者，承担口头语言沟通中的解码功能，其解码有误将直接导致信息失真，影响接受者因素包括接受者的理解能力、主观臆断能力、医疗知识基础不足及各种身体、情绪等方面。

书面语言沟通一般采用纸质文本或者电子文本来实施与沟通对象沟通，是一种相对规范、容错率较低的一种沟通。书面语言沟通拥有便于长期保存、可以避免发生正面冲突、内容易于传播、逻辑性和严密性好等一系列优点。但由于耗费时间较长、容易产生沟通障碍、信息反馈速度较慢、无法应用情景和非语言要素等原因，常须与语言沟通结合使用。书面语言沟通可加深患者和近亲属对疾病的了解，提升治疗的依从性，从而保证治疗效果。

（二）个别床旁沟通和集中统一沟通

床旁沟通，是医务人员初次接诊患者、询问病史、体检或治疗时应常用的沟通方式，因随意性强，与患者零距离接触，是深受患者近亲属欢迎的沟通方式之一。医务人员要在对患者病情了解的基础上，针对患者病情的基本情况、发展及诊断结果与患者和近亲属进行必要的沟通，告知其医院采取的检查项目及后期治疗方法，使患者和近亲属能够对疾病有正确科学的认识，对于治疗中可能出现的不良反应及注意事项进行讲解和告知，避免出现误解；仔细聆听患者和近亲属的想法和心声，耐心解释，具体问题具体分析、具体处理，在治疗中，对每日的医疗费用清单逐一讲解，使患者及近亲属对治疗费用了解并认同，在采用费用较高的检查及药物时及时征求患者及近亲属的意见，避免误解的发生；充分了解患者近亲属的沟通需求，提升患者和近亲属对科室工作的满意度。

集体沟通，可帮助患者及近亲属快速了解医院的基本情况，促使患者及近亲属尽快适应角色转换，协助患者掌握疾病相关知识，了解医疗风险，从而配合医务人员治疗；同时，可以及时听取患者的心声，改进工作中存在的不足。集体沟通也可在一般的谈话沟通不能达到目的或有医疗纠纷苗头时进行，由高年资医师（科主任）会集病区相关医务人员与患者（近亲属）进行沟通，沟通由高年资医师（科主任）主持，体现权威性和重视程度。沟通内容应作较详尽的记录，沟通完毕应请患方签字。

（三）电话告知和面对面交流

考虑到时效性和空间性，我们的医务工作者常常会选择电话这种沟通媒介，来达到高效快捷沟通的目的。电话告知不仅可以帮助患者及其近亲属节省路费和时间，还可以避免他们因生活时间紧凑错过诊治的黄金期。优点是可以及时和所处外地的近亲属告知病情变化；可以提醒患者近亲属按时复查；可以检查患者近亲属是否就给出的医疗建议充分理解及应用；可以减少近亲属对预约诊疗的失约性。但同样也存在潜在的弊端，需要医护结合具体情况合理选择。

面对面沟通，医务人员可借助于身体语言、副语言和道具等非语言方式进行沟通。从肢体语言、面部表情、姿态语言、空间距离；到速率、音调、音量、声音补白；再到环境的布局设计、颜色搭配和物体陈设等。不仅使患者能够适应医院环境，更好地配合治疗，最重要的是传递出医护人员将会和近亲属共同努力，让患者渡过难关的情感表达。

二、与患者近亲属沟通的渠道

（一）门诊沟通

门诊是医院的窗口，工作量大，环境嘈杂，病种复杂，加之门诊患者流动性大，就诊患者心情急切，很难在短时间内与医生之间建立有效的信任。所以，一直以来，门诊是医疗争议的易发地。有研究显示，70%~80%的医患纠纷是由于沟通不良或障碍导致的。作为一名医生，经常面对身心失衡、求医心切患者的某些冲动性言行，如果医生本身难以调整好自己的情绪，或感到身心疲惫而对工作失去信心，或将情绪转嫁于患者，从而激化医患矛盾。因此，医生要学会正确调整控制自己的情绪，并学会自我释放压力的方法，从而在门诊工作中保持饱满的精神状态、乐观的工作情绪，形成一个良性循环。

门诊接诊过程，宏观讲是一所医疗机构整体管理水平高低的体现，微观讲是一名临床医生整体医学素质高低的体现。良好的医患沟通往往是从接诊的第一刻起建立起来的。门诊是综合性较强的部门，接诊医生需要提高自身的业务水平和协调技能，熟悉本医院常见病的症状、治疗、检查、护理、用药、就诊流程、各项规定和政策等，这是为患者及其近亲属做好解释工作和协调医患关系的基础。因此，门诊的医务人员首先应当不断学习和培养综合知识，注重语言交流艺术的学习和修养，正确运用语言技巧促进沟通，其次，在诊疗沟通过程中，在做好问诊工作的同时，还应倾听患者及其近亲属的精神层面的疑惑，诚心并认真地聆听患者反映的事项并注重细节，以耐心的态度对待患者及其近亲属。

（二）入院沟通

入院沟通通常为病房医务人员与患者及其近亲属的沟通，在此过程中，由于双方会出现长时间的交流，二者应当向对方进行自我介绍，为建立初步合作关系打下基础。入院沟通的重点，首先在于医务人员对患者及其近亲属就“住院须知”进行充分沟通，为患者在住院期间的环境以及医院对其提出的必要要求进行充分介绍；其次在于接诊医生作出初步诊断、制订治疗方案后，将患者目前病情、拟采取治疗方案、医学界对此病的认识及诊疗现状、本院的治疗水平等向患者及其近亲属进行详细讲解与充分告知。

（三）治疗及手术沟通

治疗与手术沟通的最终目的在于让患者对治疗方案及其选择进行充分知情，帮助其以最佳的心理状态来接受手术，以及对手术患者身体健康恢复产生积极影响。治疗沟通应以患者的知情同意为基础，在经过对患者及其近亲属充分翔实的告知后，对治疗方案的选择予以确定，并对相关事项进行充分沟通。

手术沟通包括两个阶段，其一为术前沟通，其二为术中沟通。术前沟通的主要内容是对患者及其近亲属就手术的必要性、手术方案的选择、手术的风险、术后的预期、手术费用等内容进行告知，其目的在于使患者及近亲属对手术治疗的具体事项有所了解并充分知情，对是否接受手术和手术的执行进行同意。术中沟通是指在手术过程中医患之间建立确切无误的信息交流，如在术中出现了手术方式的改变和不可预测的情况时，为保证手术程序的顺利进行，需要与治疗中的患者及其近亲属进行沟通全方位的帮助。例如在手术中与清醒的患者进行交流要注意目光传达，使患者具有安全感，并认真听取患者的诉说，使其意识到自己被重视和珍重。与此同时，医方要关注对术中患者近亲属的必要信息告知和征得同意等事项，与和患者本人沟通时同理，要关注与患者近亲属的有效沟通。

（四）出院沟通

对于患者和近亲属来说，出院并非疾病治疗的结束，出院后的术后康复、定期复诊、身体调养和营养的注意等方面，都是患者及其近亲属需要注意的重要问题。在出院前，医护人员和患者及其近亲属之间进行充分的沟通对于患者的后期治疗和康复具有极其重要的作用。在此阶段的沟通需要医务人员对患者住院期间的诊疗过程以及出院状态进行详细的总结和判断，并给出后续门诊复查计划，并且建立随访流程。这些事项是患者出院后非常重要的内容，在此阶段应当进行必要且充分的沟通，并且应当注重双方之间的互动，以保证对方能够获取准确和完整的信息，对后续康复治疗提供基础。

由于医生和患者的知识体系、认知方向等存在差异和信息不对等，二者对该阶段的沟通效果和可获知信息的认识程度不同。医生交流的语速、语调、词语的选择都对沟通的清晰度产生影响，医生在交流过程中应当尽可能选择清晰、准确和具体的表达，尽可能让患者对医学术语有所理解，从而提高患者认知的全面性和准确性，可以更有效地帮助患者今后的康复和治疗后健康的维护。

三、与患者近亲属沟通的常见模式

（一）以患者家庭为中心的沟通模式

以患者家庭为中心的沟通模式是指医护人员在相互尊重、相互信任、互利合作的基础上邀请患者近亲属参与多学科团队的日常查房，共同讨论患者的病情和护理计划，是一个医疗信息共享的过程。该模式通过增加患者近亲属的参与感，提升信息的透明度的方式，进一步提升医生与患者近亲属的沟通质量，维护患者及其近亲属的心理健康，是目前专家最常推荐的沟通管理模式。

该种沟通模式极大地提升了医务工作者与患者近亲属的沟通效率。医院方面，让医务人员及时了解患者近亲属的实际需求，对临床决策的平衡、患者预后的评估、就医满意的调查等各个方面都至关重要。患者方面，满足了不同背景下不同就医近亲属个性化的信息需求，大大提高了近亲属的决策参与度与沟通体验感。

值得注意的是，在近亲属参与临床多学科团队查房的过程中，需要避免过多、过频地使用复杂的专业术语，以保证患者近亲属的实际参与性。尽量使用通俗易懂的语言改善患者近亲属的体验，必要时对患者近亲属加强相关医学常识的宣教，适当的横向互动也十分有助于将患者近亲属整合到医疗团队中，进而促进信息的双向交流。

（二）家庭会议模式

家庭会议模式是指临床多学科成员共同参与探讨患者的姑息照护、临终决策和姑息治疗等，以满足家庭信息及情感需求。该模式为患者近亲属提供情绪支持，帮助其缓解焦虑、抑郁及创伤后应激障碍，被认为是促进与临终患者及近亲属持续高质量沟通的最佳途径。

家庭会议模式与以患者家庭为中心的沟通模式都在强调多学科的参与，前者更适用于晚期恶性肿瘤患者或终末期患者及近亲属的沟通，但随着安宁疗护理念的推广，此模式常用于重症医学科、肿瘤科、老年科。

家庭会议常由开场、信息交换、讨论和总结4个环节构成。开场，由医护人员主持，在场所有人进行自我介绍，并提出本次家庭会议的具体目标；信息交换，通过在场人员的提问，医务工作者与近亲属就患者的病情、治疗、预后等情况充分沟通；讨论，双方需要开展照护目标和治疗方案的探讨，全程医务人员予以患者及近亲属适当的心理疏导，并引导近亲属参与医疗决策；总结，归纳会议共识并且作出简要计划。家庭会议的核心目标是更好地与患者及近亲属沟通，为其提供信息支持，就相关照护目标达成一致。

（三）流程化沟通模式

流程化沟通管理模式即CICARE沟通模式，包括接触（connect）、介绍（introduce）、沟通（communicate）、询问（ask）、回答（respond）、离开（exit）6个步骤，是一种以流程为导向的沟通方式。流程化沟通模式通过制订沟通服务流程使复杂的沟通内容变得规范有序，同时可以为医护提供流程化沟通培训项目，以提高医务工作者的沟通能力，确保了医患沟通的有效进行。

建立与近亲属沟通的流程：一看，医务人员主动接触患者近亲属；二引，简单进行自我介绍；三告知，解释我们将如何开展，为什么这么开展；四问，询问患者近亲属需要什么、担心什么；五答，解释、回答患者近亲属的问题和要求；六离开，沟通结束后向近亲属表示感谢并离开。沟通的情景主要包括入科宣教、探视沟通、随时沟通、公休会、发放每日费用清单、转科或出院前的健康宣教等。

（四）清单沟通模式

管理清单是指医护工作者在和患者及其近亲属沟通时，将所有涉及的细节及项目进行全面、系统的归纳、梳理、核查，防止遗漏以及沟通不到位现象的发生，是一种用以提高医疗护理安全性和有效性的标准化管理工具。这种最早应用在航空领域的管理，逐步应用在医疗行业。该模式更强调制订具体的沟通内容以指导医护正确沟通。

不同科室可按照本科室特色设计与患者近亲属的沟通清单，急诊创伤患者沟通清单主要包括以下内容：称呼近亲属、告知自己身份、汇报患者当前状况（包括患者已明确的受伤部位、检查结果、目前入住的科室、参与救治的医护人员、急诊手术名称及时间、可能的疾病诊断）、回答近亲属提问。

目前，清单沟通管理模式的优越性体现在医护可以通过清单来减少失误，从而提高医疗工作的安全性。当与患者近亲属的沟通涵盖清单上每个要点时，可以显著加深近亲属对患者目前总体情况及未来治疗计划的理解，有效提升近亲属满意度。尽管清单沟通管理显示了其优势，但由于近亲属群体不同、临床环境差异、过度标准化干扰医护人员判断等，沟通清单尚未广泛应用，临床上应评估不同科室对这类工具的需求，并进一步验证清单沟通管理模式的应用效果。

四、与患者近亲属沟通不畅的原因

（一）因医方导致的沟通不畅

很多医生都具有优秀的学历和业务能力，但仍然不能与患者及其近亲属进行良好的沟通，表现为沟通准备不足，忽视主动沟通及预见性沟通，缺乏沟通自信，出现同理心疲乏与职业倦怠等。究其原因，对患者及其近亲属心理和精神缺少重视、爱心、耐心是一个重要原因，在与患者及其近亲属进行交流的过程中，没有关注他们的心理疑惑和精神疏导将很难进入患者的世界，不能给予对方需要的信息和平等的关注，缺少人文关怀。无论是在传统的医患沟通理论还是在现代医学技术快速发展情况下，知其言、懂其忧是有效沟通的前提。

（二）因患方导致的沟通不畅

医患沟通时医患双方交往互动的过程，患者的认知、情绪、人格特征、需要、动机、期望也会影响医患沟通。例如当患方遇到问题，首先想到的不是与医方进行沟通和商议，而是站在对立面甚至使用暴力，这样的不理智行为将患方置于一个加害者的地位，双方无法建立有效的沟通机制，而且这样的行为未必能够维护自己的权益，反而会因自己不正当的行为承担法律责任。

（三）双方共同导致的沟通不畅

医患双方的认知、情绪等因素交织在一起也会导致双方沟通不畅，例如患者及其近亲属由于疾病的折磨，情绪激动，而其对医生的过高期望往往会使其产生心理落差，在情绪的唆使下对医务人员进行挑剔等消极行为，加之医务人员在强大的工作压力下无法对患者情绪产生共情，则双方也无法建立起有效沟通。

（四）医患双方之外的因素

医疗改革等政策因素和医疗资源分配不均造成的沟通不顺畅，有时候不是患方有意的，也不是医方可以完全控制的，双方的“误会”比较深，需要我们医方更多地掌握政策法规，对于患者近亲属进行更有效的解释和帮助，才可以使沟通更加顺畅。同时需要媒体和舆论的正面引导，才可以使医患双方的关系得到更好的改善。

案例讨论

【案例】产妇马某，女，26岁。产妇于2017年8月30日15：34，以“停经41^{+1}周要求住院待产”之主诉入院。初步诊断：①头胎孕41^{+1}周待产；②巨大儿，入院完善相关检查后，因胎儿头部偏大（彩超提示双顶径99mm，一般足月胎儿双顶径不大于90mm），阴道分娩难产风险较大，主管医生多次向产妇及近亲属说明情况，建议行剖宫产终止妊娠，产妇及近亲属均明确拒绝，坚决要求以缩宫素诱发宫缩经阴道分娩，并在《产妇知情同意书》上签字确认顺产要求。

2017年08月31日上午10：00左右，产妇进入待产室。生产期间，产妇因疼痛烦躁不安，多次离开待产室，向近亲属要求剖宫产，主管医生、助产士、科主任也向近亲属提出剖宫产建议，均被近亲属拒绝。最终产妇因难忍疼痛，导致情绪失控跳楼。医护人员及时予以抢救，但因伤势过重，抢救无效。

【讨论】你觉得在这个案例中医患沟通存在哪些问题？今后应该如何改进避免类似问题发生？

本章小结

医患沟通被视为医生和患者共同参与和探索疾病的一种交流。世界医学教育联合会《福冈宣言》指出，所有医师必须学会交流和处理人际关系的技能。希波克拉底曾说，语言、药物、手术刀是医生治疗疾病的三件法宝。很多业内研究得出了专业的结论，在微观层面上讲，医患沟通障碍是造成医患矛盾最主要因素。沟通要达到的第一个目标是让患者及其近亲属正确了解患者病情、面临的疾病威胁和诊疗风险；第二个目标是让患者增强战胜疾病的信心和决心，能够理智地接受或选择医生提供的诊疗手段；第三个目标是消除或者削弱患者及其近亲属不切实际的幻想，降低患方对治疗的过高期望值。而这三者的达成需要一定的沟通技巧，尤其是在患者近亲属对患者决策的有力影响下，医务人员对语言沟通技巧和非语言沟通技巧的掌握将提高医患双方的沟通效率，从而对患者的生命健康产生积极作用。

（王卫东　刘梅洁）

第二十二章　如何与团队中医务人员沟通

学习目标

1. 掌握　团队中医务人员沟通的技巧；特殊场景中医务人员沟通的方式。

2. 熟悉　团队中医务人员沟通的特点；加强团队中医务人员沟通的管理策略。

3. 了解　团队中医务人员沟通的现状及影响因素。

医疗团队是由临床医师、护理团队、医技人员、行政管理人员、保卫人员、后勤保障人员等多部门、多层级组成，能够合理利用每一位成员的知识和技能协同工作，解决问题，达到共同目标的组织。在医疗团队中，每位团队成员都有自己的职责和分工。在患者诊疗过程中，任何一位团队成员都没有能力独自完成全部诊治过程，需要团队成员相互沟通、相互配合才能完成患者在医疗机构的诊治过程。因此在医疗工作中，医疗机构内部各团队之间、团队内部之间、医务人员之间能够有效沟通，是医疗质量和医疗安全强有力的保障。

第一节　与团队中医务人员沟通概述

一、正确认识与团队中医务人员沟通的重要性

团队（team）是由基层和管理层人员组成的一个共同体，它合理利用每一个成员的知识和技能协同工作，解决问题，以达到共同的目标和愿景。一个高效的团队应当

有明确的团队目标，团队成员有共同的价值观，能够共享知识与经验，每一位团队成员能够找到适合自己的角色，同时团队成员之间应该有良好的沟通。中国医院协会自2007年发布《患者安全目标》以来，一直将“加强医务人员之间的有效沟通”作为目标之一。患者安全是医疗质量的基本要求，是医疗质量管理的核心内容，关乎人民群众的生命健康，而医疗团队中医务人员能够有效沟通，及时传递信息，形成有序分工、合作、监督、协作机制，默契配合，对于提高工作效率和患者安全至关重要。团队成员应该形成良好的沟通意识，认同沟通的重要性，就工作中的重要信息及时传递，就存在的问题及时回复意见，在团队中形成良好的团队沟通氛围。

二、与团队中医务人员沟通的现状

医务人员之间的有效沟通是保障患者安全、提升医疗质量的关键。良好的沟通能够帮助医务人员更好地了解患者的病情和状态，进而作出准确的诊断和处置；而存在缺陷的沟通极大的影响着正确信息的传递和送达，影响着医务人员对病情的判断，出现医疗不良事件的概率增加。因此，在医务人员之间形成有效沟通已成为目前医院患者安全管理的重点和难点。然而，在实际工作中，受到多种因素影响，医院内仍存在因沟通不畅导致医疗不良事件发生的情况。例如交接错误、传递错误、医嘱执行错误、查对错误等，小则使患者的经济遭到损失，大到给患者的身心带来损害，也极大地影响了医务团队的良好形象，增加了医疗负担。

为了更好地管理医务人员之间的沟通，我国出台了多部政策性文件对加强医务人员之间的沟通提出了更高的要求。2011年4月18日，卫生部印发的《三级综合医院评审标准（2011年版）》（卫医管发〔2011〕33号）第三章“患者安全”中增加了关于“确立在特殊情况下医务人员之间有效沟通的程序、步骤”的内容，其中明确规定了对于下达医嘱、紧急抢救、危急值等特殊情况下进行有效沟通的要求。这表明，医务人员之间有效沟通已成为重要的医院评审标准。此外，自2007年以来，中国医院协会每年推出的“患者安全目标”中都将“加强医务人员之间的沟通”作为目标之一，要求医务人员之间要规范交接流程，正确执行医嘱，准确、系统地传递信息。可见，医务人员之间的沟通与患者安全的实现密切相关。

从国家层面来讲，在出台加强医务人员沟通的相关政策的同时，改善医疗资源现状、关注医务人员劳动强度、合理配置人力资源、提高医护比例配置等措施，是“加强医务人员有效沟通”的基本保障，也是目前我国正在努力的方向。从医院管理角度来讲，目前各医疗机构医院管理者已充分意识到团队间医务人员沟通的重要性，制订医务人员间沟通的管理策略、建设人文型医院正在逐步深入落实。从医务人员自身来讲，从医学教育到住院规培，再到临床实践，沟通教学已深入学习和工作的每一环节，使医务人员之间形成良好的沟通势在必行。

三、与团队中医务人员沟通的特点

近年来，随着社会对医疗效果不断增加的期望值，科学技术发展以及经济利益的变化，医务人员所面对的工作环境日趋复杂。医务人员既要处理好复杂的医患关系，取得患者信任，又要处理好团队中工作成员之间的关系。医务人员树立团结协作的工作作风亦是妥善处理医患关系的关键，是构建和谐医患关系的基石。医务人员应掌握医疗团队中医务人员沟通特点，从而处理好团队关系、医患关系，实现团队和谐与医患和谐。

（一）协作性

随着人们对医疗服务的需求不断增加，医学科技突飞猛进，学科划分不断细化，各临床学科或亚学科已经普遍发展至较高水平，但细化的分科无法满足医患双方对整体诊疗的需求，这就需要医疗团队加强协作，寻求和优化满足患者医疗需求的管理模式。医务人员在患者诊疗过程中，临床各科室之间、团队内部医务人员之间面对患者的诊治问题，规范医务人员的医疗行为，团结协作制定全方位、专业化的诊治方案，更加合理地配置医疗资源，发挥各专业优势，树立协同理念，发挥相关专业及亚专业的协同功能，提升沟通能力，从而提升救治水平，提升医疗质量，保障患者安全。

（二）平等性

医疗团队成员之间顺畅沟通与关系和谐是实现保障患者安全、治愈患者疾病的团队目标的根本保证，医疗团队成员应建立平等的协作关系。在医疗团队中，医师提供诊疗建议，护士提供护理服务，药师提供用药指导，医技人员保障相关检查，管理人员协调医疗工作，各成员由于专业背景、知识技能、技术专长不同，使他们在医疗活动中的工作重心有所偏移，形成了医疗活动中的角色分工，但不应有地位之分，否则就会直接影响团队成员之间的关系和沟通效果。如“重医轻护”现象已是一种全球性倾向，部分医师在思想上对护士在医疗活动中的作用认识不够、认同度不高，因此在沟通过程中未能平等对待，出现不尊重护士的情况，就会导致沟通障碍。在医护沟通中，医师期望护士应具备相应的医学知识及熟练的护理操作技能，能正确执行医嘱及观察治疗效果，积极配合自己的工作；护士期望医师能够具备良好的责任心和专业知识，能够开具清晰明确的医嘱，同时尊重护士及护理工作，这都需要平等沟通才能够实现。医务人员间的沟通不仅包括医生之间，医师与护士之间、医护与医技之间、医务人员与行政人员之间的沟通等。我们必须认识到，在医疗团队中，任何一位团队成员都在发挥着积极的作用，要树立平等沟通的意识，才能保障沟通效果。

（三）专业性

医疗团队中的每位成员，无论从事任何专业，具备什么样的职责，均以全心全意为患者服务为目的，确保医疗质量和患者安全，这就需要树立专业性的沟通理念。临床医学是研究疾病的病因、诊断、治疗和预后，提高临床治疗水平，促进人体健康的科学。在临床工作中需要根据患者的临床表现，从整体出发结合研究疾病的病因、发病机制和病理过程，进而确定诊断。临床工作的专业性很强，在团队沟通中出现专业术语不可避免，因此医疗团队工作人员具备专业的临床知识，才能够保证各专业人员在临床工作中彼此顺畅沟通，运用专业知识诊治患者，提高临床治疗水平，促进患者恢复健康。

第二节　与团队中医务人员沟通的影响因素

团队精神的基础是尊重个人，核心是协同合作，最高境界是全体成员的向心力、凝聚力，反映的是个体利益和整体利益的统一，并进而保证组织的高效率运转。因此，团队中医务人员的有效沟通对提高工作效率、提升医疗质量、完成工作任务，进而达到团队成功，具有十分关键的作用。一旦团队中沟通不畅，不仅会使工作环节失去连贯性，还极易引发医疗不良事件，难以保证患者安全。在团队中，医务人员之间的沟通受到多种因素的影响，其中包括个人因素、环境因素及团队自身因素等。

一、个人方面

有效沟通常受双方的态度、情绪、个人的价值观、性格特征、语言表达、知识结构、问题处理方式、文化程度、工作经验、社会文化背景、性别等影响。这也意味着团队中医务人员间的沟通往往存在着不同的方式，也会产生不同的效果。在上述因素中，性格特征、性别等已形成固有特征，一般情况下难以改变，在沟通过程中沟通者会习惯性的使用特定方式方法，对人际沟通和交往有着基础性的影响。然而，沟通的态度和情绪、知识结构、工作经验、语言表达等具有变通性和灵活性的特征，能对沟通的有效性产生重要影响。

首先，在态度和情绪上，积极的态度和情绪往往会使沟通进行的更加顺利，能够更快地达到沟通的目的；而消极的态度和情绪可能会使双方产生回避、拖延的心态，减慢工作进程。其次，医务人员的知识储备、工作经验，影响其语言表达、处理问题的方式，继而影响沟通的效果。最后，个人价值观、文化程度等因素，影响着双方对问题的理解程度，对沟通的质量会产生很大影响。

二、环境方面

医务人员之间的沟通受到工作环境的影响。这里的“工作环境”既包括医院的设备设施、办公环境等硬件条件，也包括工作氛围、医院文化等精神条件。良好的工作环境会使医务人员感到舒适、放松，有利于信息的传递和送达；高压力、高风险的工作环境，会使医务人员不能清晰、有效地进行意思表示，出现医疗差错的概率就会上升。

在工作中，不合理的诊室及办公区结构、嘈杂的噪音、老化的电子设备、操作复杂的系统等，都给医务人员之间的沟通设置了障碍。此外，医院内消极的风气、紧张的工作氛围、复杂的人际关系，也会使医务人员的工作压力增加、工作态度怠慢、工作情绪低落，从而影响医务人员之间沟通的效率和质量。

三、团队方面

2020年5月22日，习近平总书记在参加十三届全国人大三次会议内蒙古代表团审议时，引用“能用众力，则无敌于天下矣；能用众智，则无畏于圣人矣”强调了广大人民群众众志成城阻击新型冠状病毒肺炎疫情的团结力量。这同样适用于医务人员团队的日常工作。“能用众力，则无敌于天下矣；能用众智，则无畏于圣人矣”（出自《三国志》），大意是如果有能力充分发挥和利用众人的力量与智慧，就可以所向无敌、无所畏惧。这充分说明了团结、凝聚对于团队成功的重要作用。医疗工作是由临床、医技、后勤、管理等多个部门共同完成的，需要多部门之间相互配合、分工协作。因此，团队中良好的氛围、一致的向心力，有利于医务人员之间进行高质量的沟通，从而提升医疗质量，为患者带来更好的医疗服务。

第三节　与团队中医务人员沟通的技巧

在医疗机构中，医疗团队往往由不同职称、职务的医技护等人员组成，由此形成不同级别、不同岗位间的沟通形式。按照级别来说，可以分为与上级领导、与平级同事以及与下级员工间的沟通；按照岗位类别来说，可以分为医护间、医技间、医护技与医辅后勤间的沟通。掌握不同情况下的沟通技巧，有利于团队的快速发展，是提升医疗技术水平、提高服务意识的关键。

一、团队中上下级、同级间的沟通技巧

现代医院实行的是住院医师、主治医师和主任医师三级医师制度，住院医师向主治医师负责，主治医师向主任医师负责，各级医师各尽其责，具有明确的社会等级分工，主任医师的地位高于主治医师，主治医师的地位高于住院医师，也就是说住院医师在三级医师制度中处于最底层。本节主要介绍住院医师、主治医师、主任医师间如何掌握沟通技巧。

（一）与上级领导的沟通技巧

团队中，上下级医师间的沟通频繁，场景多发生在查房、病例讨论、学术会议、临床教学和临床科研等。若你是一位下级医师，在与上级医师沟通过程时，掌握如下技巧更容易取得进步。

1. 保持尊重和谦逊　与下级医师相比，上级医生的工作经验更加丰富，专业技术水平更高，因此，在工作过程中，要尊重上级医师的意见和建议，也要正确面对批评，避免当面顶撞上级医师，应积极改正自身的错误，最终得到上级医师和患者的认可。然而，上级医师也并不是说在所有领域都是权威，在某些专业领域，其专业能力可能不及下级医师。但下级医师一定要保持一贯的谦逊和低调，切勿张扬傲慢，否则不仅不利于后续获得经验分享，还易被孤立。

2. 积极努力学习　作为下级医师，应在团队中努力学习，积极参与其中，珍惜每一个学习的机会，才能让自己快速成长。因此，下级医师应主动与上级医师沟通，友善礼貌地进行自我介绍，逐步与上级医师建立起广泛而友好的关系，这样就具备了获得经验传授的基础。

3. 注意沟通过程中的礼仪　下级医师在与上级医师沟通过程中，要了解并掌握相关的礼仪，熟悉上级医师工作中的特点和习惯，避免因为礼仪不当或错误理解引起上级医师的误解和反感。例如在查房过程中，要熟悉主治医师、主任医师的站位；在病例讨论或临床教学中，避免大声喧哗或交头接耳，不无故打断上级医师的发言等。

（二）与平级同事间的沟通技巧

在团队中，平级医师间是竞争关系，更是合作互助的关系，只有保持平和的心态，互相勉励，共同学习，才能在充满挑战和机遇的医学之路上快速成长为一名成熟的、

值得信任的好医师。因此，平级医师间的沟通重要的是端正心态，树立正确的职业素养。在团队中，要时刻以“患者利益”作为工作的目标，遇到问题时要表达清楚，不要勾心斗角，不要贪婪务虚，避免团队中出现不良竞争。例如在病情讨论时，积极发表自己的观点，认真聆听平级医师对病例的看法，在想法出现分歧时，可以一起讨论问题的焦点或难点，共同寻求解决办法，必要时请求上级医师的帮助，不能因为观点的不同就与同事发生争吵或冲突，影响团队的和谐发展。

（三）与下级员工间的沟通技巧

上级医师有责任和义务指导下级医师，纠正其在诊疗过程中的不妥，帮助其提高专业技术水平。对下级医师的沟通应谦逊有礼、温和而不失严肃，注重倾听，宽严相济，根据不同下级医师的特点，选择不同的沟通方式。有时适当的批评对于下级医师的成长也是必要的，但要注意方式方法以及场合。以指导为目的进行客观批评并提出改进意见，避免说教和情绪化，不应在患者在场的情况下指责下级医师。否则容易引起患者对医师的不信任以及不满，也容易引起下级医师的抵触情绪。对下级医师应多给予鼓励和表扬，提高下级医师的自信心。

二、团队中不同岗位的沟通技巧

（一）医护间沟通技巧

医护是诊疗活动中最基本的团队。工作相对独立又密不可分。虽然服务对象都是患者，但工作侧重点不同。

首先，医生要充分尊重护士，认真倾听护士的建议。护士在诊疗活动中起到关键作用，其与患者的接触时间要明显长于医生，护士对患者的病情掌握与诊疗细节的了解，丝毫不比医生弱。患者一些病情的细微变化，往往是护士发现并上报医师的。虽然在国内，护士的受教育程度往往要低于医生，但这是我国医学教育及医疗发展现状导致的，不意味着医生就可以用“高高在上”的心态与护士沟通。相反，在医护沟通中，医生需保持尊重和谦逊，同时也要积极向护士学习相关知识，丰富自己的工作经验，这样也会赢得护士的尊重和赞赏，有利于工作的有序开展。

其次，医护之间应互相监督，对于医生下达的医嘱，护士有核对和把关的义务，一旦发现错误，应及时与医生沟通，不能无条件照单执行，否则可能会造成不良后果。护士在发现医嘱错误时，可以根据下达医嘱的医生的性格特点，直接或委婉地请其更改医嘱，遇到拒不更改的，应请示上级护士、护士长或科主任，再次征求意见，以确保患者安全。

最后，医护沟通的前提是尊重、信任、理解和监督，在这些基础上，可以使用“SBAR沟通模式”作为信息传递和交接的方式。SBAR沟通模式在国外广泛应用于急诊、重症监护、日间护理、麻醉复苏等。在国内，SBAR沟通模式主要应用于医护沟通、晨会医护交班、患者转科转接及护理交接班、教育培训等。

该沟通模式的含义是：

S—situation，现状，包括患者存在的问题、生命体征等，代表“目前发生了什么？”

B—background，背景，包括患者的主诉、问题的依据及分析、既往史、用药史等，代表“什么原因导致的？”

A—assessment，评估，包括患者的异常反应、异常报告、当前心理状态、对问题的评估、观察要点等，代表“我认为问题是什么。”

R—recommendation，建议，包括已采取的措施、对问题处理的建议等，代表“我们应该如何去解决这个问题？”

SBAR沟通模式能够帮助护士确定患者的主要问题并收集相关资料，进行分析归纳，然后快速完整的传递给医生，使医生快速准确地了解患者的信息，及时处置。具体实践参见“案例讨论”。

（二）医生、技师间沟通技巧

医技科室是临床的辅助科室，同临床一样为患者提供检验、检查等医疗服务，在医疗环节中扮演着关键的角色。和谐有效的医技沟通对推进准确诊断、减少漏诊误诊、及时诊治、降低平均住院日等诸多方面有着毋庸置疑的积极作用。临床医生与医技医师沟通中的障碍往往出现在双方信息了解不对等、特殊情况未及时沟通等方面。在实践工作中，若临床医生对检验、检查有特殊要求，除了开具正确的检查申请单外，还可以通过在申请单上进行特殊说明或直接电话与医技科室进行沟通的方式，准确表达自己的需求，避免患者往返于诊室与检查科室进行“传话”，避免引发患者不满。

此外，实际工作中经常出现患者认为医技医师给出的解释与临床医生的说法不一致，导致患者产生疑问的情况。这一方面是由于患者的医学知识较少，对医疗理解不充分，另一方面也是由于医技医师对自身职责范围的认知不准确。医技医师给临床所提供的一切服务仅限于检查结果准确的保证，以及对于该检查项目或者检查结果普遍意义的解释，不可试图替代临床医生为某一具体病例作出最终诊断。因此，医技医师不可为患者作出明确诊断，但可以提醒患者“结合临床”得出结果。

（三）医护技与医辅、后勤的沟通技巧

随着现代化医院建设的发展，越来越多的医疗机构通过招聘医辅、护工、社工等工作人员，辅助医生、技师、护士进行护理、导诊、巡诊、志愿等工作，这些辅助性

工作对临床和护理有着很大的帮助，既能够减轻医护人员工作负担，提高工作效率，又能使患者得到优质服务，提升患者满意度和体验感。因此，医、护、技人员在与医辅等后勤人员沟通时，应充分尊重，不得使用命令、指令性语言、语气，要欣赏他们的工作成绩和收获，更要互相关心、理解和帮助，建立起互助、互信氛围和团队的良好默契。

三、特殊场景的沟通技巧

（一）手术室内的沟通

手术室是进行多学科协作，集中为患者治疗的特殊科室。由于手术本身难以避免的风险性、不确定性，更要求参与手术的医务人员在具备精准的专业知识的同时具备良好的沟通能力，尤其是直接参与手术的医护人员，更要有默契的协作和配合。

随着临床外科技术的不断发展，手术室的医护关系模式已由最初的医护之间主导–从属型向并列–互补型转变，医护之间只有及时沟通、密切配合，才能保证手术顺利完成。首先术前沟通是顺利完成手术的基础，手术医生与手术护士在术前要进行充分的沟通交流，对于术中要使用的医疗器械、设备、内固定材料等达成共识，手术护士要了解主刀医生的手术步骤，以便更好地配合，同时彼此之间还应熟悉相互的脾气秉性和工作习惯，在操作室就会提高默契程度。术中的沟通对于技术水平和协作能力提出更高的要求，术中医护之间利用手势、眼神等非语言沟通方式可有效提升工作效率，医护之间需要了解彼此、换位思考、包容体谅才能更好地沟通协作。术后还应当互相交流，分析术中出现的问题和配合要点，增加团队成员之间的信任与理解，从而使手术过程更加顺畅安全。

（二）急诊抢救现场的沟通

在临床急诊抢救中，医护相互配合会直接影响抢救的效率和质量，关系到患者的生命安全。《2010年美国心脏协会心肺复苏和心血管急救指南》引入了新的标准，强调了心肺复苏过程中团队配合的重要性。急诊是在紧急情况下，保证患者在突发疾病、意外伤害时能在最快时间内得到专业、科学的救治，急诊抢救现场的有效沟通是患者生命安全的保障的重要条件。

首先，在每次抢救过程中，医务人员应明确所有参与抢救的工作人员是一个团队，同时清楚自己在团队中的位置和角色，明确本次抢救的指挥者定位，在团队核心指挥下协作完成抢救工作，保证抢救工作的连续性和安全性。其次，在抢救过程中要规范抢救用语，确保沟通准确无误。在临床抢救中，时间紧任务重，保证快速、高效才能争分夺秒完成抢救。医生下达医嘱及护士汇报病情等环节，应在保证双方对本次沟通内容彼此明白的情况下简洁、高效，以节省抢救时间。最后，团队工作人员在临床抢救过程中应彼此尊重，相互密切提醒和配合。全面提高团队成员对临床抢救中相互沟通的重要性认识，确保抢救过程中沟通的有效性和有序性。

案例讨论

【案例】某精神科3病区3床患者X，在走廊突然情绪激动，破口大骂，声称要见医生，但无自伤和伤人行为。护士A和护士B向医生汇报情况时，分别采取不同的沟通模式。

1. 护士A的沟通模式

护士A:“C医生吗？我是3病区的中班护士，3床患者X突然情绪激动，一定要见医生，您过来看看吧。”

医生C:“患者目前病情什么情况？”

护士A:“我不大清楚，要不我去问问再告诉你。”

医生C:“算了，我自己去看吧。”

2. 护士B的沟通模式

护士B:“C医生吗？我是3病区的中班护士，3床患者X 10分钟前在走廊突然情绪激动，骂人，称一定要见医生，没有伤人伤己行为。”

“这名患者，40岁，因行为怪异由警察送入院，入院1周内连续3次因冲动打人给予保护性约束。他存在幻听，称听到主席的声音，叫医生来放他走，还有人骂他。目前他用的药是喹硫平0.4g。”

“他烦躁的原因一是由于幻听内容使他心烦，二是他是被警察送入院的，住院极不安心，想出院。我问他为什么一定要见医生，他只是一再重复要和你谈。”

“目前他尚未出现暴力行为，但如果达不到目的，恐怕他会伤人，请你过来看一下。”

医生C:“好的，我马上过去看看。”

【讨论】

1. 哪位护士使用的沟通模式更好？
2. 护士B使用的沟通模式有哪些优点？
3. 在实践中要如何运用SBAR模式进行有效的医护沟通？

第四节　加强团队中医务人员沟通的管理策略

一、清晰明确地认识团队凝聚力及其重要性

随着现代医学科学的发展，对于各类疾病的不断深入研究，医学领域临床分科日趋细化，而随着工业的进步，信息技术的发展，医疗工程领域的突破也带来了医疗技术复杂性的提升，医学高新设备逐渐向规模化、集中化转变，对疾病的诊疗和仪器设备操控的复杂性和多样性的掌握程度已经远远超出了个人能力的极限。调查显示，在过去的一年中，有1/3的患者在接受治疗的过程中至少有10个专科医生参与其中，还包括护士、技师、义工等。而在诊疗过程中，良好的团队协作往往能起到事半功倍的作用。

团队凝聚力是一个组织蓬勃发展的重要因素，能力再强的个人也不能脱离团队独自取得成功，医疗团队良好的合作能够全方位完成患者疾病的治疗，推动医疗技术的进步和发展。

（一）团队凝聚力的概念

有人说，什么是团队，看着两个字就知道，就是一个有口才的人对着一群有耳朵的人说话，这个解释很形象地说明了团队凝聚力的重要性。团队凝聚力是指这个团队对成员的吸引力，团队成员对团队的向往力，以及团队成员的相互吸引。团队凝聚力是团队生存发展必不可少的条件，可以不断激发团队的潜力，在医疗团队中，良好的团队凝聚力则表现在团队成员互相信任、彼此协作、及时沟通，在医疗救治、科研教学等方面团结一致，为患者提供优质的医疗服务的同时，促进科室全方位发展。

（二）团队凝聚力的重要性

1．团队凝聚力是学科建设的基础　医疗工作是一个多学科、多专业协同合作的知识系统，需要医疗、护理、医技等科室协作才能顺利地完成工作。团队意识和团队凝聚力是一个高水平学科建立与发展的基础。在医疗技术突飞猛进的今天，学科发展有两个基本特征，一个是学科分化在加速，另一个是学科之间的融合在加强。这两者并无矛盾，医学的专业性导致研究的深度越来越高精尖，学科分化，是指一门学科中具有不同特征、不同对象或不同功能的知识、技术分化成为多门

新的学科的过程。学科分化，是人们对学科领域新知识不断探索研究的必然结果。而学科融合，则是出于医学发展的需要，不同学科或同一学科不同门类的子学科之间不断打破壁垒，相互交叉，取长补短，逐步形成新学科的动态过程。有学者认为，医学领域的每一次重大突破，都是学科交叉融合的成果。现代化医学的发展使得现代医学的组织形式和发展也在不断变化，医学的发展与研究势必以集体研究为主。加强团队合作，发挥团队凝聚力的整体优势，是一个学科建设和发展的重要基础。

2. 增强团队凝聚力是医院人才培养的需要　让每一位团队成员能够感受到团队的关怀和温暖，触动每一位成员的心灵是团队成员潜心工作的动力源泉。医疗团队中的每一位成员在自己的本职岗位上都能发挥出积极的作用。在医院人才培养过程中，往往存在重人才引进，轻人才培养；重医学专业人才，轻医院管理人才；重科研型人才，轻教学型人才等问题只有让不同的人才在团队中发挥各自的作用，使每个人都能够将自己的才能发挥出来，才能让团队中各类人才兼备，从而使团队的创新能力得到提高，进而强化学科建设和人才培养，促进医院全面、协调、可持续、跨越式发展。

二、提供团队内多种有效的沟通方式

中国医院协会发布的《2014—2015中国医院协会患者安全目标》的第三点为加强医务人员有效沟通，完善医疗环节交接制度，正确及时传递关键信息。有效的沟通是医院安全管理的基础，医务人员之间有效沟通，正确及时传递正确信息对于避免医疗差错起着至关重要的作用，已经成为医院患者安全管理工作的重点。

（一）有效沟通的意义

有效沟通关键在于提高沟通中信息的有效性，一方面要保证对于信息表达清晰、将信息转化得更加易于理解。另一方面是要保证信息的反馈程度，在沟通中分为“发送者－编码－通道－解码－接受者－反馈”这6个环节，只有全部环节畅通才能使沟通的主体和客体都充分表达对某一问题的看法，真正具备有效沟通的意义。

（二）有效沟通方式

团队医务人员之间有效沟通是医疗安全管理的基础，对于避免医疗差错起着至关重要的作用。在医疗机构内部团队中，由于不同部门、科室间专业性的显著差异，造成在沟通中存在一定的障碍。这就需要有标准化的沟通方式、多样化的沟通途径来保障方案、信息能够清晰、准确的传递。

1. 正式沟通与非正式沟通 在医疗工作中应发挥正式沟通的积极作用。正式沟通指由组织内部明确的规章制度所规定的沟通方式，它和组织的结构息息相关，主要包括按正式组织系统发布的命令、指示、文件，组织召开的正式会议，组织内部上下级之间和同事之间因工作需要而进行的正式接触。在医疗团队沟通过程中，使用标准化的沟通方式和工具，可以确保医务人员之间沟通的有效性。如规范化核查表的使用使沟通更高效和准确。核查表将沟通的重要元素设计在规范化的表格中，医务人员在沟通中逐项落实，认真核查，确保诊疗工作中重要元素没有遗漏，以提高沟通的准确性。

2. 语言沟通和非语言沟通 语言沟通是指团队成员之间通过话语传递信息，非语言沟通是指通过表情、动作、眼神、姿态等传递信息。语言沟通和非语言沟通要交替合理使用，才能确保沟通的有效性。语言是一种神奇的工具，使人与人之间的沟通无比顺畅，但在说话时应避免言语不当影响沟通的有效性。首先，注意语言的准确性，避免使用模棱两可的语言；其次，不要使用高度抽象的语言；最后，不要使用具有伤害和攻击性的语言。非语言沟通比语言沟通更能传递人们内心真实的想法，长期在同一个团队中工作的医务人员彼此非常熟悉，在工作中能够达成默契，非语言沟通有时会起到事半功倍的效果，比如医生在手术过程中，只须一个眼神，看台护士就知道递上什么手术器械，大大提高了工作的效率和安全性。医务人员在团队中应在不同场合熟练运用语言沟通和非语言沟通，保证沟通顺畅。

3. 面对面沟通与远程沟通 在医疗团队中，多数情况下团队成员可通过交班、查房、会议等多种方式面对面沟通，保证沟通准确无误。但随着现代通信工具越来越发达，很多时候团队成员之间会通过电话、邮件、远程会议或者微信来传递消息，这些媒介的运用给团队工作带来极大便利，但在团队沟通过程中也要避免远程沟通带来的信息传递错误导致的沟通不畅。比如现在很多科主任在传达某些重要会议精神的时候会通过微信群将会议内容发放，但群内成员因为工作忙等原因没有及时查收，就会影响会议精神的落实。要注意的是，在需要处理一些紧急情况时，应避免使用微信或者短信发送消息的形式沟通，避免接收方未能及时查收消息造成沟通不畅，导致不良后果。

三、营造良好的团队沟通环境

环境是影响有效沟通的一个重要的因素。在宽松、良性的沟通环境下，医务人员的沟通效率高、实施效果好，故而也更愿意留在这种体现自我价值的组织中，和团队的关系也会愈发牢固。

医务人员团队中的沟通包括了医生之间、医生与护士之间、医护技之间、临床人员与行政人员之间的沟通等。团队成员应把握好沟通的态度方法与职责权限范围，确保各项诊疗工作有序、高效进行。在医院等级评审标准中，明确要求医疗机构部门内或部门间应建立恰当的信息传达和沟通协调机制，根据工作需要，召开跨部门工作会议（如职能部门间、院–科间、临床–护理间、临床–医技间等），建立多部门共同参与的联席会议制度，定期召开会议并有记录，以实现“沟通效果良好，促进团队协作”的目的。

四、加强专业化沟通培训

在同一个医疗团队中的成员，由于年龄、性格、表达方式不同，沟通方式和沟通能力也会有很大差异，这种情况可通过开展形式多样的专业培训来改善。培训可采用集中讲授、情景模拟结合等方式灵活进行。集中讲授主要是普及理论知识，从医务人员的认知角度增强团队成员对团队成员之间沟通重要性的认识，增进彼此了解和角色认同，消除工作中彼此沟通的矛盾和障碍，构建健康和谐的团队合作关系，促进有效的沟通。情景模拟的学习方式可利用日常工作中经常遇到的沟通状况制作演练脚本，在模拟实际工作场景中团队成员共同参与训练语言表达及沟通技巧，通过培训提升医务人员的沟通表达能力，增进团队成员彼此的联系，使团队成员明确工作中应以患者安全为中心，相互尊重、平等合作、相互帮助、相互支持、取长补短，形成团队的安全文化和持续质量改进意识，使团队成员自身业务水平不断提高，使患者得到更好的治疗，从而提高团队工作效率，保证医疗质量，保障患者安全。

五、构建医务人员沟通时的心理安全感

心理安全感是团队成员在团队中的一种心理感受，表现在沟通方面就是团队成员在表达个人观点时，不会害怕自己在团队中的形象、地位以及职业生涯会因为自己的表达而带来不良影响和打击。良好的心理安全感会让团队成员更乐于表达自己，会促进团队成员更加积极乐观的工作态度，会让沟通更加顺畅，让每一位团队成员更加自信，从而保持团队的凝聚力和创造力，在一个没有心理安全感的团队中，医务人员会因为畏惧和防守心理而在有问题时不愿主动说出自己的想法，进而可能导致无效的医务沟通，产生医疗风险隐患。因此，医疗团队应当营造轻松愉悦的沟通氛围，让团队成员在个人表达意见、指出团队协作中的错误时感觉放松、坦然，在具有心理安全感的环境中，让医疗团队每一位成员不惧表达自己想法，让每一位团队成员的想法

都被理解和尊重，这样才会打造一支具有核心竞争力、具有创造性的积极向上的医疗团队。

案例讨论

【案例】2018年7月，患者王某因车祸伤收治某医院进行治疗，入院诊断踝关节骨折。入院后第二日清晨7：30，当班护士为患者发放体温计过程中，患者家属告诉护士，患者头痛并呕吐一次。当班护士根据工作经验判断，患者头痛、呕吐有可能是颅内压增高。这时恰巧碰到从另一病房出来的李医生，便向李医生汇报：26床王某家属说患者头痛伴呕吐，请李医生去看患者。当班护士收体温计过程中询问家属医生是否看过患者，家属答复，医生已经看过并开具医嘱行头颅CT检查。上午10：00，患者突发昏迷。查体：患者昏迷状态，意识丧失，双侧瞳孔不等大，左侧瞳孔直径2mm，右侧瞳孔直径5mm，心率60次/分，血压161/101mmHg，复测血压升高至201/125mmHg，小便失禁。急请神经外科医生会诊，追查头颅CT报告结果，显示颅内出血！给予甘露醇降颅压、交叉配血、术前准备，入手术室行开颅手术，并在术后转往重症监护室继续治疗。

【讨论】正常情况下，颅腔内压力均匀，患者车祸伤头部受到撞击后，可能短时间内CT检查脑组织未见损伤，但入院平卧、放松后，受到撞击的动脉破裂、出血，患者发生脑疝，该案例中患者即为此种情况。

家属将患者病情变化主动告知护士，后者却未引起足够重视，并与医生沟通不到位导致延误了患者的治疗。经分析其存在的问题如下。

1. 接收到来自患者家属的信息，护士凭借工作经验从专业角度进行了思考，但并未把心中的全部想法与主管医生进行详细的沟通，只是做了患者与医生之间的原声传话筒。

2. 患者有头部外伤史，因入院前头颅CT检查结果未见异常，医护人员未加重视，复查CT结果出具后未及时告知主管医生予以处理。

3. 患者主诉头痛，且有车祸史，医生看过患者后，护士没有及早查看瞳孔、测量血压。

因上述问题，尤其是医务人员未能有效沟通，导致不良事件发生，因此加强团队中医务人员的有效沟通能力是提高医疗质量和患者安全的重要保障。

本章小结

本章主要讲述了团队中医务人员有效沟通是保障患者安全、提高医疗质量的关键环节，医疗机构应重视医务人员之间的沟通，将加强团队中医务人员的沟通作为重要的管理策略。本章还重点介绍了团队中医务人员沟通的技巧，包括上下级之间、同级之间、不同岗位之间，介绍了加强团队中医务人员沟通的策略，掌握这些技巧和策略有利于提高工作效率和质量。此外，本章通过举例说明了“SBAR沟通模式”在实践中的优势和应用，熟练掌握这种模式有利于加强医务人员之间的沟通。

（陈 伟）

第二十三章　如何面对医疗过错与解决投诉问题

学习目标

1. 掌握　真相在投诉处理中的价值；投诉接待的流程；依法解决纠纷的原则把握；合法途径的引导方式；媒体应对声明的标准格式。

2. 熟悉　歉意的表达方式；不良情绪的疏解方式；舆情分类处理要点。

3. 了解　坦承的时机把握；投诉反馈的沟通与解决途径引导的衔接；舆情管理的本质；舆情监控的方式与应对标准。

医学的发展，朝着安全与有效的目标，千百年来从未停止过前行的脚步，但始终从未到达终点。医学不是万能的，存在有限性、风险性，且永远无法脱离人而存在。正如现代医学之父威廉·奥斯勒（William Osler）所言，“医学是不确定的科学与可能性的艺术。”2000年，美国医学研究所发布了一份震惊世界的报告——《孰能无错》（*to err is human*），揭示了当前医疗差错的存在现况。这份报告指出，美国当年死于医疗差错的患者推算有44 000人，居当年十大死因的第八位。医生是人，不是神。人无完人，就算是技术精湛、资质过人，都有可能在无意间犯错。而医生的错，往往会带来患者的伤害。报告显示，在高收入国家，平均有10%的住院患者受到伤害，而其中50%是本可以避免的；平均有40%的门诊患者受到伤害，而其中80%是本可以避免的。因此，如何面对医疗过错以及随之而来的投诉纠纷，是每一名医生无法回避的课题。

人的错误可以分为两大类型。第一类错误是“无知之错”，犯错是因为没有掌握相关知识，是医学的有限性；第二类错误是“无能之错”，我们犯错并非因为没有掌握相关知识，而是因为没有正确使用这些知识，这便是医生的过失。无知可被原谅，无能不可被原谅。而随着医学的发展，在当前的医学问题中，原来倾向于“无知之错”的天平，现在越来越倾向于“无能之错”。因此，面对所造成的“无能之错”，我们需要坦承真相并表达歉意、接待投诉并疏解情绪、解决纠纷并引导途径、进行舆情管理与应对媒体。

第一节　主动坦承真相与歉意表达

当医务人员出现医疗过错的那一刻，其自身既是事件当事人，也是过错责任人，还应是不良事件上报人。而很多医务人员仅认同自身的第一个身份，相对回避后两个身份。患者由于其医学知识的缺乏，往往不是过错的发现者，只是在被动接受医疗过错给自己身体健康带来的变化。一旦出现任何的异常，在患者的意识里，便会充满各种各样的疑问。

一、真相的价值

真相，是一切矛盾争议解决的出发点，是体现公平公正化解的基础。《中华人民共和国民法典》(简称《民法典》)在总则编的开始，就明确了在民事主体在民事活动中的基本原则——平等原则、自愿原则、公平原则、诚信原则等。《医疗纠纷预防和处理条例》第四条也明确规定，处理医疗纠纷，应当遵循公平、公正、及时的原则，实事求是，依法处理。虽然患者的知情权早已成为法律规定和业界共识，但在诊疗活动中，医患双方的知识信息仍存在巨大的不对等，导致患者难以做到理性选择，从而常常交予医生代为选择或建议。因此，医生在医患关系中的角色具有双重身份，既是患者医疗服务选择的代理人，又是医疗服务的提供者。这样的双重身份使医生成了信息的绝对掌控者，并被赋予了具体说明的法定义务。

没有充足的信息作为基础，医患双方之间的关系无法实现平等。基于不充分的信息所进行的决定，也失去了理性和自愿。信息不对等的医患关系，显失内在公平。而作为信息的掌控者如果掩盖真相，便也失去了基本的诚信。以此为基础的医疗争议处理，便无法做到真正的实事求是。

为了获得真相，国家先后发布并更新了一系列的法律法规，以保障患方对信息的获取。例如，《医疗纠纷预防和处理条例》首次明确了患者对全部病历资料具有随时查阅和复制的权利，并且取消了既往对主观和客观病历的区分，有效缓解了多年来医患双方对于病历复制范围的纷争。《民法典》及其相关司法解释则更是明确了患者的知情同意权，并将患方有权申请医疗机构提交的资料范围，扩大到包括病历资料之外的纠纷相关内容。

与之相应，为了保障患者该权利，国家也通过一系列的法律法规明确了医务人员如实提供信息的法定义务。例如，《医疗机构投诉管理办法》首次明确要求医务人员对患者就诊疗行为提出的疑问，应当及时予以核实、自查，并与患者沟通，如实说明情况。2021年的《民法典》再次明确医务人员在诊疗活动中应当向患者说明病情和医疗措施。若存在隐匿或者拒绝提供与纠纷有关的病历资料，以及遗失、伪造、篡改或者违法销毁病历资料等行为，将被推定医疗机构存在过错。

另外，医务人员隐瞒真相所背负的沉重心理负担，对其自身也同样是一种持久的折磨与煎熬。这种对良心的拷问与自责，将带来无期限的内疚、不安与悔恨，对医务人员内心的长期影响并不亚于过错行为对患者的损害。相反，勇于说出真相，甘于承认过错，反而会给其内心带来释怀与解脱。只有正视过错，才能改正并放下过错。因此，医务人员对患者应坦承真相，应对医疗机构上报不良事件。

二、坦承的时机

在任何时候，坦承自身的过错都为时未晚，都是必要且值得的。但从结果来看，坦承时机的不同，其坦承的效果也会随之而变。坦承真相最好的时机就是过错发生的第一时间。第一时间坦承相告，既能表明医务人员内心的真诚，又能第一时间避免患方的疑虑。医患之间本是战友关系，共同的敌人是疾病。只有在第一时间坦承真相，才能更好地维护医患之间的信任，继续协作战胜疾病。而当患者已经就此事提出质疑或询问时，此时的坦承则难免会包含一种被动的承认，缺少了主动的真诚，势必会损害医患之间的信任，影响后续的治疗协作。但是，若患者已经提出质疑，而医务人员坚持隐瞒真相，这种行为本身就已经违反了法律与道德，存在违法的故意，是错上加错。“纸包不住火”，真相终有一天会被揭开，而届时将会承担更严重的道德谴责与法律责任。

三、歉意的表达

道歉行为，其本身只是一种情感的表达，或者是出于一种礼貌。但到如今的日常生活中，道歉的意义已经转变为对自身错误的承认后毫无防卫地向他人表达歉意，将自身置于被动的地位，其核心等同于坦承自身的过错。正是由于此，此前只要患者出现不良结果，医务人员出于遗憾的情绪表达一种礼貌的道歉。而如今，医务人员担心一旦道歉，则会被患者理解为承认自身存在过错，故而避免歉意的表达。随着该趋势的发展，医务人员担心面对医患矛盾冲突、承担法律责任，即使在明确发生医疗过错后，依然讳于表达歉意甚至否认和欺骗。这也使得患者产生更大的不信任和怨恨。这必然导致医患关系进一步恶化，并进而导致医务人员进一步的隐瞒，造成恶性循环。

为了重拾医患信任，促进医患和谐，部分国家和地区探索采用立法的方式明确医生向患者道歉这一行为不会成为法庭上裁定是否承担责任的考虑要素。1986年，美国马萨诸塞州首次通过一项道歉法案，旨在保护医生，使其不受接受治疗期间医生向患者诉说的关于患者并发症的言论所带来的影响。截至2009年1月，美国已有36个州通过了各自不同类型的道歉法案。可以说，道歉在医患关系协调工作中，起到了依法处理之外的情感共鸣效果，为情与法结合化解医患矛盾起到了重要的互补作用。

在道歉的具体实施中，道歉的主体通常包括责任医务人员本人、上级医务人员、科主任、医患关系工作人员、院级领导等。但就道歉效果而言，序列两端要优于序列中间。责任人的本人道歉更能够体现其自身的认识与态度，获得患方谅解的可能性更高。院级领导的道歉则更能够体现医疗机构对患者的重视，代表一所医疗机构的认识和态度，同样有利于获得患方的谅解。而其他人的道歉多为责任人的替代，会让患方感到形式化和敷衍，效果不佳。道歉的形式包括当面、电话、书面等多种形式，其中以当面道歉效果为最佳。

无论自身是否存在医疗过错，针对患者的不良结果，医务人员均可以表达歉意。道歉的内容应真诚、详尽，应饱含共情而不是同情，应以第一人称而不是第三人称。例如，“出现此并发症，我感到非常抱歉”“对不起，我没有能够挽救你父亲的生命”“特别抱歉，我辜负了您的信任，手术出现了意外”……语气语调应表现出自身充满歉意的态度。若自身确实存在医疗过错，那么道歉内容则应详尽表述自己的过错点、情况现状、挽救措施、恢复预期等。只有这样，才能体现自身对过错的认识。

道歉的结果包含获得或未获得原谅。但获得原谅并不应作为道歉的目的。道歉的目的在于表达歉意本身，不以患方原谅与否为考量。若能获得原谅，则有利于双方放下矛盾、息诉止争。但若无法获得原谅，至少可以求得自己内心的安定。

案例分析

【案例】某4岁患儿去某医院补牙中出现意外，经抢救无效宣布临床死亡。诊断呼吸、心搏骤停。家属对诊疗行为提出质疑，且患儿死亡全身多处出现缺氧表现。医师病历中记载，“患儿……突然出现屏气，面色苍白……未吸出任何分泌物……”且医师从侧门离开，未告知家属任何消息。故家属认为在掩盖真相，遂将医方诉至法院。审理中，法官建议尸检。但对于患方而言，孩子离世已经是巨大打击，而尸检则是再一次沉重打击。家属在法庭上涕求医方如实陈述真相，避免患儿遗体的再一次受创。但医方坚称并无过失。患方无奈同意尸检。最终，法医在遗体气管支气管分叉处检出一块棉球，证实患儿是由于异物吸入气管导致窒息死亡。最终，法院判决医方承担全部责任，赔偿患方各项费用约125万元。

【讨论】

1. 医方在患儿突发抢救事件中，为什么选择从侧门离开而未告知家属？
2. 医方确实不知道患儿的死因、不认为自己存在过失吗？
3. 医方面对患儿最终的抢救失败，是否应表达歉意？
4. 当患儿家属请求医方陈述真相、避免尸检时，医方坚持尸检所持什么心理？
5. 如果你是那名医生，你会说出真相吗？
6. 如果坦承真相，你会选择在什么时机？如何表达歉意？
7. 你认为患儿家属能够原谅吗？如果不原谅，你依然会选择坦承吗？

第二节　被动接待投诉与情绪疏解

一旦医患双方发生医疗争议，患方有权提出投诉建议并要求医方接待并处理。有调查显示，一位接受服务并表示满意的人会将其满意的感受告诉周围至少12人，其中大约有10人在产生相同需求时会选择这里；相反，一位非常不满意的人会把不满告诉周围至少20人，这些人在产生相同需求时几乎不会选择这里。另一组数据表明，发展一个新顾客的成本是留住老顾客的5倍，而流失一个老顾客，须争取10个新顾客才能弥补。在医疗服务中亦是如此。因此，畅通患方投诉渠道，一站式服务负责患方投诉的接待、调查、反馈、分析改善，秉承开放性的心态接待投诉建议，既能够作为医疗机构的管理财富和信息来源推动医疗服务持续改善，也有利于患者不良情绪的及时疏解，避免矛盾纠纷升级。

一、投诉接待流程

在接待患方投诉中，遵循一定的流程和注意事项，将有助于事件信息获取和双方信任建立。

第一步：让投诉者坐下。很多投诉者进来时面红耳赤、义愤填膺，甚至一副随时暴发肢体冲突的姿态，此刻投诉接待者的每一个动作和言行稍有不慎都有可能引发一场激战，所以一定要谨言慎行。同时注意观察投诉者的整体形象谈吐，从而对对方性格脾气、文化素质、精神涵养、经济条件、健康状况等事项进行初步判定，这将决定后续沟通的方式方法。此时的态度，特别是一个尊称以及第一句话表达出发自内心的换位思考和针对对方情绪的理解尤为重要。例如，“哎哟，阿姨，这是谁把您气成这样啊！太过分了！快请坐下来给我好好说说”“老先生，您快消消气，坐下喝口水，别着急，看您手都在抖了，别急火攻心伤了自己身体，慢慢给我说”。此外，我们应起身去为投诉者取椅子并做“请”的姿势引导对方坐下。这种情况，投诉者大多会难以拒绝。如果投诉者仍然站立，那么你就应起身站立着去接待。因为视线的角度在一定程度上决定着气势的高低，平等的视线也代表着彼此的尊重。统计数据表明，只要投诉者能坐下说话，那么能够和平解决投诉的概率就会增加50%。这样就能够避免将事态恶化扩大和造成较大的不良影响，同时这也保护了自己。

第二步：诚恳表态开启谈话。首先，见面时要面带微笑，但不要一直保持微笑。开始的面带微笑是为了给对方第一印象的好感。而对方来投诉，心中充满了不满和愤怒。一直微笑会让对方感觉你对他不尊重、不严肃。其次，言谈要有礼貌并体现关怀、爱心和共情。“您好，请坐”“请问您有什么事”“有什么我可以帮您的吗”“您别着急，我们这里就是专门帮助患者解决问题的，您有任何想法都可以和我们说”……当然，在此过程中，投诉者可能会有些过激的言行，这就需要我们合理地自控。谈话时，我们与投诉人的座位最好保持一定的角度，如45~90度，这会让谈话双方都有一种放松的感觉。相反，如果双方面对面相视而坐，则会让谈话的氛围变得严肃起来。

第三步：认真倾听患者的投诉内容并间断发问。投诉者在诉说时，我们要保持认真的表情姿态和稳定的情绪，不能被对方的情绪所感染或影响。在沟通过程中，我们的倾听永远比解释更重要。在倾听的过程中，我们可以翻看投诉者的相关投诉材料，同时留意投诉者的每一句话，寻找可供与对方相交谈的切入点，为随后分散投诉者的关注点、岔开话题、缓和气氛做准备，例如工作情况、家庭情况、疾病情况、饮食情况、个人喜好等。在倾听的过程中，要保持书写记录。间断看对方的眼睛，每次目光对视的时间不要超过4秒，期间避免过长时间的目光对视，避免目光涣散。间断地对投诉者描述不清楚的问题进行询问，这样能够使投诉者感觉到自己的诉说正在受到关注，同时对我们的认可度和信赖度会逐渐提高。有时候，一个人的不良情绪就像是脑海中积累的怨言，怨言说出多一些，不良情绪就会少一些。我们在工作中常常不自觉地就成了投诉者的泄愤对象。我们在不断接收投诉者的怨言的时候，真正需要提取的是怨言中所陈述的事情经过，而不是投诉者的不良情绪。

第四步：对投诉内容进行总结并询问。我们应认真听取投诉者的讲述并记录，当对方讲述完毕后，我们要对对方的投诉内容进行总结。总结内容须简明扼要，目的是不但让对方体会到我们在认真听他的讲述，而且让对方体会到我们在不断思考，对他的各个方面乱无章法的内容进行了总结归纳，这会让对方对我们更加认可和信赖。之后，我们需要针对第三步中寻找到的切入点进行发挥。这样做的目的是找到共同话题、避开投诉的内容进行交谈，适当分散患者的情绪压力。而且这样的谈话，能缓和对方对我们的敌对心态，拉近双方的心理距离。这是投诉处理过程中最重要的阶段，也是沟通艺术体现最直接的阶段。投诉的最终解决很大限度上取决于这个阶段中沟通的效果。一次艺术的沟通会使投诉者在这个过程中释放自身的不良情绪，对我们产生信赖，甚至有可能成为我们的朋友。

第五步：向投诉者进行解释说明。这是投诉处理过程中的例行阶段，但不是一个生硬的解释阶段。一次艺术的解释说明应该是用聊天的方式、谈话的口吻、家常式的谈吐进行交流。不单是宣讲制度政策，而是将制度政策生活化、常理化。而且，在解释的过程中，要注意换位思考，理解对方的思路，即假设我们是投诉者，我们最希望得到的解释是什么。要用投诉者最能接受的方式进行解释。切忌对抗，切忌在言谈中表现出咄咄逼人的态度。对于敏感问题、复杂问题、焦点问题，应承诺调查，限期反馈，避免短时间内的冲突交锋升级。言语之间留有余地，不臆断、不绝对，既不肯定，也不否定，在调查结论出来之前，不可妄断结果。

二、不良情绪疏解

投诉者来向医疗机构表达的，除了实际诉求和意见，更多的是一种不良情绪。往往是其在就诊的多个环节感受到的不满逐步积累，直到忍无可忍时，便会一股脑发泄出来。因此，我们在投诉接待时，应尤其注意其不良情绪的疏解。这种不良情绪常朝向两个极端，愤怒与悲伤。

特鲁多医生的墓志铭上说，“偶尔是治愈，常常是帮助，总是在安慰”。在投诉接待过程中，尤为如此。其实我们真正能立即解决的投诉纠纷是少数的，但我们常常是在尽可能地给予帮助，总是在安慰对方。

在不良情绪疏解中，首先要做到共情。共情不同于同情。共情是设身处地为他人着想，是对他人情感的无条件接受，是感同身受，是不加评论和批判的倾听。在这个过程中，不可轻易否定对方的情绪，不可总是去尝试劝解、扭转对方的认知，例如“你怎么能这么想呢？不可能啊”“他们绝对没有这个意思，是你理解错了，误会了”……而是应试图将自己置入其中理解并接受对方情绪，例如“这太过分了！他怎么能这么说话呢！”“这真的不应该啊！特别理解您！听到这个消息我也确实好伤心啊”……其次，要做到从情绪出发而跳出情绪。在接受对方情绪的基础上，找到其他视角来试图影响其认知，改善情绪。在这个过程中，沟通应从自身出发，以第一人称口吻进行沟通，不可以第三人称口吻进行沟通。例如“他这样说话太让人生气了，我一听就来气，何况您本来生病就难受，肯定更生气了！可我就是不明白，那个医生没有动机那样说话啊，我在想会不会他说的是另外一个意思呢？”……最后，消除疑虑，缓解情绪。通过真诚友善的交谈，认真全面的剖析，切实可行的建议措施，消除误解，缓解其不良情绪，为下一步行动指明方向。若投诉接待人员在接待场所发现患者有自杀、自残和其他过激行为，或者侮辱、殴打、威胁投诉接待人员的行为，应当及时采取控制和防范措施，同时向公安机关报警，并向当地卫生健康主管部门报告。对接待过程中发现的可能激化矛盾，引起治安案件、刑事案件的投诉，应当及时向当地公安机关报告，依法处理。

除此之外，工作人员长期处理投诉纠纷，其工作负荷与精神压力同样需要及时疏解，否则将导致职业倦怠甚至抑郁状态。因此，从事该岗位的工作人员应加强体育运动，培养业务爱好，选择适合自己的方式缓解工作压力。来自同事与家庭的支持与鼓励也是必不可少的。此外，医疗机构也可以通过组织“巴林特小组”等不同形式的活动缓解不良情绪。“巴林特小组”活动创建于20世纪50年代。一方面，有利于培养医护人员敏锐的倾听能力，提高应对患者心理层面的敏感度和技巧，更好地理解患者的情绪和心理，识别自身对于患者的感情，更加意识到自己对于患者的影响，提高医生的沟通技巧，强化“医生本身即是药物”的作用，发挥其人格的治疗功能，进一步缓解医患矛盾，加强医患联盟。另一方面，对于医护人员而言，“巴林特小组”鼓励反省，鼓励自我评价，更多带有一种自我调剂、相互支撑的意味。了解自身能力和责任的界限，在医护人员中建立相互支持，提升人格并实现自我成长方面的目标，疏解职业倦怠，避免职业耗竭，提升职业幸福感。

三、投诉反馈沟通

根据2019年发布的《医疗机构投诉管理办法》，医疗机构投诉管理部门应当及时处理投诉，能够当场核查处理的，应当及时查明情况；确有差错的，立即纠正，并当场向患者告知处理意见。情况较复杂，需调查、核实的，一般应当于接到投诉之日起5个工作日内向患者反馈相关处理情况或者处理意见。涉及多个科室，需组织、协调相关部门共同研究的，应当于接到投诉之日起10个工作日内向患者反馈处理情况或者处理意见。

第一步：调查考证。在每一次投诉的处理过程中，调查考证是得到事实真相的唯一途径。这个过程是必不可缺的。这是为了获得真相，也是为了给投诉者一个自我心理调适、回归理性客观的机会。人们在遇到矛盾产生争执的时候，经常是在短时间内产生大量的不良情绪。时间是解决问题的最好良药。实际上，投诉者经过一个晚上的睡眠，随着不良情绪逐渐缓解，思考会逐步去情绪化而回归理性。调查时间太短，给投诉者缓和情绪的时间不足，同时也会让投诉者对调查的真实度产生怀疑。而调查时间过长，就会让投诉者对处理者的工作产生拖延的印象。如果确实由于情况复杂，调查考证时间需要延长，则需要工作人员主动联系投诉者告知原因并说明延长期限。

第二步：统一意见。在医疗投诉纠纷处理中，由于医学的专业性，不同人员之间面对相同问题可能会产生不同的判断和意见。医生之间、上下级之间、不同临床科室之间、医护技之间、临床行政之间、先后之间均有可能产生不一致的判断。原本意见的不一致所带来的讨论更有利于探究真相，但对于投诉者而言，同一机构内不同人员之间意见不一只会让其感到混乱，加重其内心的怀疑，从而进一步失去信任。因此，我们建议在向投诉者进行反馈之前，应在院内召开专门会议，集思广益，开诚布公，充分发表意见并讨论，最终形成统一意见。避免因意见不一致而导致的矛盾升级。

第三步：最终反馈。这是投诉处理的最后步骤。如果，在之前的步骤处理得当成功，那么这最后步骤实际上只是一个形式、一个句号。在反馈过程中，当然要注意语气和言谈方法。态度要诚恳，不可恃强凌弱，不可倚仗专业优势咄咄逼人；说理要充分，能够用通俗语言将复杂专业问题表述清楚，依据充分，逻辑清晰，因果明确；考虑要全面，能够从不同层面、不同角度进行思考，避免偏见与短视；结论留余地，万事没有绝对，一切皆有例外，切忌将话讲满、将事做绝，留有余地也是客观理性的一种谦抑，让整个事件有一个妥善的处理结局，同时不切断其他合法化解途径。反馈中，要时刻体现出我们对投诉者的理解，同时要明确表达自己的态度，给出最终的处理意见。

案例讨论

【案例】某医院丁医生（男性）出诊迟到了几分钟，在给一位穿着时尚的患者（女性）看诊时，丁医生表现出的漫不经心让该患者很不高兴。丁医生让该患者撩开衣服便于听诊，而该患者穿的是套衫，很不方便。丁医生坚持听诊，该患者表现得很不耐烦。之后丁医生不小心碰开了该患者的胸罩搭扣，结果被当成流氓，挨了该患者一个耳光。

该患者大闹门诊，大骂医生是流氓，丁医生言语回击，导致很多医生、患者挤在门外看热闹，也有同事前来帮忙解释，却遭到该患者无情的回绝。此时，医务处长来到现场喝止冲突，将该患者带回医务处接待其投诉。

【讨论】

1. 请讨论该患者投诉的原因是什么？
2. 丁医生的行为有哪些需要改进？应该如何做？
3. 如果你是丁医生，发生误会后如何解决矛盾冲突现场？应如何沟通？
4. 在医务处的投诉接待过程中，在眼神、座位、口吻、人称、谈话技巧等方面应注意哪些问题？
5. 如果该患者不接受院方道歉，坚持要求丁医生本人当面道歉，你作为投诉接待人员，应如何处理？
6. 如果该患者坚持要求赔偿，你作为投诉接待人员，应如何进行合法途径引导？

第三节　纠纷依法解决与途径引导

根据《医疗纠纷预防和处理条例》，医疗纠纷的依法处理途径主要包括医患协商、人民调解、行政调解和法院诉讼。但在实践中，医患双方的途径选择存在差异，患方通常倾向于医患协商，而医方则倾向于调解诉讼等第三方途径。究其原因在于，患方认为医方存在过失就应该与责任方来谈，去第三方则认为是在推卸责任。而医方则由于大多数患方医学、法学相关知识的匮乏，在协商过程中往往难以向其解释说明，故希望将纠纷冲突引出医院，交由第三方进行专业裁决，并非逃避责任，而是避免矛盾升级影响正常医疗秩序。

一、医疗纠纷依法解决

医疗纠纷的解决，应当遵循公平、公正、及时的原则，实事求是，依法处理。因此，在医疗纠纷谈判中，应坚持依法依规处理的基本原则，避免“息事宁人”的处理方式。面对患方暴力违法行为，更应坚持“暴力零容忍”“暴力不协商”等原则。法律，是一切行为的准绳。任何纠纷的解决，均不应逾越法律的红线。

二、合法途径引导

按照2018年发布的《医疗纠纷预防和处理条例》，发生医疗纠纷，医疗机构应当告知患者或者其近亲属解决医疗纠纷的合法途径；有关病历资料、现场实物封存和启封的规定；有关病历资料查阅、复制的规定。患者死亡的，还应当告知其近亲属有关尸检的规定。协商确定赔付金额应当以事实为依据，防止畸高或者畸低。对分歧较大或者索赔数额较高的医疗纠纷，鼓励医患双方通过人民调解（即第三方）的途径解决。

在引导患方共同启动第三方合法途径时，沟通上应强调程序性告知、第三方身份、专业化评估和规范化处理4个重点要素。程序性告知，是指在纠纷接待伊始，不等责任认定结果便依照程序要求先行告知。告知内容包括法规要求的内容及其相关注意事项。第一时间的程序性告知，表现出对患方合法权利的尊重，更有利于患者理解与接受，消除顾虑猜忌，明晰解决路径。从而避免由于之后告知而被理解为推诿与逃避责任。第三方身份，是指在谈话中，医患双方作为双方当事人并不适合妄议决断、坚持己见，因为各方难免都会从自身角度出发，有对自身的偏袒与固执。因此，通过第三方调解能够避免双方当事人各执己见，更有利于维护公平正义。专业化评估，是指在纠纷处理中，需要第三方对医疗纠纷双方是否存在过错、过错与损害结果之间是否存在因果关系等医患各方都无法独立断定的内容，进行评估。医疗损害责任的判断是一个专业性问题，存在多学科交叉，需要专业化资质团队来进行评估。因此，专业化评估更有利于事件得到客观呈现、科学分析，得出具有说服力的结论以利于后续处理。规范化处理，是指依据法律法规规定，严格按照制度流程规范处理医疗纠纷。以程序规范保障结果规范，以专业化评估为基础明确责任，维护双方合法权益。

案例讨论

【案例】某患者于2018年8月7日入住某医院肝胆外科，因胆囊结石于2018年8月14日行腹腔镜胆囊切除术，术后并发肠瘘。2018年8月20日家属投诉，医患办立即介入协调胃肠外科积极救治。2018年8月20日，患者在全身麻醉下接受开腹探查+肠瘘造口术+清创术。术后在胃肠外科及肝胆外科治疗恢复。2019年3月7日在全身麻醉下行回肠造口还纳，术后患者突发大面积心肌梗死，危及生命。2019年3月8日家属至医患办请求全力救治。医患办协调重症监护室（ICU）全力救治。虽经积极救治，但终因医治无效于2019年3月14日离世。家属3人联合至医患办投诉，并停尸ICU，封存病历，要求面见主管院长。

【讨论】

1. 患方家属采取了几类涉医违法行为？

2. 如果你是医院的投诉接待人员，患方停尸ICU，你应当如何处理？

3. 如果你是医院的投诉接待人员，患方不愿通过人民调解化解，你应当如何沟通劝其通过第三方解决？

第四节　舆情及时处理与媒体应对

随着我们从传统纸媒时代、广播媒体时代、视频媒体时代，进入当前的网络媒体、新媒体、自媒体时代。每一名公民如今都成了一个自媒体，因此当遇到医疗投诉与纠纷，有时也将媒体作为一种维权手段。

危机，是指风险即将或正在发生当中，而且将会造成相当程度的灾难。舆情危机管理，也被称为舆情危机沟通管理，原因在于，加强信息的披露与和公众的沟通，争取公众的谅解与支持是舆情危机管理的基本对策。舆情危机管理是指为应对各种舆情危机情境所进行的规划决策、动态调整、化解处理及员工培训等活动过程，其目的在于消除或降低舆情危机所带来的威胁和损失。

舆情危机有4个特点：必然性、永久性、颠覆性、专业性。其必然性在于医疗行为的风险性是客观存在的。有风险就会有意外，而意外事件恰恰就是最典型的舆情危机事件。其永久性在于患者安全的改善是永无止境的。因此，不安全的因素是永远存在的，这是潜在的舆情危机。当环节管理失效时，小的不安全因素就可能导致不良事件发生。其颠覆性在于诊疗行为的本身是交界行为，是一把双刃剑，对人体既是治疗，又是伤害，选择治疗不过是两害相较取其轻。而不同的人对伤害的理解也不同，理解角度不同则态度不同。其专业性在于医患之间的认知是存在差距的，医生和记者之间的认知也同样存在差距。这就容易导致非专业人士对医疗行为产生偏见和误解。因此，舆情危机管理成为当前医疗纠纷管理遇到的新课题，也是管理持续改进的必然要求。舆情危机管理分为两大部分：舆情危机爆发前的监测预警管理和舆情危机爆发后的应急善后管理。

一、舆情监控

舆情危机管理的首要一环是对危机进行监测，在组织机构顺利发展时期，组织机构就应该有强烈的危机意识和危机应变的心理准备，建立一套舆情危机管理机制，进行舆情危机监测。组织机构越是在风平浪静的时刻，越应该重视危机监测，平静的背后往往隐藏着威胁。

许多舆情危机在爆发之前都会出现某些征兆，舆情危机管理不仅要关注危机爆发后各种危害的处理，而且要建立舆情危机警戒线。在舆情危机到来之前，把一些可以避免的危机消灭在萌芽之中，对于另一些不可避免的危机通过预警系统能够及时解决。这样，才能从容不迫地应对危机带来的挑战，把损失减少到最低限度。

舆情监测主要分为人工监测和系统监测两种。因当前的媒体信息以网络媒体、新媒体、自媒体信息为主，故当前的舆情监测以系统监测为主流。系统会在政府、媒体、论坛、自媒体等不同平台自动检索海量数据信息，将其中与医疗机构有关的信息按照正向和负向区分，并进行“脆弱性分析”。以微博为例，当一条负向信息的评论和转发总量在50以内，则设定为一般不良信息，可以暂时不予理睬；评论和转发总量在50至500，设定为黄色不良信息，应该关注跟进；评论和转发总量在500至3000，设定为橙色不良信息，应该立即调查；评论和转发总量超过3000，设定为红色不良信息，立即启动危机公关。

针对舆情信息，作为医疗机构应做好收集分类、内部联动、迅速查核、持续关注4个步骤。收集分类是指将信息按照正向和负向、来自外部和内部、事件严重和轻微、影响广泛和局部进行分类。内部联动是指在医疗机构内部，汇集事件发生部门、责任部门、领导部门等共同成立内部联动小组，集体应对舆情事件。迅速查核是指内部联动小组针对舆情信息应迅速查核事件的真伪，以及该事件中医疗机构及医务人员是否存在过错，为后续应对打好基础。持续关注是指对舆情信息持续关注，动态关注其舆论热度上升还是下降，以便做好及时应对。

二、舆情处理

组织机构在调查的基础上制订正确的危机决策。决策要根据危机产生的来龙去脉，对几种可行方案进行优缺点比较后，选择出最佳方案。方案定位要准、推行要迅速。

第一，确认危机。确认危机包括将危机归类、收集与危机相关信息、确认危机程度以及找出危机产生的原因，辨认危机影响的范围、影响的程度及后果。

第二，控制危机。控制危机需要根据确认的某种危机后，遏止危机的扩散，使其不影响其他事物。紧急控制如同救火兵，刻不容缓。

第三，处理危机。处理危机的关键是速度。组织机构能够及时、有效地将危机决策运用到实际中化解危机，可以避免危机给组织机构造成损失。

三、媒体应对

医疗机构针对舆情信息应进行分类管理。

第一步，应区分危机来自内部还是外部。内部矛盾导致的舆情危机，应内部处理，内部消化，闭门磋商。对事件当事人的沟通，不能因为导致舆情危机而竭力指责，而应加强关爱与相互理解，以期最终实现和解互谅。本来医患之间的矛盾就已足够抓眼球，而医院内部的矛盾则更具有新闻价值。因为不论医院本身有无过错，通过媒体曝光后，在外人看来都是“家丑外扬”。当然关爱也要适度，不应没有原则。当无法通过内部协商解决时，也要尽量通过和平理性的法律方式解决。外部矛盾则应通过外部措施进行处理。

第二步，外部舆情危机应区分影响力大小。影响力较小，或者媒体关注呈下降趋势，尚未符合危机标准的，可以不予理睬，静观其变，或给予少许干预，及时化解。“杀鸡焉用牛刀”，对于琐碎事件皆通过声明等正式回复，反而会导致事件升级，也会显得医疗机构草木皆兵，没有自信和气度。一旦舆情事件已经引起了社会影响，并导致了媒体的广泛关注，构成了舆情危机，医疗机构内部联动机制则应快速启动，迅速核实。

第三步，应立即调查核实事件的真伪。若核实为虚假消息，应立即发布声明，表达医院的态度，澄清事实，先礼后兵，感谢媒体和读者的关注，同时适度点示造谣者和发布虚假报道的媒体，但不建议医院的声明采用讨伐檄文的形式。医院应自信大气，点到为止，不战而屈人之兵。冤家宜解不宜结，尤其是对于发布虚假报道的媒体，与其声讨谴责不留余地，不如得理饶人，劝其将功补过。“知错能改，善莫大焉”。若媒体记者拒不认错悔改，或性质恶劣，则可以采用公函、投诉等方式维权，甚至可以通过法律途径向媒体追责。若核实是真实消息，则应在医院内部讨论判定事件性质和过错度。

第四步，应区分该事件中医方有无过错。对于医方确有过错的事件报道，如事件是正在进行时，应该立即发布事实。此时对于媒体和公众的关注要予以疏导，而不应围追堵截。疏导，一方面让媒体报道吃下定心丸，避免由于单方猜测而出现不实报道；另一方面也为消息的正式发布争取了时间和主动权，由被动变主动，让医院引领着媒体走，而不应让媒体牵着医院走。如事件已成事实定局，也应立即发布事实，同时代表医院态度积极正向，有错必改，将事件合理果断切割，限定事件的影响范围，止损于局部，并承诺持续改进，乃至视情况提出整改措施。搪塞和掩饰，甚至推脱责任，只会让事实欲盖弥彰，使双方矛盾更加激化，从而更加吸引媒体的追踪报道，将事件越炒越大。因此，正面面对才是医院积极正向的姿态和态度。医疗本身就是有风险的，积极认错的态度反而会让更多的人信任和依靠。

对于医院并无过错的事件报道，有两种应对方式。一种是树己，即从自身出发说事实，采取和报道不同的角度来诠释事件，从而争取获取公众和媒体的理解。另一种是攻他，即针对对方观点进行反驳，不谈自身的观点，顺着对方的思路去辨析错误，借力打力，反证自身的正确。

当前医患关系矛盾突出，暴力冲突时有发生。对于存在涉医违法犯罪行为的事件，施暴者常常会以医疗纠纷为理由来掩盖或逃避自身行为的违法性。医院应该及时发声，维护自身权利，谴责对方违法行径并追责。声明首先要表达坚定的“暴力零容忍”的态度，然后还原事件的真实经过。其次，将医疗纠纷和涉医违法犯罪行为划清界限，表达任何医疗纠纷都不是违法犯罪的理由。最后，亮出“暴力不协商”的底牌，对于存在涉医违法犯罪行为的医疗纠纷，除患方向人民法院提起司法诉讼外，医疗机构将拒绝通过医患双方协商或调解的方式解决该纠纷。

面对医疗机构的负面报道，为了减少事件对医院的影响，医疗机构针对媒体可从“新闻品相、医院品牌、职业生涯、群众利益、社会和谐”5个方面去沟通，以尽可能避免热点关注或减少追踪报道。

在新闻品相方面，可以抬高对方，夸赞其媒体品牌的领军形象及卓越影响力。知名媒体是以正面报道、榜样宣传、弘扬先进为主的。相反，热衷于靠负面报道吸引眼球增加阅读量，往往都是街边小报的手段。

在医院品牌方面，可以放低自己。媒体品牌不是一天两天养成的，医疗机构更是如此。不能因为一件事，就否定整个医疗机构，这既是不公正的，也是不客观的。

在职业生涯方面，可以医学的局限性入手，医学不是万能的，是存在未知性和风险性的，医生则更是如此。哪怕再著名的专家，也不可能保证一辈子不犯错。医生是人，不是神。一个医生的成长，从医学生到规范化培训，到住院医师、主治医师，再到成为专家，还要兼顾临床、科研工作，可见培养一名优秀的医生非常不容易。不能因为一次错误就毁了医生的整个职业生涯。与其就此埋没一名医生，还不如再给其一个改过自新的机会，使其能从中吸取教训，谨记教诲，从而在今后的工作中救治更多的患者，这才更加是犯错的价值。

在群众利益方面，正如“不能因为一棵树而放弃整个森林”，同样不能因为一个错误就放弃一所医疗机构。一篇负面报道看似是对一名患者负责，但其实是对更多患者不负责。让患者放弃附近的就医便利，舍近求远至其他医疗机构就医，损害的是更多群众的根本利益。

在社会和谐方面，应反复强调、弘扬正能量，树立新风尚，强调和谐才是社会发展的主流。从大的社会角度来看，减少医患矛盾的报道，也有助于医患关系的和谐。毕竟，医患互信、医患和谐才是医患关系的主流，也是社会主义核心价值观在医患关系上的体现。

最重要的是，要减少对伤医事件的报道。用戴志悦的话讲，“伤医类新闻，如果不能告诉大家，打骂医生带来了什么严重后果，那么，请不要再公开报道伤医事件。因为，这样的报道，除了把被打的医护人员的伤口公然撕给别人看，一次次渲染医生群体‘物伤其类’的愤怒之后无疾而终的失望，除了带来‘破窗效应’，告诉大家‘很多人都在打医生，没人会管，你也可以打打试试’，几乎起不到更多的积极作用。”

案例讨论

【案例】 2014年6月27日，一则关于“南京李芊事件”的消息短时间内在各大社交媒体上广泛传播。并在6月28日早晨达到最高峰。短时间内便成了一件严重的舆情危机。

6月28日凌晨4:21，涉事医院官方微博发布消息：“经查，我院无李芊医生。特此告知。”

6月28日上午8:04，涉事法院官方微博发布消息《关于网传医生列车救人被认定非法行医的声明》进行辟谣。

至此，该事件已经被判定假新闻无疑。截至28日下午，此消息的传播已得到有效控制。

7月6日，此事件最终查明，是某机构医务人员尚某认为有关法律中的相关条文对医护人员的保护不够充分，为发泄不满，吸引眼球，制造事端，于6月26日晚10:00左右，凭空捏造该虚假帖文，并在微信朋友圈中发布。公安机关已依法对其进行治安处罚。

【讨论】

1. 该新闻事件应如何鉴别内容的真伪？
2. 如何看待此事件中，医务人员的广泛转发？你认为正确的处理方式是什么？
3. 如果你是事件中医疗机构的宣传负责人员，你将如何应对该事件？
4. 请尝试写一篇医疗机构针对此事件的声明。

本章小结

本章主要讲述在负向事件中，医疗机构与医务人员的沟通应对方式。当医务人员自身发生医疗过错，应及时主动坦承真相并表达歉意。当被动接待患方投诉与纠纷时，应妥善沟通，疏解不良情绪，及时化解矛盾。针对无法在院内协商化解的，则应及时引导至合法途径，通过第三方调解或诉讼，保障纠纷的依法依规解决。如果事件上升至舆情危机，则要在医疗机构通过舆情监测与舆情处理，动态关注，分类处理，并做好媒体应对。

（樊　荣）

References

参考文献

[1] 胡佩诚.医学人文精要[M].北京：人民卫生出版社，2018.

[2] 王岳.医事法[M].3版.北京：人民卫生出版社，2019.

[3] 韩启德.医学的温度[M].北京：商务印书馆，2020.

[4] 王一方.医学是什么[M].2版.北京：北京大学出版社，2021.

[5] 王岳，官锐园.医患沟通艺术[M].北京：北京大学医学出版社，2020.

[6] 尹梅，王锦帆.医患沟通[M].北京：人民卫生出版社，2020.

[7] 睢素利.中国影响性涉医案件法律与伦理评析[M].北京：中国协和医科大学出版社，2019.

[8] 科恩，科里根，唐纳森，等.孰能无错：创建更加安全的医疗卫生保健系统[M].王晓波，马金昌，主译.北京：中国医药科技出版社，2005.

[9] 葛文德.清单革命[M].王佳艺，译.杭州：浙江人民出版社，2012.

[10] 廖志林.当医者遭遇记者：医院传播战略之危机管理[M].北京：军事医学出版社，2016.

[11] 季庆英，曹庆.我国医务社会工作的探索与发展[J].社会建设，2019，6（5）：13-21.

[12] 李惠君，郭媛，王颖，等.医患沟通技能训练[M].北京：人民卫生出版社，2014：190.

[13] 朱腾，戴晓娜，陈水红.患者安全目标：加强医务人员之间有效沟通的管理策略[J].中国卫生质量管理，2020，27（6）：13-16.

[14] 莫藜藜.医务社会工作：理论与技术[M].上海：华东理工大学出版社，2018.

[15] 陈建荣，方全明.全程进行医患沟通的实践与体会[J].中国医疗前沿，2009，4（7）：136-138.

[16] 王卫东，王良钢，林芳芳.医患沟通及知情告知的再思考[J].中国卫生法制，2017，25（3）：68-70.

[17] 张巍巍，李春英.全球医患关系研究现状分析[J].中国医学人文评论，2015：52-59.

［18］尹康，姚富丽，王莹，等.医患关系现状分析及对策［J］.中国卫生质量管理，2016（3）：63-66.

［19］董四平，安艳芳，方鹏骞.论医患关系恶化的哲学根源：医学的异化［J］.医学与哲学（人文社会医学版），2009，30（5）：24-26.

［20］梅春英.现代医学目的的异化及其应对策略［J］.医学争鸣，2020，11（6）：59-62.

［21］刘继同.中国医务社会工作十年发展成就、主要挑战与制度建设路径.社会政策研究，2017（3）：66-78.

［22］皮特·沃舍.临床医患沟通艺术［M］.王岳，译.北京：北京大学医学出版社，2016.

［23］玛格丽特·劳埃德，罗伯特·波尔.医学沟通技能［M］.3版.钟照华，译.北京：北京大学医学出版社，2013.

［24］大卫·托马斯·斯特恩.医师职业素养评测［M］.邓洪，熊婉，万学红，主译.四川：四川大学出版社，2008.

［25］肖峰.论科学与人文的当代融通［M］.南京：江苏人民出版社，2001.

［26］FLEXNER A. Is Social Work a Profession?［J］. School and Society.1915，26（1）.

［27］HU P C，MURRAY T H，SCHWARZ M R. Closing Reflections.［J］. The Hasting Center Report，2000，30（4）.

［28］PEDERSEN R. Empirical research on empathy in medicine—A critical review［J］. Patient education and counseling，2009，76（3）：307-322.

［29］COLLINS H，PINCH T. Dr. Golem：How to Think About Medicine［M］. Chicago：The University of Chicago Press，2005.

［30］EISENBERG N，MILLER P A. The relation of empathy to Prosocial and related behaviors［J］.Psychological Bullentin，1987，101（1）：91-119.

［31］GLADSTEIN G A. Understanding empathy：Integrating counseling，developmental，and social psychology perspectives［J］. Journal of Counseling Psychology，1983，30（4）：467-482.

［32］GEHLERT S，BROWNE T. Handbook of Health Social Work［M］.2nd ed. Hoboken，New Jersey：John Wiley & Sons，Inc，2011.

［33］World Health Organization. Global patient safety action plan 2021-2030：towards eliminating avoidable harm in health care［M］. Geneva：World Health Organization，2021.

［34］LIAM D，WALTER R，SUSAN S，et al. Textbook of Patient Safety and Clinical Risk Management［M］. Switzerland：Springer，2021.